JN021650

改訂版

大学入学 共通テスト

地理B 予想問題集

河合塾地理科講師
高松 和也

＊この本は，2020年3月に小社より刊行された『大学入学共通テスト　地理B予想問題集』の改訂版です。

KADOKAWA

はじめに

大学入学共通テスト受験予定者のみなさんへ

令和という新しい時代の始まりにあわせて，大学入試も，共通一次試験が大学入試センター試験（以下，「センター試験」）に変更されたときと同様，約30年ぶりに大学入学共通テスト（以下，「共通テスト」）という新テストに改編されました。しかし，大学入試センターから公表されている，共通テストにおける出題のねらいや，問いたい資質・能力などの説明には観念的で抽象的な文言が並んでいて，具体的なイメージが沸きにくいのではないかと思います。

この本は，出題傾向の徹底分析から導き出された効果的な対策をくわしく解説し，受験生にわかりやすく提示しています。「共通テスト地理B」対策として**必要なことは過不足なく盛り込み実用的な内容とした**ので，この本に示したとおりに対策を行なえば，なんの心配もありません。とくに，地理の勉強に多くの時間をかけられない受験生にはピッタリの一冊です。

地理学習の考え方を変えよう

受験生と長年接してきた体験から，地理の学習に成功するには2つのカギがあるといえます。

1つは，みなさんがイメージしている地理という科目について**パラダイム・シフトを起こせるかどうか**です。これは，高校の定期テスト対策のような，これまでどおりの方法で地理を勉強するのではなく，**「共通テスト地理B」という“まったく新しい科目”の勉強を，この本をきっかけにイチから始めることができるかどうか**，ということです。

もう1つは，**“いますぐスタートできるかどうか”**です。勉強を始めるのには，どの科目でも相当なエネルギーが必要です。小学生のころ，夏休みに自由研究というのがありました。始めるまではとてもおっくうでなかなかやらないのですが，やり始めるとドンドン進んで，さらには意外におもしろくなるという体験を味わった人は多いと思います。頭で考えているだけでは，現実は何も変わっていません。行動してはじめて，現実は動き出します。本書を手にとったことをきっかけに，ぜひいまから始めてください！

この本のアピールポイント

2021年共通テスト・第1日程につき，すべての設問で“**必要な知識は何か**”と“**出題のねらいや学習のポイントはどこにあるか**”を簡潔に示したうえで，共通テストの出題に特有な**思考プロセス**に沿って**詳細な解説**をつけました。実際のところ，「地理B」の学習があまり進んでいない受験生が多いと思います。そのため，なるべく基礎知識からの解説を行なっていますので，地理が苦手な方や初心者なども安心して学習対策が進められます。一般的な問題集以上に，コンテンツ，ボリュームともに紙幅の許すかぎり充実を図っていることがわかってもらえるはずです。また，設問の解説は，たんなる答え合わせにとどまらず，共通テスト以外の入試にも出そうな**似たタイプの設問を解くのにも応用が利く**内容とすることによって，広範囲にさまざまなことが学べる構成としています。

さらには，3回分収録した「予想問題」の解説も，共通テスト・第1日程の解説と同じ考え方で書かれているので，計4回分の問題演習だけで**出題の核心となる範囲の実戦的な対策**ができてしまいます。

加えて，4回分の問題を解いたあとは，巻末に掲載されている「**学力分析得点化シート**」で，それぞれの学力セクションごとに各能力を得点化することができます。**自分の学力を“数値”として可視化する**ことで課題が明確となり，今後立てるべき効果的な学習対策の方向性がわかる表です。

謝　辞

この企画を提案していただき，実際に形にしてくださいました㈱KADOKAWAの山川徹氏をはじめ，編集に携わっていただきました皆さまに，心よりお礼を申し上げたいと思います。

高松（たかまつ）　和也（かずや）

もくじ

＊この本がもとづいている統計・データは，2021年10月時点の情報です。
＊別冊に掲載されている写真および地図は，実際の試験で出題されているものと異なる場合があります。
＊国名は，正式表記ではなく，略記されている場合があります。

この本の特長と使い方

【この本の構成】 以下が，この本の構成です。

別　冊

- **「問題編」：**2021年共通テスト・第1日程の問題と，試験本番で出題される可能性が高い形式による予想問題3回分の計4セット分です。

本　冊

- **「分析編」：**共通テストの出題傾向を分析するだけでなく，**具体的な勉強法**などにも言及しています。
- **「解答・解説編」：**大問単位の難易度が 易 ／ やや易 ／ 標準 ／ やや難 ／ 難 の5段階によって示され，まるで授業を受けているかのような実践的な説明が展開されています。
- **「学力分析得点化シート」：自分の学力を“数値”として可視化**し，対策を効果的に立てるために役立つ表です。

【「解答・解説編」の構成】 ＊以下は，小問単位の構成要素です。

- **タイトル：**例 **【大都市の立地と自然条件】**
- **難易度表示：**大問単位の難易度と同様，5段階で表されています。
- 思 **：**「思考力・判断力・表現力」を必要とする小問に付されています。
- 必要な知識 **：**小問を解くうえで前提となる**基本知識**を示しています（出てくる用語に対する太字表記はありません）。
- **解説の地の文：**冒頭には設問を解くうえでのポイントや出題のねらいなどが簡潔に示されていて，大手予備校の河合塾で人気・実力派講師として絶大な支持を得る高松先生が，試験本番で働かせるべき**思考回路に忠実な解き方**を教えてくれます。重要用語は**太字**で，重要事項も**太字**で表されています。
- +αの知識 **：**小問の**関連知識**を**箇条書きスタイル**や**図表スタイル**でまとめています。**高得点ねらいの人は必読**です。
- 研　究 **：頻出する図・表・グラフ**を掲載しています。

【この本の使い方】 共通テストは，単純な知識を覚えても得点できない試験です。この本の解説を，設問の正解・不正解にかかわらず**完全に理解できるまで何度も読み返す**ことにより，“**必要な知識**”と“**出題のねらい・学習上のポイント**”を理解してください。

分析編

2021年1月実施　共通テスト・第1日程の大問別講評

＊併せて，別冊に掲載されている問題も参照してください。

【出題の概要】

大　問	テ ー マ	設 問 数	マーク数	配　点
第1問	世界の自然環境	6	7	20
第2問	産　　業	6	6	20
第3問	都市と人口	6	6	20
第4問	アメリカ合衆国地誌	6	7	20
第5問	地域調査（京都府宮津市）	6	6	20
	計	30	32	100

【総　評】

大問5題，設問数30，マーク数32の出題で，センター試験時代の出題よりもやや減少したが，設問1問あたりの資料や文章などの分量は増加したため，実際に試験を受けた受験生にとっては，実質的な分量は増えたという印象をもつと思われる。ほぼすべての設問で地図，主題図，グラフ，統計表，写真などの資料が使用され，これらの資料から，設問を解くために必要な情報を的確に読み取る技能が重視されている。

また，設問文をはじめ，付与された資料中の文章や会話文，選択肢の文章を正しく読み取り，問われていることを正しく理解したうえで設問に解答できる読解力を要するものが多い。資料や文章の読解力と，これらから得られた情報を基礎的な知識と組み合わせて設問に対応する地理的思考力が求められているといえる。

加えて，単純な選択形式や文章の正誤判定形式の設問が少なくなり，組合せ選択形式の設問が多くなったため，センター試験よりも難易度は上がった。

第1問 やや難　地形環境，気候環境，自然災害をテーマとした出題である。Ⓐでは，気温・降水量と気候因子（いんし），気圧帯の季節移動と降水，自然災害の自然的要因と人為的要因，Ⓑでは，変動帯の分布と山岳氷河の分布，気候要素と森林の形成条件，山岳氷河の縮小による流出水量の変化と生活への影響が問われている。地理の授業において探究を行なうという場面設定がとられ，会話文や資料（模式図，地図，グラフ，写真，衛星写真，カードなど）が多用されている。そのため，文章や資料の読解能力が必要となる設問で構成され，解答するのに時間を要する。とくに，問1・3などでは，設問文や資料から題意を正しく把握することが求められている。問4は，選択肢の中から該当するものの“数”を選択させる設問で，センター試験では見られなかった新形式である。

第2問 やや難　農牧業，水産業，工業，第3次産業をテーマとした出題である。主要小麦輸出国の農業の特徴，漁獲量・養殖業生産量とその変化，輸送費と工業立地，製品の性質による工業立地の相違，日本の製造業における海外進出先の変化，日本の小売業における形態別の立地傾向が問われている。模式図，統計表，グラフから設問を解くのに必要な情報を的確に読み取り，基礎的知識と組み合わせて思考する力が試されている。問3は，仮想の地域を設定し工業立地を考察させる設問で，試行調査問題・第2回／第2問／問3の出題と同趣旨の類題といえる。問6は，図4において，店舗が立地する地区の分類として「住宅街」と「その他」の定義づけが示されていないため，客観的視点から設問を解くうえでは，資料の提示がやや不親切である。

第3問 標準　都市・村落，人口をテーマとした出題である。大都市の立地と自然条件，3か国の年齢別人口構成とその国内での地域差，外国に居住するインド系住民，東京大都市圏における都市化にともなう人口分布の変化，日本における居住者のいない住宅の地域別特徴，タイペイ（台北）における交通網再編に関する資料読み取りが問われている。センター試験や試行調査問題・第2回で見られた「生活文化」の分野からの出題はなかった。やはり，いずれの設問でも地図，分布図，統計表，グラフなどが使用されており，問4などでは，複数の資料から情報を読み取ってドーナツ化現象や都心回帰など複数の知識と結びつけながら時系列順に変化を考えなければならないため，多面的な考察力を要する。

第4問 標準 アメリカ合衆国地誌をテーマとした出題である。Ⓐでは人口重心の移動と工業立地の変化，3州の取水量の水源別・使用目的別割合，2州の気候と農作物生産，2州の人種・民族分布，Ⓑでは社会と経済に関する州別諸指標の判定，五大湖沿岸地域の産業構造と雇用政策が問われている。共通テストでは大問5題の構成となったため，「世界地誌」分野の大問としてセンター試験で見られた「比較地誌」の出題は第1日程ではなくなり，「地域地誌」1題のみとなった。ただし，問2〜4では，州による自然，産業，社会を比較する内容が尋ねられており，比較地誌的な要素が加えられているともとれる。問1は，(1)と(2)で内容が関連する設問で，(1)で誤答すると(2)の解答に影響するという，センター試験では見られなかった新形式である。問5では，都市人口率と持ち家率などとのデータの関連性を考察する思考力が試されている。

第5問 やや易 京都府宮津（みやづ）市を題材とした地域調査の出題である。資料や文章の読み取りをはじめ，地理院地図と江戸時代の絵図との比較読図，写真による撮影地点・方向の判定，日本の地場産業の現状と課題，過疎地域の諸課題，日本における外国人観光客の動向が問われている。ここでも，地理院地図などの地図，主題図，写真などが多く使われている。また，資料の文章量は多いが，各設問の内容は比較的平易であり，これらを冷静かつていねいに注意深く読み取ることができれば高得点が期待できる。

2021年1月実施　共通テスト・第2日程の大問別講評

＊「2021年1月実施　共通テスト・第2日程」の問題は，この本には掲載されていません。大学入試センターのホームページなどでご確認ください。

【出題の概要】

大　問	テ ー マ	設問数	マーク数	配　点
第1問	世界の自然環境と災害	6	6	20
第2問	産業と貿易	6	6	20
第3問	人口と村落・都市	6	6	20
第4問	西アジア地誌，トルコ・モロッコ比較地誌	6	6	20
第5問	地域調査（福岡県福岡市とその周辺）	6	6	20
	計	30	30	100

【総　評】

大問5題，設問数30，マーク数30の出題で，第1日程と比べてマーク数は2つ少なく，また，思考力や判断力を必要とする設問もやや少なかったため，難易度は少し低めといえる。第1日程と同様に，ほぼすべての設問で地図，主題図，グラフ，統計表，写真などの資料が使用され，これらの読み取り技能が重視されている点，設問文をはじめ資料中の文章，会話文，選択肢の文章読解力が重視されている点，あるいは，読み取ったこれらの情報と基礎的な知識とを組み合わせて設問に対応する地理的思考力が求められている点など，出題のねらいは第1日程と同様である。

第1問　標準　地形環境，気候環境，植生・土壌，自然災害をテーマとした出題である。Ⓐではプレート境界と地形，季節風（モンスーン）・気圧帯・熱帯低気圧による降雨，人間活動と海洋への土砂流出量の変化，Ⓑでは世界各地の標高・年降水量・年平均気温，森林の炭素量とその特徴，森林火災の要因が問われている。Ⓐでは土砂災害についてクラスで探究を行なうという場面設定，Ⓑでは国の研究所の研究員から森林の特徴や森林災害についての特別授業を受けるという場面設定がとられ，会話文や資料（分布図，断面図，グラフ，カード，写真など）が多用されており，これらの文章や資料をていねいに読み取ることが重要となる。問4では，世界各地の大地形や気候を地図上の位置で把握しておくことが求められている。また，問5では，ややなじみの薄い炭素量のデータが資料として取り上げられているが，気候と森林，土壌に関する標準的な知識があれば解答できる。

第2問 やや難　農林業，工業，第3次産業，貿易をテーマとした出題である。都道府県人口と産業別（農林業，製造業，小売業）就業者数，市場指向型産業，経済水準・輸出依存度と日本への輸出品目，国別訪日観光客数と旅行消費が問われている。問4以外は，グラフ，模式図，主題図，統計表の読み取り技能を試す設問である。問1・3では，2つの指標の相関関係の特徴を読み取り，業種や品目を判定する思考過程が必要である。また，問2・3は，市場からの距離・農作物生産と農業の立地に関して，まず問2で概念的な仮想モデルを，次に問3で具体的な東日本での統計データを示す形式となっているが，出題形式は，第1日程／第2問／問3・4で出題された工業の立地に関する設問と同様である。

第3問 標準　人口，都市・村落をテーマとした出題である。4か国の人口高齢化とその進展速度，3か国の年齢階級別女性労働力率，円村（えんそん）の分布地域と形態の利点，3か国の都市人口率の推移と社会・経済的な状況，大阪大都市圏における通勤移動と昼夜間人口指数，県庁所在都市における3つの都市施設の分布が問われている。第1日程と同様に「生活文化」の分野からの出題はなかった。すべての設問にグラフ，写真，主題図などが使用されている。問4は，具体的な国がわからなくても，文中の「工業化の進展が著しい」などの記述から3か国の経済水準がわかれば正答が導ける。問5は，「ある大都市」として設定されているが，鉄道網から大阪市の中心部の位置を決めることが必須となる。

第4問 やや易　西アジアの地誌と，トルコ・モロッコの比較地誌をテーマとした出題である。Ⓐでは4地点の1月と7月の月平均気温・月降水量，3地点の水資源，西アジア諸国の1人あたりGNI・原油産出量，ドバイの人口増加の要因，Ⓑではトルコとモロッコの比較地誌として，ナツメヤシと豚肉の1人あたり年間供給量，ヨーロッパ各国の居住者数と受け入れ難民数の推移が問われている。やはり，いずれの設問にも陰影地図，グラフ，写真，主題図，統計表などが使用されているが，ほとんどの設問は基礎的な知識を習得していれば難なく解ける。西アジアは自然，産業，社会などに地域的な相違があり，これらの理解を試すバランスのとれた地誌の良問であるといえる。

第5問 やや易　福岡県福岡市とその周辺を題材とした地域調査の出題である。写真による撮影地点・方向の判定，資料や文章の読み取り，大都市圏内の人口動態，地理院地図の読図，地方中枢都市（地方中心都市）の転出入人口とその背景が問われている。会話文のほか，地理院地図，衛星写真，景観写真，主題図，統計表などが多く使用されているが，落ち着いて，ていねいに読み取れれば，尋ねられている内容は比較的平易である。問4では，表2中の統計指標が「老年人口率」ではなく「老年人口増加率」であることに注意を要する。また，都心から電車で1時間の場所にあるLではすでに老年人口率が高い水準にあるため，老年人口増加率が比較的低いことに気づきたい。

共通テストを解くうえでの注意点

● ❶ 場面設定などは気にしなくてもよい

先生が学校の長期休暇を利用していきなりキリマンジャロに登ってきた，国立研究所の研究員が出てきた，などの設定は，問題を解くうえでは無関係。作問者の意図に反することにはなるが，これらの**ノイズ情報に惑わされない**ようにしよう。

● ❷ 新しい出題形式にとらわれすぎない

試行調査問題では，設問中にカード，ポスター，先生のメモ，妙なイラスト入りのプレゼンテーション用資料，模式図，チャート図，綴(と)じ穴つきレポート用紙などが登場し，2021年の共通テストでもカードが出題の中に組み込まれていた。これらの**新しい形式に気をとられすぎると，必要な情報を見落としてしまう**ので注意したい。

● ❸ 時間配分に緩急をつける

センター試験よりも設問数が減り，1問の比重が大きくなったことによって，時間配分のメリハリが必要になった。設問は，単純に知識の有無だけを試すものと，複数の資料や文章などを使用しているもの（とくに，複数ページにまたがるもの）に区分できるが，時間をかけるべきなのは後者のタイプである。このタイプの設問では**初見資料が頻繁に使用される**ので，時間をかけて取り組む必要がある。

● ❹ 必要な情報を整理・抽出し，組み合せて考える

❸の“時間をかけるべき”タイプの設問では，設問文をよく読んで出題の意図をとらえることと，それぞれの資料（地図，主題図など）が表現している内容を正確に把握することが重要である。そのうえで，情報を統合・分析・分類・比較しながら正解を考えよう。また，**会話文では空欄前後の記述に，資料では脚注にヒントがあることが多い**。

● ❺ 統計資料などの読解力養成には，問題演習で経験を積む必要あり

たとえば，統計問題においてデータを見る際には，とくに**大きな数値や小さな数値，数値の急増・急減などの大きな変化**に着目するのが有効である。また。複数の地図や主題図が使用されている設問では，それらを重ね合わせたりすることによって**相違点**や**類似点**が見えてくる。ここでモノをいうのが問題演習量である。

共通テスト対策の具体的な学習法

【スケジュール】

対策にかける期間は，長すぎても短すぎても非効率である。たとえば，2年間もかければダラダラと間延びすることになる一方，2か月間では時間切れになる。**スタートの時期は，受験生としての自覚が芽生える新学期開始月，すなわち，4月が理想**である。**試験本番まで残り9か月しかないというほどよい緊張感がやる気を加速させる**。

- 4月～夏期（5か月間）：**「系統地理」分野の知識・技能の習得**

自然環境，産業，社会などの分野。**地理的な考え方の基礎**であるとともに，大問5題のうち4題分にあたり，出題の中心をなす。

- 9・10月（2か月間）：**「世界地誌」分野の知識・技能の習得**

世界の地域・国別の分野。「系統地理」分野の理解は，この分野に含まれる**世界の諸地域の具体的事例**などによってさらに深まる。この期間に，「世界地誌」分野における新たな知識の習得と，「系統地理」分野における知識の補充を行なう。

- 直前期（2か月間）：**全範囲の問題演習で実践的な得点力を養成**

知識・技能を習得するだけの対策では失敗する可能性が高い。本番で高得点をとった受験生は，「**入試直前に問題演習を行なうことによって，実戦力が一気に身につき，得点できるようになった！**」と声をそろえる。

【共通テストの分野・単元別対策】

「共通テスト地理B」では，出題される分野・単元が大問ごとにおおむね予測できるため，以下の分野・単元について重点的な対策を行なうことによって効率よく仕上げることができる。以下，各分野の重要単元や，おおまかな対策を示した。

● 自然環境分野（第１問）

地形環境	プレートテクトニクス，地体構造３区分（新期造山帯，古期造山帯，安定陸塊（りくかい）），小地形
気候環境	気温の年較差（ねんかくさ），世界の多雨地域・少雨地域，大気の大循環と気圧帯・恒常風，季節風（モンスーン），海流，熱帯低気圧，エルニーニョ現象，ケッペンの気候区分
自然災害	地震・津波，火山噴火，洪水，土砂災害，異常気温
植生・土壌	気候区と森林・草原の関係，成帯（せいたい）土壌・間帯（かんたい）土壌
環境問題	酸性雨，オゾン層の破壊，地球温暖化，砂漠化，熱帯林の破壊，環境問題に関する議定書・条約

● 産業分野（第２問）

農 牧 業	各種農作物・家畜の特徴，主要国の農牧業地域／統計知識：おもな農作物・畜産物の生産量上位国，おもな家畜の飼育頭数上位国，おもな農作物・畜産物の輸出量・輸入量上位国／各種統計指標の傾向：農業従事者１人あたり農地面積，農林水産業就業人口の割合，1ha あたりの小麦収穫量，食料自給率など
林業・水産業	用材・薪炭材（しんたんざい）／統計知識：木材伐採（ばっさい）高上位国，木材の輸出量・輸入量上位国／主要国の水産業の特徴：中国，ペルー，ノルウェーなど／統計知識：漁獲量上位国，水産物の輸出量・輸入量上位国
エネルギー・鉱産資源	おもな鉱産資源：石炭，原油，天然ガス，鉄鉱石，ボーキサイト，銅鉱などの産出地分布／統計知識：おもな鉱産資源の産出量上位国，おもな鉱産資源の輸出量・輸入量上位国，おもな鉱産資源の日本の輸入先／各種統計指標の傾向：一次エネルギー供給構成，エネルギー源別発電割合，一次エネルギー自給率など

工　業	工業化の進展と中心業種の変化，工業の立地条件と立地変化，主要国の鉱工業地域／統計知識：おもな工業製品の生産量上位国，日本の工業地帯・地域の製造品出荷額構成など
商業・サービス業	各種小売業の特徴と立地，観光形態：グリーンツーリズム，エコツーリズムなど

- **社会分野（第３問）**

人　口	人口転換と人口ピラミッドの変化，人口移動：移民，労働力移動，各国の人口政策：中国の一人っ子政策，西欧の少子化対策など／統計知識：人口上位国，世界の地域別人口，人口密度の高い国・低い国，合計特殊出生率，産業別人口構成，女性労働力率，日本の都道府県別人口増加率など
都市・村落	地理用語とその内容：メガロポリス，CBD，副都心，スプロール現象，ジェントリフィケーション，プライメートシティなど，日本の伝統的都市（門前町，城下町など）・村落（新田集落，屯田兵村など）の特徴／統計知識：昼夜間人口割合，都市人口割合など
民族・宗教	各地域の民族・宗教分布，おもな民族紛争
生活・文化	各地域の伝統的な衣服や住居，食文化

- **世界地誌分野（第４問）**

世界の諸地域について出題されるが，いずれの地域が出題されるかは予測できないため，すべての地域についてくまなく対策を行なっておきたい。地形，気候，農業，鉱産資源，工業，都市，民族（言語）・宗教，貿易について，**白地図を利用するなどして地域ごとにまとめておく**とよい。

- **地域調査（第５問）**

地形図読図，資料の読み取り，日本の自然環境・産業・社会などが出題される。この分野では，**地形図の記号**に関する知識が必須である。また，**日本地誌**に関する基本的な知識もつけておきたい。

地形図読図や資料の読み取り技能をつけるためには，共通テスト，試行調査の問題，センター試験の過去問を利用して**実戦的な問題演習**を行なうことが最も効果的である。

【具体的な対策例：プレートテクトニクス】

p.14・15の重要分野について，単元ごとに教科書や資料集を参考にして，以下の対策例のようにまとめておく。

3種類のプレート境界（広がる境界，狭まる境界，ずれる境界）について，❶：特徴，❷：形成される地形，❸：地図上での位置の具体的事例をおさえておく。

広がる境界	❶：プレートが新たに生成される場所 ❷：海嶺（かいれい），地溝（ちこう） ❸：大西洋中央海嶺，アフリカ大地溝帯など
狭まる境界	❶：プレートが消滅する場所 ❷：海溝（かいこう），弧状（こじょう）列島，褶曲（しゅうきょく）山脈 ❸：日本列島付近，スンダ列島付近，ヒマラヤ山脈付近，アンデス山脈付近など
ずれる境界	❶：プレートが生成・消滅せず水平方向に動いている場所 ❷：横ずれ断層（トランスフォーム断層） ❸：アメリカ合衆国西海岸（サンアンドレアス断層）など

2021年1月実施

共通テスト・第1日程
解答・解説

2021年1月実施　共通テスト・第1日程　解　答

（100点満点）

問題番号（配点）	設問		解答番号	正解	配点
第1問（20）	A	1	1	1	3
		2	2	2	4
		3	3	1	3
	B	4	4	3	2
			5	3	2
		5	6	2	3
		6	7	5	3
第2問（20）	1		8	5	3
	2		9	3	3
	3		10	4	3
	4		11	3	4
	5		12	3	3
	6		13	6	4
第3問（20）	1		14	3	3
	2		15	2	3
	3		16	1	4
	4		17	3	4
	5		18	2	3
	6		19	3	3

問題番号	設問		解答番号	正解	配点
第4問（20）	A	1	20	2	2
			21	1	2
		2	22	5	3
		3	23	1	3
		4	24	1	3
	B	5	25	2	4
		6	26	4	3
第5問（20）	1		27	3	3
	2		28	2	3
	3		29	2	3
	4		30	6	4
	5		31	4	4
	6		32	1	3

第1問　世界の自然環境　やや難

A　世界の気候と自然災害

問1　【気温・降水量と気候因子】　1　**正解**：①　標準　思

〉必要な知識〈　気候要素と気候因子／気温の年較差／海洋性気候と大陸性気候／大気の大循環と気圧帯・恒常風／西岸気候と東岸気候／気温の逓減

設問文の読み取りポイントは，「“**海からの距離**”**による影響のちがいが強く現れ，それ以外の気候因子の影響ができるだけ現れない組合せ**」部分の内容を正しく理解できたかどうかである。

気候要素とは**気候の特性を示す指標**のことで，**気温**，**降水量**をはじめ，日射量（日照時間），雲量，風，気圧，蒸発散量，湿度などをいう。月ごとの平均**気温**と**降水量**といった代表的な気候要素を示した雨温図は，各地点の気候特性の概要を表したグラフである。一方で，**気候因子**とはこの**気候要素に影響を与える要因**のことで，具体的には，**隔海度**（海からの距離）のほか，**緯度**，**海抜高度**，**地形**，**海流**などをいう。

この設問は，資料1の地点**ア**～**カ**の雨温図から2地点を選んで**気温**と**降水量**を比較した場合に，**隔海度のちがいが強く現れ**，**それ以外の気候因子ができるだけ現れない組合せ**を選択するものである。なお，**ア・イ・ウ**，および**エ・オ・カ**はともに同じ緯度帯であるため，緯度については気候因子として考慮する必要はない。

先に，**エ・オ・カ**から考える。隔海度は**エ**と**カ**が小さく，**オ**が大きいが，加えて**オ**は標高が3,000mを超えているため，気候因子としては**隔海度以外に海抜高度の影響も受ける**。したがって，③（**エ**と**オ**），④（**オ**と**カ**）の組合せは適当ではない。具体的には，**オ**は海抜高度が高いという気候因子の影響を受け，**エ**や**カ**に比べて気温が低く降水量も少ないと推定できる。

次に，**ア・イ・ウ**を考える。同様に，隔海度は**ア**と**ウ**が小さく，**イ**が大きい。3地点ともに海抜高度は1,000m未満であまり変わらないと考えてよいが，**ウ**は，西側の広い範囲に標高4,000mを超える山岳地帯が分布している。50°から60°付近の緯度帯では，**恒常風**である**偏西風**が西側から吹くため，**ウ**については気候因子として**隔海度以外に地形の影響も受ける**と考えられる。したがって，②（**イ**と**ウ**）の組合せも適当ではない。

一方で，**ア**と**イ**は隔海度以外の海抜高度や地形の条件はあまり変わらず，**隔海度の大小が気温や降水量に影響を与えるおもな気候因子となっており**，**隔海度以外の影響は小さい**と考えられる。したがって，①（**ア**と**イ**）の組合せが適当となる。具体的には，**ア**は臨海部に位置し，加えて西側の海洋から吹く偏西風の影響を強く受けるため，気温の年較差が小さい**海洋性気候（西岸気候）**となり降水量も比較的多くなるのに対し，**イ**は内陸部に位置し海洋の影響が小さくなるため，気温の年較差が大きい**大陸性気候**となり，降水量も比較的少なくなる。

問２【気圧帯の季節移動と降水】 2 **正解**：② やや難 思

必要な知識 世界の気候区分布／ケッペンの気候区定義とその判定／大気の大循環と気圧帯・恒常風／気圧帯とその季節移動／地球の大きさ

降水をもたらす**低圧帯（気圧帯）の季節移動**について理解していることが必須条件!! そのうえで，設問に**付与された雨温図と会話文の情報**から，地点Ｄと地点Ｅの**位置を探っていく**。研究❶参照（➡ p.24）。

地点Ｄは，雨温図より，**最寒月が１月**，**最暖月が８月**であるため**北半球に位置**し，また，**最寒月平均気温が18℃未満－3℃以上**で，**夏季に乾燥し最多雨月降水量が最少雨月降水量の３倍以上**となっているため**地中海性気候（Cs）に属し**，**40°前後の緯度帯に位置する**ことがわかる。

地点Ｅについては，会話文に「地点Ｄからほぼ真南に約800㎞離れている」とあることから位置を推定する。同一経線の360°一周（地球全周）分の距離は約40,000kmであり，同一経線上での800kmの距離は緯度7.2°分〔360×(800÷40,000)＝7.2〕となるため，**Ｄより緯度7.2°分南**に位置し，Ｄが含まれる北半球の地中海性気候は北緯40°前後の緯度帯に分布することから，Ｅは**北緯33°前後**の場所にある。また，会話文に「最暖月や最多雨月は，それぞれ両地点で現れる時期がほぼ同じ」とあることから，**Ｄと同じ北半球で雨季も同時期**であることがわかる。以上のことから，Ｅは，地中海性気候に属するＤ**の低緯度側に分布しているステップ気候（BS）の地域に位置する**と考えられる。

地点Ｄ・Ｅの位置がわかったところで，次に空欄サ・シについてみていく。Ｄ・Ｅの緯度帯で**降水量が多い時期（雨季）は11月から２月前後**であるが，これは，北緯50°から60°付近に形成される**亜寒帯低圧帯（高緯度低圧帯）**が太陽の回帰によって**この時期に南下してくる**ためである。月降水量30mm以上の期間（雨季）は，**より高緯度側に位置するＤでは長い期間にわたり亜寒帯低圧帯の影響を受ける**のに対し，**より低緯度側に位置するＥではこの期間が短くなる**。

問 3 【自然災害の原因】 3 **正解**：① やや難 思

〈必要な知識〉 資料や文章を論理的に読み取るための思考力・判断力など／自然災害の自然的要因と人為的要因／森林の機能／エルニーニョ現象とラニーニャ現象

“災害のきっかけ”と“災害に対する弱さ”が何を示しているのかを**具体的に思考できたかどうか**が正答へのキーポイントとなる1問。

会話文で示された**自然災害の原因**のうち，**“災害のきっかけ”**というのは，**災害を引き起こす自然現象**，すなわち**自然的な原因**と考える。一方で，**“災害に対する弱さ”**というのは，きっかけとなる自然現象が生じたさいに**人間活動がつくり出した災害を増幅させる要因**，すなわち**人為的な原因**と考えればよい。したがって，空欄**タ・チ**に関して，“災害に対する弱さ”に対応するのは，タイの洪水についてはカードａ，東アフリカの大干ばつについてはカードｃの内容となる。

空欄ツに関しては，タイの洪水について“災害のきっかけ”，すなわち自然的な原因を考察するさいに有効となる比較事例を選択する。災害を引き起こすような，通常とは異なる自然現象が生じる状況を調べるさいには，なるべく**同じ条件での事例の比較**が有効である。タカシさんの班が調べた「タイで雨季に起こった大洪水」の場合，**同じ季節での事例を比較**することで自然的な原因を考察する有効なヒントとなる可能性がある。よって，タイの**雨季において**，降水量が多かった年の事例と少なかった年の事例（Ｇ）とで周辺の気圧配置や気流などを比較するのが適当である。

タイなどモンスーンアジアの地域では，**高日季（夏季）に雨季**，**低日季（冬季）に乾季**となる地域が多い。雨季に降水量が多かった事例と乾季に降水量が多かった事例（Ｈ）を比較しても，季節が異なるため有効なヒントは得られない。このことは，たとえば，日本の事例に置き換えるとわかりやすい。日本海側での冬季の大雪による災害の自然的な原因を考察するさいに，冬季に降水量が多かった年の事例と夏季に降水量が多かった年の事例を比較しても無意味である。

+αの知識　●**森林の機能**：◆経済林としての機能➡❶用材（建築用材，パルプ用材など）の供給，❷薪炭材（しんたんざい）（燃料用の薪（まき）や木炭）の供給，❸林産物（山菜やキノコなど）の供給，❹遺伝子資源（医薬品など）の供給。◆保安林としての機能➡❶水資源の涵養（かんよう），❷降雨時の保水，❸土砂流出や崩壊の防止，❹生物種の保護（生物の棲息（せいそく）場所），❺レクリエーションの場，❻二酸化炭素の吸収など。

B 世界の山岳に関する自然環境やその変化

問4 【変動帯の分布／山岳氷河の分布】

4 **正解**：③　5 **正解**：③　標準

必要な知識　おもなプレート境界（変動帯）の分布／気温の逓減／氷河

当てはまるものの“数”を選択させる**共通テストの新形式**。選択対象となっている山はJ～Mの4つで，キリマンジャロは含まれていないことに注意する。

マ：現在の**変動帯**に位置している山の数を選択する設問である。変動帯は，**プレート境界に沿って帯状に分布**する。プレート境界付近では，それぞれのプレートが異なる方向に移動しているため，地殻変動が活発で地震活動や火山活動が生じやすい。とくに，プレートが衝突する**狭まる境界**では広い変動帯が形成される。J（エヴェレスト，チョモランマ，サガルマータ）・K（デナリ，マッキンリー）・L（アコンカグア）は，いずれも**狭まる境界付近**に位置し，変動帯に当てはまる。それに対して，M（コジアスコ）は，**プレート境界から離れた**オーストラリアプレートの内部に位置するため，変動帯には当てはまらない。よって，3か所となる。

ミ：**氷河**（**山岳氷河**）が分布している山の数を選択する設問である。氷河とは，融けずに残った万年雪が厚みを増して圧縮され氷塊となったものが，みずからの重量によってゆっくりと流動している氷体である。広範囲の地表を覆うように広がる**大陸氷河**（**氷床**）と，地形の傾斜によって山地斜面を流下する山岳氷河とに分類される。

それぞれの山について氷河の有無を考えていく。まず，図2の地図には**山の標高**が示されているほか，緯線が描かれており，それぞれの山が位置する場所の**緯度に注目する**ことがヒントとして示されている。キリマンジャロは赤道付近，J・L・Mは緯度30°付近，Kは緯度60°付近に位置しており，また，会話文に「キリマンジャロは，標高が5,895mで，山頂付近には小規模な氷河がある」と示されていることから，J・K・Lは，**氷河が存在するキリマンジャロと比べて高緯度に位置し，標高も高い**ことがわかる。一般に，**高緯度ほど**，また**標高が高いほど気温は低くなる**ことから，少なくともJ・K・Lには**氷河が分布**すると考えられる。一方で，Mは日本と同緯度帯に位置する標高2,000m強の山であり，**氷河が分布するとは考えにくい**。たとえば，この付近の海抜高度0mでの夏季の気温を20℃と仮定すると，**気温は海抜高度が100m上がるごとに平均して約0.65℃ずつ下がる**（**気温の逓減率**）ため，標高2,229mのMの山頂付近の気温は計算上約5.5℃となり，氷河は存在しないと考えられる。よって，氷河が分布している山は3か所となる。

+αの知識　**●気温の逓減率：**海抜高度の上昇によって気温が低下する割合。大気の湿度によって変化するが，平均して100m上昇するごとに約0.65℃ずつ低下する。

問5　【森林の形成条件】　6　**正解**：②　やや易

必要な知識　樹木気候と無樹木気候／気温の逓減

設問文に「誤りを含むものをすべて選び」とあり**共通テストの新形式**の出題ともいえるが，事実上は**単純な2つの文章の正誤判定問題**。表面的な出題形式に惑わされてはならない。

図1より，地点Qは地点Pよりも山頂に近いことが読み取れ，また，写真1より，Pは森林の植生が広がっているのに対しQは植生に乏しいことが読み取れることから，**PはQよりも標高が低い**ことがわかる。

ヤ：誤文。森林の有無は，**降水量だけではなく，蒸発量や気温の条件も大きく関連する**。一般に，樹木が生育できる条件として必要なのは，年降水量が蒸発量を上回り，最暖月平均気温が10℃以上となることである。Pは，Qより標高が低いため気温が高く降水量も多くなり，森林が形成されていると考えられる。

ユ：正文。**標高が高くなるにつれて気温は下がり，標高が低くなるにつれて気温は上がる**。Pは，Qより標高が低いため気温が高い。

+αの知識　**●樹木気候：**樹木の生育が可能な気候で，**熱帯**（**A**），**温帯**（**C**），**亜寒帯［冷帯］**（**D**）がこれにあたる。

●無樹木気候：樹木の生育が不可能な気候で，**乾燥帯**（**B**）と**寒帯**（**E**）がこれにあたる。

問6　【山岳氷河の縮小による流出水量の変化と生活への影響】

7　**正解**：⑤　やや難　

必要な知識　資料や文章を論理的に読み取るための思考力・判断力など／氷河

共通テストの象徴的な設問！　初見の資料から必要な情報を読み取る技能と，資料の内容を正確に把握したうえで論理的なプロセスで正答を導く思考力や判断力を要する。

空欄ラには，氷河縮小のピーク期における流出する水の構成要素のグラフが入る。**氷河が融（と）けた水の流出量は，氷河縮小の初期を上回る**はずであるから，fは該当しない。**山岳氷河**が存在するような高山地帯では，**雪や氷河が融けるくらいに気温が上昇するのは春の終わりごろから初夏にかけての時期**であると考えられる。最初に雪が融け，固結している氷河もその後遅れて融けるため，**氷河が融けた水の流出量**は，gのように春と秋の時期に最大とはならず，hのように**夏の時期に最大となる**。

空欄リについては，氷河縮小の初期からピーク期にかけては，**氷河が融けた水の流出量が増加していく時期**にあたると考える。したがって，**利用できる水の量は増える**（X）が，**洪水の頻度は**減少するよりも**増加する**と予想できる。

研究❶ 大気の大循環と気圧帯・恒常風／その季節移動

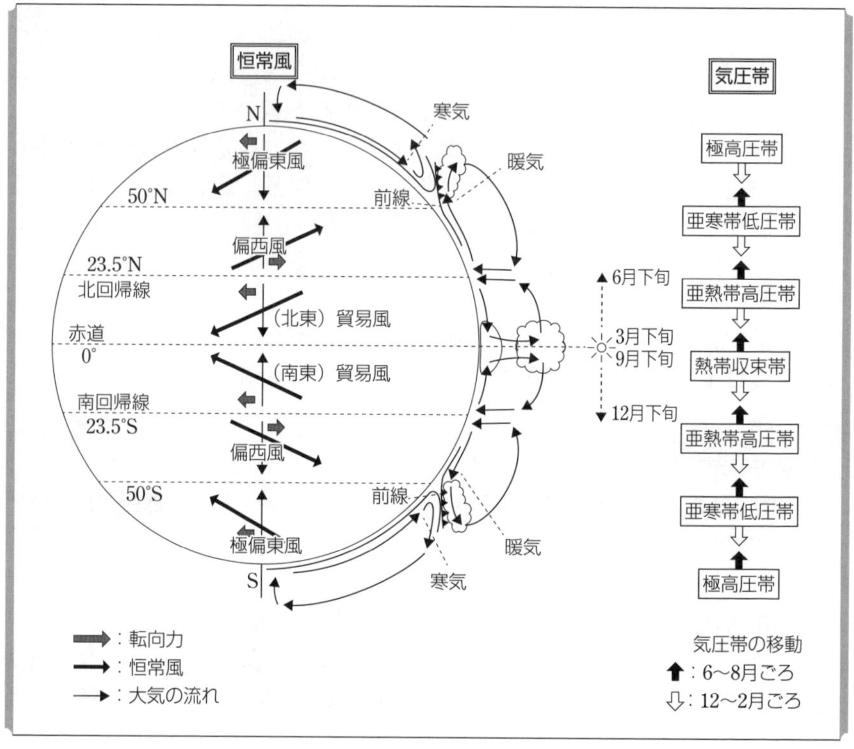

第2問　産　業　やや難

問1 【世界の主要小麦輸出国の特徴】 8 正解：⑤ 標準

必要な知識　主要穀物・豆類の生産上位国／土地生産性／主要国の土地利用の特徴（耕地）／主要穀物・豆類の用途

統計数値による国の判定と，各国の農業の特徴や背景知識を試す良問！

A：アメリカ合衆国。**農業の規模が大きく粗放的経営が行なわれる**ため，**小麦1haあたり収量（土地生産性）は低い**。また，西部には乾燥帯が広がるほか，北東部の五大湖周辺は酪農地帯であることなどから，国土面積に占める耕地の割合は比較的小さい。

B：ロシア。1991年の**ソビエト連邦崩壊による経済と社会の混乱の影響**を受けて，**小麦の生産量は1997年には停滞**していたが，2017年には世界第3位となり回復している。また，**寒冷な気候**の地域が多く，**シベリア地方には広大な森林地帯が分布**することなどから，**国土面積に占める耕地の割合は小さい**。

C：フランス。アメリカ合衆国やロシアに比べると農業の規模が小さいため，単位面積あたりの労働力や肥料などの投入量が大きく土地利用率も高い**集約的農業が行なわれ，小麦1haあたり収量は高い**。また，穀物生産を行なう畑作地や混合農業地域が多く，国土面積に占める耕地の割合は比較的大きい。

ア：ロシア。社会主義国であったソビエト連邦の崩壊によって，**計画経済から市場経済への転換**にともない農業も**生産活動の自由化**が進められた。生産手段を共有し集団的に大規模な経営が行なわれていたコルホーズ（集団農場）やソフホーズ（国営農場）が改編され，農業企業や個人自営農の民間経営へと変化した。小麦などの穀物生産は，おもに**大規模な農業企業によって行なわれている**。

イ：フランス。**EU（ヨーロッパ連合）**では，前身のEEC（ヨーロッパ経済共同体）時から**共通農業政策**を実施してきた。域内農業の保護・育成を目的とし，おもな農産物に**統一価格を設定して域外の安価な農産物に輸入課徴金を課す**一方で，域内の市場価格が下落した場合には補助金で買い支えたが，EUの財政負担が増大したため，近年は環境保全や食品の安全性などの基準を満たした**農家に補助金を支払う**などの制度改革が進められている。

ウ：アメリカ合衆国。トウモロコシや大豆は，人間の主食や家畜用飼料として消費されるだけではない。トウモロコシは燃料用**バイオエタノール**などとして，大豆は油脂原料などとしても消費される。近年，これらの需

要の拡大によって農地が転換されて作付面積が増加し，小麦との競合が生じている。

+αの知識　●土地生産性：**単位面積あたりの農業生産力の大きさ**のこと。労働力や肥料などの投入量に比例する。一般に，**西ヨーロッパや東アジアなどで高く，中南アフリカをはじめ，南アジア，東南アジア，新大陸地域などで低い。**

問2【世界の漁獲量・養殖業生産量とその変化】　9　**正解**：③　やや易

必要な知識　漁獲量上位国／養殖業／海面漁業と内水面漁業

設問に示された数値は，世界に占める“割合”ではなく，“**絶対量（実数値）**”であることに着目する！

まず，**カ・キ**の年次の判定から行なう。経済発展とともに水産物の需要が増加している**中国をはじめ**，インドネシア，ベトナム，インド，バングラデシュなどの**東南・南アジア諸国では，近年，漁獲量や養殖業生産量の増加が著しい**。よって，これらの国々に注目すると，絶対量の小さい**カ**が2000年，大きい**キ**が2017年と判定できる。

20世紀後半以降，世界的に魚介類の乱獲が進行し水産資源の枯渇が懸念されるようになると，養殖業生産量が急速に拡大した。とくに，**中国や東南・南アジア諸国では**，海面養殖だけでなく，**湖沼や河川で行われる内水面養殖もさかん**となり，中国ではコイ科の淡水魚など，東南・南アジア諸国ではエビ類などの生産量が増加している。よって，これらの地域の2000年（**カ**）から2017年（**キ**）の変化をみると，割合が相対的に低下しているFが漁獲量，上昇しているEが養殖業生産量と判定できる。

+αの知識　●**養殖業**：卵や稚魚（ちぎょ）から成魚までを一貫して育て，水産物を**人工的に管理・育成**する漁業。天然の水産資源の枯渇傾向を受けて，近年重要度が増している。

●**栽培漁業**：孵化（ふか）させた稚魚を海などに放流し，育ったものを再び漁獲するもの。

問3【工業立地論】　10　**正解**：④　標準　思

必要な知識　資料や文章を論理的に読み取るための思考力・判断力など／原料・製品の輸送費と工業立地の関係（ウェーバーの工業立地論）➡**研究❷**参照（➡ p.31）。

共通テスト特有の出題！　時間をかけてもよいので，設問文の条件から必要な情報を読み取って図の内容を正確に把握できれば，正答はおのずと導き出せる。

まず，設問にある「条件」の文章中の「距離当たり輸送費について，**原料は製品の2倍の費用がかかる**」という部分に注目する。そして，このことを仮想の地域に模式図として描いたものが図2である。**原料産地からの原料の輸送費**および**市場までの製品の輸送費**が等値線で描かれており，図2から**原料の輸送費と製品の輸送費の合計（総輸送費）が最小となる地点**を探せばよい。なお，ここでの市場とは製品が販売・消費される場所である。

①**：**市場に工場を建設する場合にあたり，原料産地から市場に立地する工場までの**原料の輸送費4万円のみ**で，**製品の輸送費はかからず**，**総輸送費は4万円**となる。

②**：**原料産地と市場を結ぶ直線上に工場を建設する場合にあたり，原料産地から工場までの**原料の輸送費2万円**と，工場から市場までの**製品の輸送費1万円**で，**総輸送費は3万円**となる。

③**：**原料産地と市場を結ぶ直線上以外に工場を建設する場合にあたり，原料産地から工場までの**原料の輸送費3万円**と，工場から市場までの**製品の輸送費2万円**で，**総輸送費は5万円**となる。

④**：**原料産地に工場を建設する場合にあたり，**原料の輸送費はかからず**，原料産地に立地する工場から市場までの**製品の輸送費2万円のみ**で，**総輸送費は2万円であり**，**この場合が最小となる**。

問4 【実際の工業立地】 11 **正解**：③ 難 思

必要な知識 資料や文章を論理的に読み取るための思考力・判断力など／原料・製品の輸送費と工業立地の関係（ウェーバーの工業立地論）

共通テストへのリニューアル，その趣意に沿った出題！ 脚注も含めて設問文を熟読すること。時間をかけて解いてもよい設問。研究❷参照（➡ p.31）。

設問文に，「主な原料が同じであっても製品の性質によって工場の立地パターンが異なる」とあることから，「**製品の性質**」**を重視**すること，また，脚注に「原料は生乳（せいにゅう）のほか」とあることから，飲用牛乳，バター，アイスクリームのいずれも，おもな**原料は**「**生乳**」であるということ，さらに，工業立地にはさまざまな要因が影響するが，表2の東日本3地域は，**北海道は原料産地**の，**関東は消費市場**の，**東北はこれらの中間の性格**をもつ地域であるという前提にもとづいて考えていく。

サ**：**製品に比べて**原料の重量が大きい**（重量減損（げんそん）型工業）**場合**や，**原料の輸送条件に何らかの制約がある場合**などには，原料の輸送費が多くかかるため，工場は，**原料産地に立地する傾向**が強くなる。バターは，原料である生乳から分離させたクリームを攪拌（かくはん）して練り固められたものである。

製品のバターに比べて**原料の生乳は重量が大きい**ため，工場は**原料産地に立地する傾向**が強く，**北海道で工場数が多い**Kと考えられる。

シ：原料と製品の**重量がほとんど変化しない場合**や**輸送条件が同じである場合**などには，原料と製品の**輸送費がほとんど変化しない**ため，工場は**原料産地と消費市場の間のどこにでも立地**する。飲用牛乳は，原料の生乳(せいにゅう)と製品の飲用牛乳とでは**重量がほとんど変化せず**，また，ともに10℃以下での**冷蔵状態で輸送・保管しなければならないという制約条件も同じ**であるため，工場は**原料産地と消費市場の間のどこにでも立地**し，**北海道，東北，関東のいずれの地域にも工場が分散している**Jと考えられる。

ス：原料に比べて**製品の重量が大きい**（重量増加型工業）**場合**や，**製品の輸送条件に何らかの制約がある場合**などには，**製品の輸送費が多くかかる**ため，工場は**消費市場に立地する傾向**が強くなる。アイスクリームは，**製品を冷凍状態で輸送・保管しなければならないという制約**があり，しかも，一般の冷凍食品は－18℃以下であるのに対しアイスクリームは－30℃以下での温度管理が必要で，冷凍装置や定温での輸送にコストがかかるため，工場は**消費市場に立地する傾向**が強い。また，原料と製品の重量がほとんど変化せず，設問文の脚注にあるように，原料の種類が多い場合には，それぞれの原料を消費市場まで輸送し，消費市場の工場で製品に加工したほうが，全体の輸送費は安くなる。したがって，**関東で工場数が多い**Lと考えられる。

問5 【日本の製造業における海外進出先の変化】 12 正解：③ やや易

必要な知識 日本の製造業における海外進出／日本の製造業におけるアジア諸国への進出先の変化／主要国の経済水準

先進国のアメリカ合衆国とヨーロッパ，新興工業国のASEAN(アセアン)諸国と中国，2つのグループに分けて，グラフの構成比変化の特徴を読み取る。

日本の製造業においては，1970年代後半以降，自動車や半導体などの輸出が急増し，**アメリカ合衆国をはじめヨーロッパ諸国との間で貿易摩擦を引き起こす**こととなったため，これを回避するためにこれらの業種が**生産拠点を海外に移しはじめた**。とくに，アメリカ合衆国には多数の自動車工場が進出して現地生産を増加させた。また，1980年代後半以降は，**円高と国内の労働賃金や土地代の高騰**によって，繊維や電気機械などの労働集約的な業種は，安価な生産費を求めて**アジア諸国へ進出**した。進出先の経済発展にともない生産費が上昇するため，おおむね，**1980年代は韓国などのアジアNIEs(ニーズ)，1990年代はマレーシア，タイなどのASEAN新興工業国，2000年代は中国など**へと進出先の中心が変化していった。加えて，これらのアジア諸国の経済発展は，製品の販売先としての市場の成長にもつながり，現地向けの製品をつくる工場の進出も加速した。

以上のことから，2000 年代初頭の段階でヨーロッパと同様にすでに売上高の構成比が大きい**タ**がアメリカ合衆国，アジア諸国の中でもより先行して売上高の構成比が上昇した**チ**が ASEAN，より遅れて上昇した**ツ**が中国となる。

+α の知識　● **海外直接投資**：外国に資本を投下し投資先の事業に対して継続的に経営参加することを目的とするもので，**外国での企業設立**，**外国企業への出資や買収**などがこれにあたる。

● **貿易摩擦**：貿易における関係国間の利害対立のこと。**2 国間での輸出入額が著しく不均衡**な場合などに生じる。たとえば，貿易赤字国側が輸入品と国産品の競合を避けるため，輸入数量制限や関税障壁を設定すると，貿易黒字国側は輸出品の自由競争が阻害され保護主義であると批判するなどして対立が深まる。

問 6 【小売業における形態別の立地傾向】 13 正解：⑥ 難

必要な知識　各種小売業の立地傾向

「小売業計」のグラフとの比較から考察できたかどうかがポイントとなる。また，**「店舗数」の割合**であることにも注意を要する。立地する地区の特徴のうち，「住宅街」と「その他」の定義が設問に示されておらずあいまいなため，難解である。

まず，X の商業形態の判定から行なう。**都市の中心部**（駅周辺と市街地の商業集積地区およびオフィス街地区）**に立地する店舗数の割合が全体の 8 割を超えている**ことから，百貨店と判定できる。**百貨店**は，衣料品や家庭用品などのうち，おもに**高級品（買い回り品）を中心に取り扱う大規模で総合的な小売店**で，高級品を販売し利益率が高いことや商圏が広いことなどから，地価の高い場所でも立地が可能であるため，**大都市の鉄道ターミナル周辺などに立地**する傾向が強い。

次に，マ・ミの立地地区の判定を考える。**「小売業計」に注目する**と，**マ**は全店舗数の**約 4 割を占める**のに対し，ミは **1 割にも満たない**。日本の小売業では，従業者数 10 人未満の店舗が 8 割以上を占め，さらに従業者数 5 人未満の店舗，いわゆる**家族経営の個人商店が 6 割以上を占める**ことから，ロードサイド（国道など主要道路の沿線）に約 4 割の店舗が立地しているとは考えにくい。したがって，**マ**が住宅街，**ミ**がロードサイドと考えるのが妥当である。

そして，最後に Y，Z の商業形態の判定を行なう。**大型総合スーパー**は，脚注に「衣食住にわたる各種商品を販売し，売場面積 3,000㎡以上（特別区及び政令指定都市は 6,000m^2 以上）のもの」とあることから，**大規模な**

店舗であり，いわゆる**複合型大規模商業施設**も含まれる。とくに，**郊外の店舗**では自家用車を利用した商品のまとめ買い（ワンストップショッピング）が行なわれるため，自動車交通に便利な国道など**主要道路の沿線に立地する店舗が多い**。したがって，ロードサイド（ミ）の立地が約30%を占めるYが，大型総合スーパーと判定できる。

一方で，**コンビニエンスストア**は，**人口密度に比例**して全国各地に約58,000店舗（2018年）存在し，**「小売業計」の店舗数の割合に近い立地分布**になると考えられ，Zが適当である。ただし，地域によって立地傾向は異なり，店舗面積が小さくさまざまな場所に出店できることから，**都市圏では人口密度の高い住宅街**などに多いが，地方では**自動車交通に便利なロードサイド**にもみられる。

+αの知識　• **商圏**：ある商業施設について，その**商業活動の影響が及ぶ（顧客を集める）範囲**のこと。一般に，**買い回り品を販売する店舗**は，商店数が少なく都市中心部などに集中して立地するため，**商圏が大きい**。一方で，**最寄り品を販売する店舗**は，商店数が多く各地に分散して立地するため，**商圏が小さい**。

• **買い回り品**：家具などの耐久消費財や，電化製品，高級衣料品，宝飾品など，**比較的高価で，複数の店舗で比較・検討されて計画的に購入される**ような商品。百貨店，大型家電量販店，高級専門店などで販売される。

• **最寄り品**：食料品や日用品など，**比較的安価で毎日のように購入**の対象となる商品。コンビニエンスストア，食品スーパーマーケットなどで販売される。

研究❷ ウェーバーの工業立地論〈簡略版〉

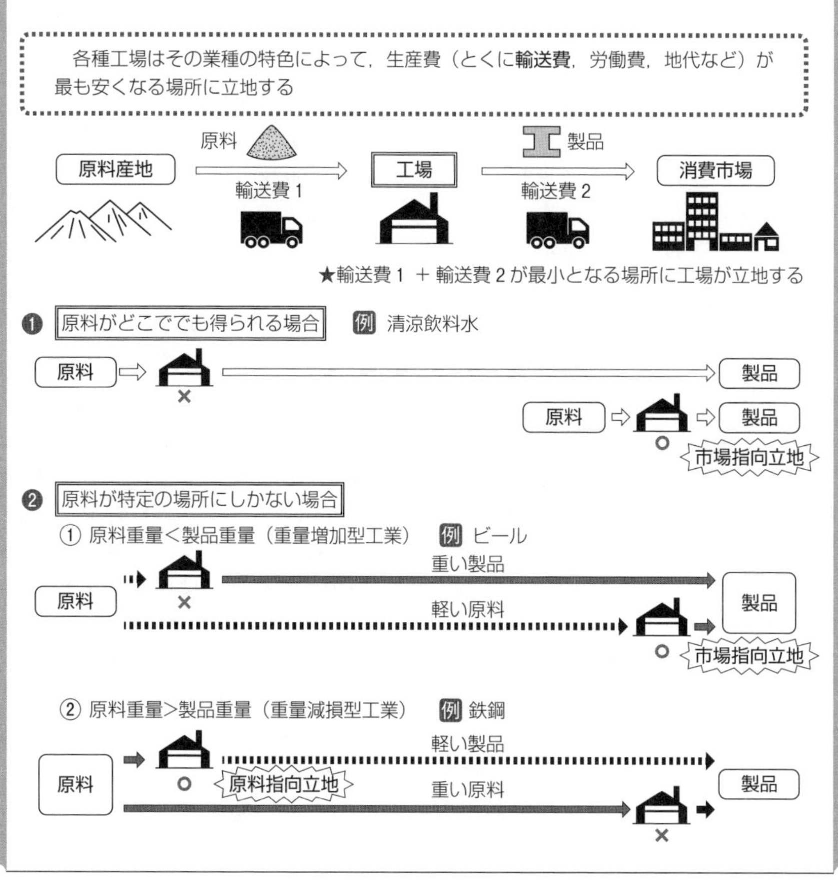

各種工場はその業種の特色によって，生産費（とくに**輸送費**，労働費，地代など）が最も安くなる場所に立地する
原料
製品
原料産地
工場
消費市場
輸送費1
輸送費2
★輸送費1 ＋ 輸送費2が最小となる場所に工場が立地する
❶ 原料がどこででも得られる場合
例 清涼飲料水
原料
製品
×
原料
製品
○
市場指向立地
❷ 原料が特定の場所にしかない場合
① 原料重量＜製品重量（重量増加型工業）
例 ビール
重い製品
原料
×
軽い原料
製品
○
市場指向立地
② 原料重量＞製品重量（重量減損型工業）
例 鉄鋼
軽い製品
原料
○
原料指向立地
重い原料
製品
×

第3問 都市と人口 

問1 【大都市の立地と自然条件】 14 正解：③ やや易

必要な知識 新期造山帯・古期造山帯・安定陸塊（りくかい）の分布／内陸砂漠とその分布／世界の気候区分布／世界の人口分布／主要国の人口規模

大都市が存在する場所だけではなく，**大都市が“存在しない”場所**にも着目して，地形，気候などの自然条件を考えていく。

自然条件と大都市の立地の関係を考えると，一般に，地形条件としては**標高が高い山岳地帯**，気候条件としては**降水量が少ない乾燥地域や気温が低い寒冷地域**では，**大都市の立地に制約**がみられる。もちろん，例外として標高が高い地域でも，低緯度であったり，乾燥地域でも**外来河川**沿いである場合などには，大都市は成立する。また，一般に，社会・経済条件としては，産業が発達した**先進国では多くの大都市が成立する**が，産業が未発達な**発展途上国では首都などの大都市以外は成長しにくい**傾向にある。こちらも同様に，例外として，発展途上国でも，たとえばモンスーンアジア地域では概して人口密度が高く，とくに**中国やインドは極端に人口が多いため，多くの大都市が分布**している。以上の面から，4つの範囲における大都市の分布を考えていくとよい。

③：**イ**。北西部から中央部にかけては，**標高が高く寒冷な気候**の山岳地帯であるテンシャン山脈，パミール高原，チベット高原などが，北部は**乾燥地域**のタクラマカン砂漠が広がるため，大都市は分布していない。逆に，南部はインドのガンジス川流域の**人口密度の高い地域**にあたるため，多数の大都市が分布している。

①：**ア**。北部は**乾燥地域**のサハラ砂漠が広がるため，大都市は分布していない。また，これ以外の地域も発展途上国ばかりであるため，大都市の数は少ない。

②：**エ**。ブラジルでは，温帯気候が広がる**国内の南部や沿岸部に大都市が分布**する。図中の北西部から中央部にかけての**内陸部のブラジル高原では開発が遅れた**ため，大都市の数は少ない。なお，図中の南東部は大西洋にあたり，大都市は存在しない。

④：**ウ**。北西端付近は**乾燥地域**のゴビ砂漠にあたり，大都市は少ないが，それ以外は中国東部の**人口密度の高い**地域にあたるため，多数の大都市が分布している。

問２ 【世界各国の年齢別人口構成と国内での地域差】

15 **正解**：② やや難

必要な知識 人口転換と人口ピラミッドの変化／主要国の経済水準／新大陸の先進国における人口動態／人口ボーナス

人口分野の設問を解くさいのベースとなる知識である「**各国の経済水準と人口ピラミッドの関係**」の理解は必須条件。加えて，**最大都市には仕事を求めて若年労働力が流入する**という視点をもって考察できたかどうかもポイントとなる。研究❸参照（➡ p.37）。

人口動態は，かつての長い期間，**出生率と死亡率がともに高い**❶「多産多死型」であったが，**衛生・栄養状態の改善や医療の進歩**などによって，**出生率が高いまま死亡率が急激に低下**すると❷「多産少死型」となり，人口が急増する（**人口爆発**）。その後，**出生率は徐々に低下**し，❸「少産少死型」へと移行する。この変化のことを**人口転換**という。これに対応するように，性別・年齢別人口構成をグラフ化した**人口ピラミッド**も，❶「**富士山型**」，❷「**ピラミッド型**」，❸「**釣鐘型**（つりがね）」の順に変化する。さらに**出生率の低下が続く**と❹「**つぼ型**」となり，**人口の高齢化**による死亡率の上昇とともに**自然増加率はマイナス**となる。

カ〜クの判定については，発展途上国のケニアは，前述の❷「多産少死型」，「ピラミッド型」にあたり，**年少人口**（0〜14歳）**の割合が高く**，**老年人口**（65歳以上）**の割合が低い**状態にあるため，**キ**に該当する。

韓国は，近年の経済成長にともなう女性の社会進出などにより**出生率が急速に低下**したため，**年少人口の割合は非常に低い**が，まだ高齢化はあまり進展しておらず**老年人口の割合が比較的低く**，相対的に**生産年齢人口**（15〜64歳）の**割合が高い**状態（**人口ボーナス**）にあり，**ク**に該当する。

新大陸の先進国であるオーストラリアは，前述の❸「少産少死型」，「釣鐘型」にあたるが，**発展途上国からの若年層の移民が多い**ため，先進国水準からみれば，**年少人口の割合は比較的高く**，**老年人口の割合は比較的低い**状態にあり，**カ**に該当する。

a・bの判定については，いずれの国においても，**人口第１位の都市は，産業が発達しており雇用機会が多く**，**仕事を求めて若年労働力が流入する**ため，国全体と比べて**生産年齢人口の割合が高い**と考えられる。よって，**カ〜ク**のいずれにおいても15〜64歳の割合がより高いbを人口第１位の都市，これがより低いaを国全体と判定する。

+αの知識 ●**人口ボーナス：年少人口割合と老年人口割合が低く，生産年齢人口割合が高い人口構成の状態**をいう。豊富な若年労働力世代によって活発な生産活動と消費活動が行なわれ，また，国家は教育や年金，医療などの社会保障費を抑制できる一方，税収は増加し社会資本などの整備を進めることもでき，**急速な経済成長の1つの要因**となる。現在，韓国，中国，ASEAN（アセアン）諸国などがこの人口ボーナス期にある。

問3 【外国に居住するインド系住民】 16 正解：① やや易

必要な知識 かつてのイギリス植民地／インド系住民の海外移住（印僑（いんきょう））／労働力移動

外国に居住するインド系住民のうち，「インド国籍を有する者」は**出稼ぎ労働などの一時的な移動での居住者**，「移住先の国籍を有する者」は**移民**と考える。

①：正文。図4より，イギリス，南アフリカ共和国，スリランカ，シンガポール，アメリカ合衆国，カナダ，オーストラリア，フィジーなど，移住先の国籍を有する者は，**英語を公用語とする国やイギリスの植民地であった国に多く分布**することが読み取れる。

②：誤文。インドがイギリスの植民地であった第二次世界大戦以前に，東南アジアやカリブ海周辺地域の**同じイギリスの植民地**に移住したインド系住民（印僑）の多くは，サトウキビや天然ゴムなどの**プランテーション農園での労働に従事**した。

③：誤文。西アジアの産油国は，**オイルショック**（石油危機）による原油価格の高騰で巨額の利益を得たことから，社会資本（インフラ）の整備のほか，高層ビル建設やリゾート開発などを進めたが，慢性的な労働力不足のため出稼ぎのインド系住民などがこれらの**建設現場での労働に従事**している。

④：誤文。1990年代以降，インドでは新経済政策によって経済活動の自由化が進み，コールセンターの立地をきっかけに，コンピュータ事務処理やソフトウェア開発などの**情報通信技術（ICT）産業が，ベンガルールをはじめ，デリー，ムンバイなどを中心に急速に発展した**。

+αの知識 ●**印僑**：インドから外国に移民した人びとのこと。19世紀以降，**プランテーション労働力**として東南アジアやラテンアメリカなどの**当時のイギリス植民地**へ移り住んだ。東アフリカには商業目的での移住者も多い。現在は，移住先の経済分野で活躍する人が多い。

●**オイルショック（石油危機）**：1973年と1979年に発生した，**原油価格の高騰による世界的な経済混乱**のこと。

問 4 【大都市圏における人口分布の時系列変化】 17 **正解**：③ やや難

〈必要な知識〉 大都市圏の都市化と人口分布の変化／第二次世界大戦後における日本国内の人口移動／ドーナツ化現象／人口の都心回帰

日本における大都市圏の都市化と人口分布の変化についての理解を，具体的な首都圏の資料・統計の読み取り技能と組み合わせて試す良問である。

大都市圏での都市化は，中心部から周辺部に向かって拡大していく。20 世紀前半ごろについて，図 5 より，1925 年の人口密集地は，A（都心とその周辺部，中央区）ではすでにほとんどの地域に広がり，B（都心から約 15km，杉並区）では一部地域にみられ，C（都心から約 30km，多摩市）ではみられない。すなわち，A **では都市化がほぼ進行済み**，B では**都市化が進行中**，C では**都市化が及んでいない**と考えられるため，1925〜1930 年の人口増加率は，B で**最も高くなりサ**，C で**最も低くなりス**と判定できる。

高度経済成長期を迎えると，大都市圏では産業の高度化にともない雇用機会が急速に拡大した。そのため，大都市の郊外では**地方圏からの人口の大量流入**が生じると同時に，都心とその周辺部では過密による地価の高騰や居住環境悪化から**郊外への人口流出**（人口の**ドーナツ化現象**）も生じた。よって，1965〜1970 年の人口増加率は，大都市の郊外にあたる C で**最も高くなりス**，都心とその周辺部にあたる A で**マイナスとなりシ**と判定できる。

バブル経済崩壊後の 1990 年代後半以降になると，都心とその周辺部では地価が下落し，高層マンション建設などの住宅の再開発が進んだ。そのため，**人口の流入が再びみられる**（人口の**都心回帰**）ようになった。また，高度経済成長期に開発された C では，当時，おおむね 30 歳代前後の若年勤労者とその子どもの世代が一斉に流入したため**居住世代に偏りがあり**，その後の経年(けいねん)変化によって，現在，親の世代が高齢者となり，子どもの世代が大人となって独立や結婚での転出もみられ，**人口の高齢化が急速に進行**している。よって，2005〜2010 年の人口増加率は，都心とその周辺部にあたる A で**最も高くなりシ**，C で**最も低くなりス**と判定できる。

+αの知識　• **ドーナツ化現象**：都市の発展による都市圏の拡大にともない，**中心地域（都心部とその周辺）の人口が減少**し，**周辺地域（郊外）の人口が増加**する現象をいう。中心地域の地価高騰や生活環境の悪化，都心部と郊外を結ぶ交通機関の発達による職住分離などが原因となって生じる。

• **日本の高度経済成長期**：**経済成長率がきわめて高い状態を維持**した**1950年代後半から1970年代前半の石油危機まで**の時期をいう。

• **バブル経済期**：1980年代後半から始まった，実体をともなわない株や土地などへの投機による**好景気**で，**1991年に終焉**（しゅうえん）。その後の日本経済は，**急激な景気悪化**に見舞われた。なお，この**バブル経済期の終焉後**は，とくに**都心部とその周辺では地価が下落**し，産業構造の転換にともなう再開発と相まって住宅供給が増加したため，**都心回帰とよばれる人口の再流入**がみられるようになった。

問5 【居住者のいない住宅の地域別特徴】 18 正解：② 易

必要な知識　過疎（かそ）地域の特徴

設問の文章や脚注，資料の内容を正確に把握するのみ。解答は容易といえる。

Eは，「観光やレジャーのために多くの人々が来訪する」ということから，**別荘**（べっそう）**地が存在**する市区町村であることがわかるため，**居住者のいない住宅の割合が高く**，居住者のいない住宅のうち「**別荘などの住宅**」**の割合が高いタ**に該当する。

Fは，「高齢化や**過疎化**によって人口減少が進んでいる」ということから，**地方圏**などの市区町村であることがわかるため，「**空き家（人が長期間住んでいない住宅や取り壊すことになっている住宅）**」**の割合が高いツ**に該当する。

Gは，「転出者や転入者の多い大都市圏に含まれる」ということから，学生や若年単身者向けの賃貸住宅や家族向けの中古住宅など，**短期間の空き住宅が多く存在**する市区町村であることがわかるため，「**賃貸用・売却用の住宅**」**の割合が高いチ**に該当する。

問6 【新興国の大都市における交通網の再編】

19 正解：③ 正解： 易 思

必要な知識　主要交通機関（鉄道・自動車）の特徴／資料や文章を論理的に読み取るための思考力・判断力など

資料が十分に生かされておらず，思考力・判断力を試す設問としては中途半端。

x：誤り。文章中に「従来の都心部はタイペイ駅周辺」，「市役所周辺にも副都心が計画的に整備された」とあることから，図7において，タイペイ駅周辺を**都心**部，市役所周辺を**副都心**と位置づけて考える。バス専用レーンは，まず，1989～1995年には**タイペイ駅周辺と市役所周辺を結ぶ道路**，次に，1996～2005年には**中心市街地内の各所を結ぶ道路**，そして，2006～2017年には**郊外に向かう道路**の順に整備されている。

y：正しい。図8より，バス路線の長さはほとんど延びていないのに対して，**地下鉄路線の長さはとくに2000年代半ば以降大きく延びている**ことが読み取れる。これは，地下鉄は，バスに比べて旅客の**大量輸送**・定時輸送が可能であることをはじめ，自動車交通渋滞の緩和，単位輸送量あたりの二酸化炭素や大気汚染物質の排出量が少なく**環境負荷が小さい**ことなどが要因と考えられる。

研究❸　人口転換と人口ピラミッドの変化

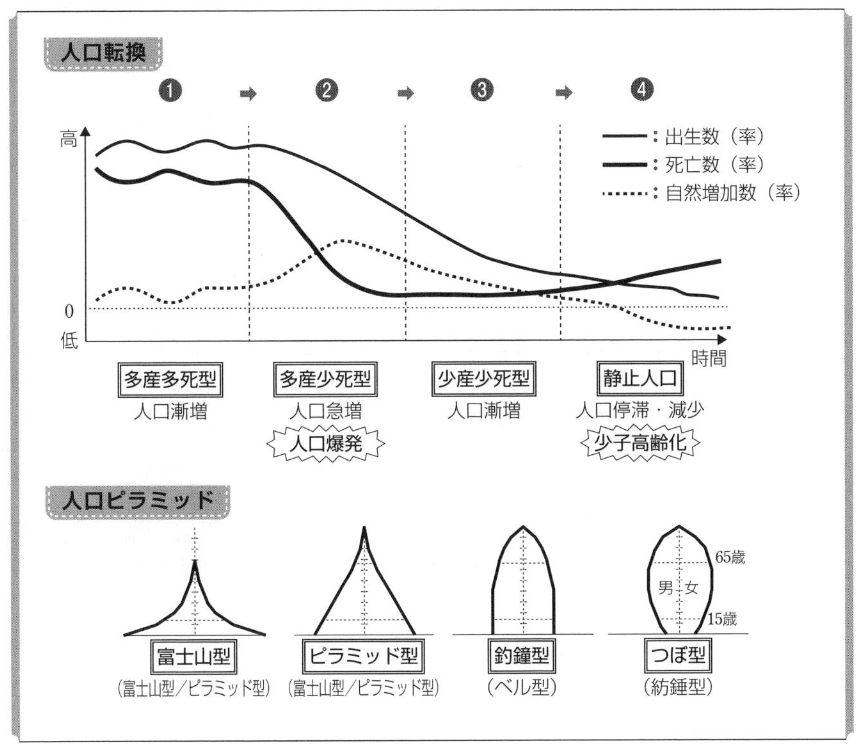

第4問 アメリカ合衆国の地誌 

A アメリカ合衆国の自然環境・産業・社会

問1 【人口重心の移動と工業立地の変化】

20 **正解**：② 21 **正解**：① やや易

必要な知識 20世紀のアメリカ合衆国における工業立地の変化／スノーベルトとサンベルト

人口重心の移動方向とその要因が問われている。**事象だけでなく，要因や背景にまで踏み込んだ学習**が必要である。

(1) 人口重心とは，人口1人あたりが同じ重さをもつと仮定した場合，その範囲内に分布する人口が全体として平衡を保つことのできる地点のことである。人口分布が変化したさいには，**人口重心は，相対的に人口が増加した方向に移動**すると考える。アメリカ合衆国では，1950年から2010年にかけての時期に**人口増加率が南部や西部で相対的に高まったため，人口重心は南西方向に移動した。**

(2)

①：正文。**北東部から五大湖沿岸にかけての地域**は，繊維工業，鉄鋼業，自動車産業などの**工業生産の中心として**20世紀前半まで**発展**してきたが，第二次世界大戦後は，日本やドイツなどの台頭により国際競争力が低下するなか，**産業構造の転換が遅れたことから衰退**し，現在は**スノーベルト**（フロストベルト）とよばれる。一方で，1970年代以降は，**北緯37°以南の地域で工業化が進展**し，**サンベルト**とよばれる。温暖な気候に恵まれ，安価な労働力と広大な工業用地を得やすく，州政府による産業誘致策なども加わり，**工場はスノーベルトからサンベルトへ進出・移転**するとともに，新たに**情報通信技術（ICT）産業や航空宇宙産業などの先端技術産業も成長**した。これらの工業立地の変化にあわせて南部や西部で相対的に人口増加率が高まり，人口重心は南西方向に移動した。

②：誤文。北東部や五大湖沿岸で製鉄業や自動車産業が成長したのは20世紀初頭で，これらの地域への人口移動の要因となった。

③：誤文。大陸横断鉄道の開通は19世紀後半で，東部から西部への人口移動の要因となった。

④：誤文。アメリカ合衆国の大都市圏は，ニューヨークだけでなくロサンゼルス，シカゴ，ヒューストン，フェニックスなど点在するため，農村部から大都市圏への人口移動は国全体での人口重心の移動要因にはならない。

問2 【3つの州における取水量の水源別・使用目的別割合】

22 **正解**：⑤ 標準

〈必要な知識〉 アメリカ合衆国の鉱工業地域／アメリカ合衆国の農牧業地域／センターピボット方式／メガロポリス

アメリカ合衆国3州の**比較地誌的な要素**を含む設問。水資源利用についての統計データから，広大な**国内の地域的特徴**を読み取らせることがねらい。農牧業，工業，人口分布などの総合的な知識を必要とする。

テキサス州：**ク**。複数の大きな河川が流れるため，水源別割合では地表水の割合が大きい。また，ヒューストン，ダラス，フォートワースなどの工業都市を有し，**製造品出荷額は全米50州中で最大**となっており，使用目的別では**工業用水の割合が大きい**。

ネブラスカ州：**カ**。同州が位置する**グレートプレーンズ**には，オガララ帯水層とよばれる**世界最大規模の地下水層が存在**する。1960年代以降，この**地下水を利用したセンターピボット方式**での大規模な灌漑（かんがい）による**トウモロコシなどの飼料作物の栽培**が増加し，**フィードロット**での肥育（ひいく）による**肉牛の飼育**がさかんに行なわれるようになった。そのため，水源別割合では**地下水の**，使用目的別では**農業用水の割合が大きい**。一方で，内陸部で**人口密度が低い**ため，**生活用水の割合は非常に小さい**。

マサチューセッツ州：**キ**。東部で降水量が比較的多く，また，**メガロポリス**とよばれる都市化地域を含み**人口密度が高い**ため，水源別割合では地表水の，使用目的別では**生活用水の割合が大きい**。

〈+αの知識〉 • オガララ帯水層（たいすいそう）：グレートプレーンズ中央部にある**世界最大規模の地下水層**で，数千年もの長い時間をかけて貯水されたといわれる。センターピボット方式での大規模灌漑によってトウモロコシなどの栽培や肉牛の飲料水などに利用され，この地域の**農牧業の発展に大きく寄与**したが，近年は**過剰な利用による枯渇（こかつ）が懸念**されている。

問3 【2つの州における気候と農作物生産】 23 **正解**：① やや易

〈必要な知識〉 世界の気候区分布／ケッペンの気候区定義とその判定／気温の年較差（ねんかくさ）／アメリカ合衆国の農牧業地域／おもな農作物の栽培条件／冬小麦と春小麦

アメリカ合衆国2州の**比較地誌**といえる出題。それぞれの州の気候条件と農作物の栽培条件を結びつけることがカギとなる。意外にも，「テンサイ」の出題頻度は高い!!

ハイサーグラフの判定からみていく。

サは，**最寒月（さいかんげつ）平均気温が18℃未満−3℃以上で，夏季に乾燥し，冬季の**

最多雨月降水量が最少雨月降水量の3倍以上となっているため**地中海性気候（Cs）**と判定でき，緯度40°前後の西岸に位置するXに該当する。

シは，**最寒月平均気温が－3℃未満でかつ最暖月平均気温が10℃以上**で，冬季にやや降水量が少ないものの最多雨月降水量が最少雨月降水量の10倍以上とはなっておらず，**年中平均した降水**がみられるため**冷帯湿潤気候（Df）**と判定でき，緯度40°前後の内陸に位置するYに該当する。

また，両地点はほぼ同緯度に位置しているが，Xは**臨海部で海洋の影響を受ける**ため**気温の年較差が比較的小さく**，逆に，Yは**内陸部で大陸の影響を受ける**ため**気温の年較差が比較的大きくなる**という点に着目して解いてもよい。なお，アメリカ合衆国の西岸では，沿岸を流れる寒流のカリフォルニア海流の影響を受けて，緯度のわりに夏季でも気温が低いということもXの特徴となっている。

農作物生産量について，設問文に「面積もほぼ同じ」とあるため，農作物生産量の大小に州の面積を考慮する必要はなく，気候条件と農作物の栽培条件との関連から考える。

Gは，小麦の生産量が多いことから，ワシントン州と判定する。夏季は高温で乾燥し，**冬季は比較的温暖で湿潤な地中海性気候が卓越**するため，コロンビア盆地で**冬季の降水**やダムによる灌漑用水を利用して，おもに**冬小麦**（秋から初冬に播種，初夏から夏に収穫）が生産されている。

Hは，テンサイの生産量が多いことから，ミシガン州と判定する。一般に，テンサイの栽培には**冷涼少雨の気候が適する**とされるが，光合成によって糖分を根部に十分蓄積させるためには，夏季の生育期間に20～25℃程度の気温が必要だといわれる。また，秋季に降水量が少なく気温が低下すると，糖分濃度が上昇するとされる。ミシガン州は内陸部に位置するため，雨温図シのハイサーグラフのとおり，**気温の年較差が大きく**テンサイの栽培条件に適するともいえる。

＋αの知識　●**テンサイ：冷涼少雨の気候に適する根菜**で，春に播種，晩秋に収穫される。サトウキビの栽培ができない冷涼な地域での**製糖原料**となるほか，その搾りかす（ビートパルプ）や葉は**飼料としても利用**される。生産量上位国は，ロシア，フランス，ドイツの順（2019年）である。地中海沿岸が原産地であるビートから品種改良された。

問4 【2つの州における人種・民族分布】 24 **正解**：① 標準

必要な知識 アメリカ合衆国の人種・民族分布／アメリカ合衆国の鉱工業地域

アメリカ合衆国2州の**比較地誌**といえる出題。国全体での人種・民族分布の把握と，自動車工業都市デトロイトの労働力にアフリカ系が多いことを推察することが必要となる。

アメリカ合衆国全体での人種・民族分布については，おもに17世紀以降，まず**WASP**(ワスプ)とよばれるイギリス系の移民を中心に入植が進んだ。その後WASP以外の少数派も流入し，多民族・多文化社会が形成されていく。**アフリカ系（黒人）**は，19世紀中ごろまでの奴隷制(どれいせい)を背景にプランテーション労働力として**南部に集中**していたが，20世紀以降は雇用機会を求めて**北東部などの都市部**にも移動した。同時期よりアジアやラテンアメリカからの移民もみられるようになり，とくに1970年代以降に急増した。**アジア系は西部太平洋岸地域**，**ラテンアメリカのスペイン語圏からの移民であるヒスパニック**は**メキシコと国境を接する南西部やカリブ海諸国に近いフロリダ半島**に多く分布しているが，両者ともに雇用機会の多い**大都市圏**にも居住している。

タとチを比較すると，J・Kともにチのほうが**アジア系の割合が高い**ため，**西部太平洋岸地域**に位置するワシントン州，タがミシガン州と判定できる。そして，タ（ミシガン州）のKは，**アフリカ系の人口割合が約8割**を占めるが，これが中西部に位置するミシガン州全体の人口割合とは考えられず，Jが州全体，Kが人口最大都市と判定できる。ミシガン州の人口最大都市のデトロイト市では，20世紀初頭以降，**自動車関連産業が発展**し，その**低賃金労働力としてアフリカ系住民が南部から流入**した。第二次世界大戦後はヨーロッパ系住民が郊外に流出したこともあり，**アフリカ系の人口割合が非常に高くなっている**。1970年代以降は，自動車工業の国際競争力が低下し，失業率の上昇とともに治安も悪化するなどして衰退したため，現在，街の再生策がはかられている。

+αの知識 ● **WASP**(ワスプ)：White Anglo-Saxon Protestantの頭文字をとったことばで，**白人**，**アングロサクソン系（イギリス系）**，**プロテスタント**の略。初期の移民の多くを占め，アメリカ合衆国建国以来の政治・経済・文化の指導的階層を形成してきた。

B アメリカ合衆国の社会と経済の多様性

問5 【社会・経済の州別諸指標】 25 **正解**：② 標準 思

必要な知識 アメリカ合衆国の人種・民族分布／都市人口率

付与された各州における都市人口率の高低をヒントにしながら考える！

まず，ムは，**相対的に所得水準が低いアフリカ系（黒人）の居住割合が高い南部**や，**発展途上国からの移民であるヒスパニックの居住割合が高いメキシコと国境を接する南西部などで高位**となっていることから，貧困水準以下の収入の人口の割合と判定できる。

次に，マについては，**都市人口率の高低と類似する関係**にある。外国からの移民は**雇用機会の多い都市部に仕事を求めて流入**するため，都市人口率の高い州では外国生まれの人口の割合も高くなると考えられる。

一方で，ミについては，**都市人口率の高低とは逆の関係**にある。都市人口率の高い州では**地価の高い都市部に人口が集中**しており，**住宅の価格も高くなる**ため，持ち家率は低くなると考えられる。

問6 【五大湖沿岸地域の産業構造と雇用政策】

26 **正解**：④ やや易 思

必要な知識 資料や文章を論理的に読み取るための思考力・判断力など／20世紀のアメリカ合衆国における工業立地の変化

アメリカ大統領選挙を題材として取り上げているが，**「政治・経済」科目の知識は必要なく**，資料の読み取りと文章の読解を組み合せた「地理」の設問である。

空欄ラについては，図5より，2012年・2016年ともに民主党の候補者が選挙人を獲得した州はニューイングランドや西海岸に多いことが読み取れる。なお，ニューイングランドとは，北東部に位置するメーン，ニューハンプシャー，ヴァーモント，マサチューセッツ，ロードアイランド，コネティカットの6つの州をさす。

空欄リについては，設問の文章から，**グローバル化の影響で衰退した五大湖沿岸の地域の製造業**について**共和党の候補者が主張した政策の内容**が入り，また，この政策の主張によって**五大湖沿岸の地域において共和党の候補者が住民から支持を集めた**ということが読み取れる。

問1・問4の解説でも述べたとおり，五大湖沿岸の地域では，グローバル化の影響で鉄鋼業や自動車工業などの**製造業が衰退し**，**雇用環境が悪化**している。かりに「移民労働力を増やす」政策を行なえばさらに**雇用環境が悪化し失業率が上昇する**ことになるため，住民の支持は得られない。逆に，「工場の海外移転を抑制する」政策を行なえば**雇用が確保される**ため，住民の支持が得られると考えられる。

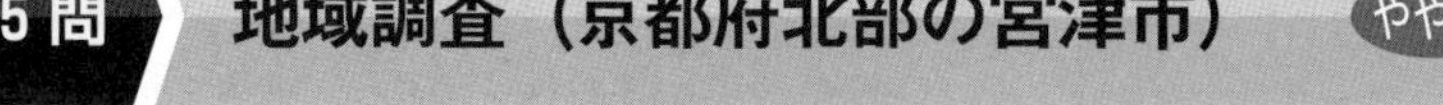

第5問　地域調査（京都府北部の宮津市）　やや易

問1　【資料・文章のよみ取り】　27　**正解**：③　易　思

必要な知識　特定の知識は不要／資料や文章を論理的に読み取るための思考力・判断力など

2つの階級区分図を比較しながら注意深く読み取り，文章の内容と一致するものを選択するだけの設問。絶対に取りこぼしてはいけない。

③：正文。京都市への通勤率が3～10％の市町村は4つみられるが，このうち**最も南の市町村**（木津川市）**では人口が増加**している。

①：誤文。宮津市の隣接市町村は5つみられるが，宮津市とその北隣，西隣の3市町村では人口が15％以上減少している一方，**南隣の2市町村では人口が0～15％減少**している。

②：誤文。京都市への通勤率が10％以上の市町村は13みられるが，そのうち人口が増加しているのは7つのみで，**残り6つは減少**している。

④：誤文。京都市への通勤率が3％未満の市町村は8つみられるが，**人口が増加している市町村は存在せず**，すべて減少している。

問2　【地形図・江戸時代の絵図の比較読図】　28　**正解**：②　やや易

必要な知識　地形図・地理院地図の記号／日本の伝統的都市（城下町）／地形図読図の技能

新旧の地図を比較してさまざまな地理的事象を読み取る設問は，センター試験から引き続き**定番の出題形式**であるが，今回は，旧地図に，地形図ではなく江戸時代の絵図が使用された。地形図読図の設問では**地形図記号の知識が必須**であるので，問題演習のさいに覚えていないものがあればそのつどチェックしておきたい。

②：正文。現在の地形図の「体育館」の北側にある船着き場（）は，近世の**江戸時代に描かれた絵図では入江**であったことが読み取れる。海岸にみられる擁壁（護岸）の記号（）からもわかるように人工的な海岸線となっているため，**近代以降に埋め立てて造成された場所**だと考えられる。

①：誤文。現在の「新浜」から「本町」にかけての地区は，江戸時代の絵図によれば**武家屋敷の地区とはなっていない**。「魚屋町」の地名から，商人や職人が居住した町人地であったことがわかる。日本の**城下町**は，近世初期を中心に建設された計画都市であり，一般に，大名（領主）の居城から外側に向かって**武家地**，**町人地**，**寺社地の順に町割が配される**ことが多い。

③：誤文。現在の宮津駅から大手橋までの道は，**江戸時代の絵図には存在しない**。

④：誤文。宮津城の本丸があった場所は，現在の地形図では，国道（▬▬▬）の南側の電波塔の記号（♂）付近であり，**市役所**（◎）**をはじめ，裁判所**（♤），**消防署**（Y）**は西側の「大手川」の左岸**に，**税務署**（◇），**官公署**（ö）**は南側に，警察署**（⊗）**は東側に位置**している。

+αの知識　•日本の時代呼称：❶古代➡古墳時代～平安時代　❷中世➡鎌倉時代・室町時代　❸近世➡戦国時代・安土桃山時代・江戸時代　❹近代➡明治維新～第二次世界大戦期　❺現代➡第二次世界大戦以降

問3 【写真による撮影地点・方向の判定】 29 正解：② やや易

必要な知識　特定の知識は不要／地図上での空間認識の技能

センター試験から引き続き**定番の出題形式**。地図中の地域における空間認識ができるかどうかの技能が試されているが，**砂州**という単純な形状の地形が大きなヒントとなるため，取り組みやすい。

各地点から矢印の方向に撮影しているため，**矢印の延長線上の位置が写真の中央に写る**ということに注意して考える。**砂州である「天橋立」の方向と市街地の分布に着目**する。

②：A。「阿蘇海」沿岸から「天橋立」北端側の市街地が写真手前から左側に広がり，「天橋立」の砂州は，**写真の左手前から右奥に向かって延びる**。

①：D。**砂州は写真手前から奥に向かってほぼ垂直方向に延び**，「阿蘇海」は左側，「宮津湾」は右側に見える。

③：C。砂州は，**写真の右手前から左奥に向かって延び**，「阿蘇海」は左手前側に少し，「宮津湾」は後ろ全体に見える。

④：B。「阿蘇海」西岸の比較的広い市街地が**写真手前に広がり**，砂州は「阿蘇海」を隔てて**写真奥にほぼ水平方向に延び**，さらにその奥に「宮津湾」が見える。

問4 【日本の地場産業の現状と課題】 30 正解：⑥ やや易 思

必要な知識　季節風（モンスーン）と降水／日本の地場産業／工業の中心業種とその変化

地域調査の大問では，**最初に掲出されている地図，ほかの小問やそこで使われている図表などがヒントとなる**場合もあるため，**大問全体の地図や図表なども再確認**すること!!　研究❹参照（➡ p.67）。

空欄カについて。資料1より，丹後ちりめんの特徴として「**主要な産地**

は京都府の京丹後市と与謝野町」とある。また，図1より，「京丹後市」と「与謝野町」は，**冬季に日本海から吹く湿った北西季節風**（**モンスーン**）**の山地風上側にあたり**，**降水量が多くなる**ことがわかる。

空欄キについて。資料1より，丹後ちりめんの動向として「生産が縮小した」とあるため，発展途上国で生産される**安価な輸入品に価格面で対抗できずに縮小を余儀なくされた**と考えられる。とくに，1980年代以降の日本では，織物製品に限らず，労働集約的な工業製品は**安価な輸入品の流入によって**，**国内生産が縮小**に迫られている。

空欄クについて。資料1より，丹後ちりめんの特徴として「しわが寄りにくく，風合いや色合いに優れる」とある。また，空欄キの解答から，丹後ちりめんは，輸入品と比べて**品質面では優位であるが**，**価格面では劣位**であることがわかる。**品質面での優位性はブランド化には有利**であり，また，**海外では日本製品の品質面での信頼性がきわめて高い**ため，海外市場で高品質で高級志向のイメージが定着すれば先進国の消費者や新興国の富裕層に受け入れられる可能性があるといえる。実際に，製品の産地ブランド（商標）認定を行なっている地域もみられる。反対に，生産費が非常に安い発展途上国の製品に対抗するために大量生産を行なったとしても，価格面で優位に立つことは難しく品質が落ちるおそれもあり，現実的な戦略とは言いがたい。

+αの知識　● **地場産業**：地元資本によって，その地域の資源，技術，労働力などを基盤として成立した中小工業のこと。日本では，近世以来，各地に織物，陶磁器，漆器，和紙，酒などの産地が形成されている。

問5　【過疎地域の諸課題】　31　正解：④　標準　思

必要な知識　地方圏への移住／少子高齢化問題／グリーンツーリズム

資料の文章から，過疎地域の山間部集落への移住者の特徴を読み取れたかどうかがポイントとなる設問。

資料2の「聞き取り調査の結果」の項目は，上から順に選択肢①～④の内容と対応している。

④：誤文。「米作りや狩猟を行うことを目的として移住」「古民家を改修して居住」とあることから，宮津市北部の山間部の集落への移住者は，**農業**，**狩猟などの産業や古民家での暮らしに関心がある人々**だということがわかり，**大都市圏出身者がいなかでの生活に魅力を感じて移住**（Iターン）してきたと考えられる。図1より，大阪市や京都市から70～100km程度の距離であることも考慮して，移住者の増加は，宮津市における人口の郊外化（宮津市の中心部から郊外への移住者の増加）よりも，大阪市や京都市

などの**大都市圏からの移住者がいることが背景にある**ととらえるのが適当である。

①：正文。子どもの人数の減少にともなう小学校の廃校は，若年層の流出や少子化がその背景として考えられる。

②：正文。伝統的な文化や技術の継承が困難となっていることは，住民の高齢化にともなう担い手不足が背景として考えられる。

③：正文。棚田の保全や，ブナ林，湿地などをめぐるツアーは**グリーンツーリズム**とよばれ，都市と農村の交流をはかるうえで効果的である。

+αの知識　**• グリーンツーリズム**：農山漁村に滞在し，その地域の自然をはじめ，生活や文化，人々との交流，農林漁業体験などを楽しむ体験型の余暇活動のこと。

問6　【日本における外国人観光客の動向】　32　正解：①　易　思

必要な知識　都市型観光と農村体験型観光／資料や文章を論理的に読み取るための思考力・判断力など

設問の文章の読み取りポイントは，「外国人の宿泊地が多様化した」の部分。その背景を考えれば，おのずと正答が導ける。

空欄サについて。図5の2018年の外国人延べ宿泊者数の図形表現図から，東京都に次いで多いのは，**沖縄県ではなく大阪府である**ことは容易に読み取れる。

空欄シについて。図5と文章に，外国人延べ宿泊者数が少ない都道府県で2013年から2018年にかけての増加率が高位となっていることが示されている。これに該当する都道府県は，東北，山梨県，新潟県，北陸，中国，四国，九州などであり，**ショッピングや大型テーマパークなどの都市型観光資源には乏しいが，観光資源としての温泉や，農山漁村でのグリーンツーリズムなどの体験型観光に強みがある**地域だといえる。実際，このような地域において，温泉や農山漁村を訪れて体験型の観光を楽しむ外国人旅行者が増加したため，外国人の宿泊地が多様化している。

予想問題
第1回
解答・解説

予想問題・第1回　解　答

（100点満点）

問題番号（配点）	設問	解答番号	正解	配点
第1問（20）	1	1	1	3
	2	2	2	3
	3	3	1	3
	4	4	3	3
	5	5	6	4
	6	6	2	4
第2問（20）	1	7	4	4
	2	8	1	3
	3	9	4	3
	4	10	2	3
	5	11	3	4
	6	12	1	3
第3問（20）	A 1	13	4	3
	A 2	14	3	3
	A 3	15	3	4
	B 4	16	5	3
	B 5	17	2	3
	B 6	18	1	4

問題番号（配点）	設問	解答番号	正解	配点
第4問（20）	1	19	3	3
	2	20	3	4
	3	21	4	3
	4	22	2	4
	5	23	1	3
	6	24	1	3
第5問（20）	1	25	7	3
	2	26-27	3-5	4[*1]（各2）
	3	28	4	3
	4	29	2・4	2[*2]
		30	1・3	2[*2]
	5	31	3	3
	6	32	1	3

（注）
＊1は，－（ハイフン）でつながれた正解は，順序を問わない。
＊2は，過不足なくマークしている場合のみ正解とする。

第1問　世界の自然環境　標準

問1　【世界の造山帯と安定陸塊】　1　正解：①　やや易

必要な知識　新期造山帯・古期造山帯・安定陸塊(りくかい)の分布

新期造山帯，古期造山帯，安定陸塊に属するそれぞれの代表的な山脈，高原，平野などは，名称ではなく**地図上での場所を覚えておく**!!

①：誤文。A付近は**アフリカ大地溝帯**(だいちこうたい)にあたり，プレートの**広がる境界**となっている。キリマンジャロ山などの高く険しい山脈もみられるが，**安定陸塊に属するアフリカ卓状地**(たくじょうち)（**アフリカ楯状地**(たてじょうち)）である。

②：正文。B付近は**古期造山帯**のウラル山脈にあたる。

③：正文。C付近は安定陸塊の**カナダ**（**ローレンシア**）**楯状地**(たてじょうち)にあたる。

④：正文。D付近は安定陸塊のブラジル高原にあたる。

問2　【世界のプレート境界】　2　正解：②　やや易

必要な知識　おもなプレート境界に形成される地形とその分布

広がる境界，**狭まる境界**，**ずれる境界**それぞれに**形成される地形**と，代表的な**場所を地図上で覚えておく**!!

ア：F付近はプレートの**広がる境界**の代表的事例で，**大西洋中央海嶺**(かいれい)が分布する。

イ：H付近はプレートの**狭まる境界**の代表的事例で，**ペルー海溝**が分布する。

ウ：G付近は**プレートの境界ではなく**，ユーラシアプレート上に位置する南シナ海の**大陸棚**(たいりくだな)となっている。

+αの知識　• **大陸棚**：大陸周辺の**水深200 mまでの浅海底**で，現在は海面変動で水面下にあるが，地質的には陸地と同じ性質をもつ。

問 3 【等温線の判定】 3 **正解**：① やや難 思

必要な知識 海洋性気候と大陸性気候／世界の気候区分布

冷帯気候と温帯気候の分布地域から気温を類推することがポイントとなる。

等温線 P は北半球の大陸において，**海岸部で高緯度側に，内陸部で低緯度側に張り出している**ため，同緯度では**海岸部で気温が高く，内陸部で気温が低くなっている**ことを示している。このような気温分布となるのは，**北半球が冬季の1月**である。同緯度で比較すると，**海岸部は気温の年較差が小さい海洋性気候**のため冬季は気温が低下しにくく，逆に内陸部は気温の年較差が大きい**大陸性気候**のため冬季は気温が低下しやすい。

一方で，ケッペンの気候区分による**冷帯**（D）気候と**温帯**（C）気候との気温区分の定義は，**最寒月平均気温が**－3℃未満か以上かであり，等温線 P は北半球の大陸において冷帯気候と温帯気候の境界線（1 月－3℃の等温線と考えてよい）にあたる場所よりも**少し低緯度側を通っている**ことから，1 月は 0℃と類推することができる。

問 4 【降水の季節変化】 4 **正解**：③ 標準

必要な知識 大気の大循環と気圧帯・恒常風／気圧帯とその季節移動／季節風（モンスーン）と降水

気圧帯の移動や季節風などによって降水の季節変化が生じるしくみを理解できているかが問われている。研究❹参照（➡ p.67）。

③：ビエンチャンは，北回帰線と赤道の間に位置するため**サバナ**（Aw）**気候**で，**高日季**（**8 月前後**）**に熱帯収束帯**（**赤道低圧帯**）や海洋からの**湿潤な季節風**の影響で**多雨**，**低日季**（**1 月前後**）**に亜熱帯高圧帯**（**中緯度高圧帯**）や大陸からの**乾燥した季節風**の影響で**少雨**となる。

①：ラルナカは，北緯 50° 線と北回帰線の間の大陸西岸部にあたるキプロス島に位置するため**地中海性**（Cs）**気候**で，**冬季**（**1 月前後**）**に亜寒帯低圧帯**（**寒帯前線**）や海洋からの**湿潤な偏西風**の影響で**降雨がみられ**，**夏季**（**7 月前後**）**に亜熱帯高圧帯**の影響で**乾燥**する。

②：シンガポールは，赤道付近に位置するため**熱帯雨林**（Af）**気候**で，**年間を通して熱帯収束帯**の影響を受け**多雨**となる。

④：カラチは，北回帰線付近の大陸西岸に位置するため**砂漠気候**（BW）となるが，**高日季**（**7 月前後**）**に**海洋からの**湿潤な季節風**の影響を受け**若干の降水がみられる**。

問5 【成帯土壌の分布と成因】 5 **正解**：⑥ やや難

必要な知識 おもな成帯土壌（ポドゾル，ラトソル，褐色森林土）の分布と成因／世界の気候区分布

成帯土壌の名称の単純な暗記知識のみでは対応できない。気候や植生の分布や，それらと関連する土壌の成因にまでふみ込んだ対策を要する設問。

土壌のうち，**気候や植生の影響**を強く受けるのが**成帯土壌**である。

カ：Jは**冷帯**（D）気候であり，**灰白色**の**ポドゾル**が分布する。低温であるうえ，とくに針葉樹の葉は分解が遅いなど**有機物の分解が進みにくい**。そのため，じゅうぶんに分解されない植物遺骸は表層で**泥炭**(でいたん)となるなど**酸性**を呈し，降水が鉄分などの諸成分を溶かして流し出すことで，残された土壌は**白っぽい色**（**灰白色**）となり**肥沃**(ひよく)**度は低い**。したがって，Zに該当する。

キ：Kは**熱帯**（A）気候であり，**赤色**（**赤褐色**）の**ラトソル**が分布する。高温の気候環境下で昆虫や微生物などの活動が活発であるため，土壌中の**有機物の分解は進みやすい**が，分解された養分は短期間に植物に吸収されたり**多量の降水によって洗い流される**ため，表面にはアルミニウムや鉄などの金属の酸化物が集積し，土壌は**赤色**となり**肥沃度は低い**。したがって，Yに該当する。

ク：Lは**温帯**（C）気候であり，**褐色森林土**が分布する。落葉の堆積(たいせき)物からできた比較的厚い腐植層をもつため**肥沃度は比較的高い**。したがって，Xに該当する。

問6 【都市化と豪雨による災害】 6 **正解**：② 標準

必要な知識 沖積(ちゅうせき)平野／河川の三作用（侵食(しんしょく)，運搬，堆積(たいせき)）／都市型水害／液状化現象

3箇所すべての正誤判定が必要で，試行調査の問題でも出ていた形式。文章の内容を論理的・客観的に読み取る力を要する設問。

a：正しい。**沖積(ちゅうせき)平野**は，河川の侵食，運搬，堆積の3つの作用が関連して形成されるが，**沖積平野への土砂の堆積には河川氾濫(はんらん)をともなう**。

b：正しい。ほとんどの地表面がアスファルトやコンクリートで覆われている都市部では，豪雨の際に小河川や下水道に**雨水が集中的に流入**し，排水しきれない場合には浸水被害が生じる。これを**都市型水害**と呼ぶ。

c：誤り。**液状化現象**は，地層中に水分を多く含む沖積地や埋立地などの地盤が**地震動によって一時的に流動化**し，建物や構造物が沈下・浮上したり砂が噴き上がったりすることをいう。**地震の際に発生する場合はある**が，豪雨の際に発生するものではない。

第２問　世界の農林水産業 

問１【三大穀物の生産・貿易の特徴】 7 **正解**：④ やや難

必要な知識　三大穀物（小麦，米，トウモロコシ）の生産・貿易の特徴／自給的農業／商業的農業

3箇所すべての正誤判定が必要な形式。図（グラフ）から読み取った情報と三大穀物についての基礎的な知識の両面からアプローチする。

ア：正しい。図1より，小麦の生産量に占める輸出量が中国やインドではきわめて少ないため**自給的である**といえるが，アメリカ合衆国やフランスでは比較的高いため**商業的生産がさかんである**といってよい。

イ：誤り。図1から，米の生産量の世界上位5か国は，**すべてアジアの国々で占められている**。また，実際にも**世界総生産量の約9割がアジアで生産**されており，小麦やトウモロコシとくらべて**生産地域が偏っている**。

ウ：誤り。図1より，トウモロコシの世界総生産量は約11.48億t，総輸出量は約1.84億tであるのにたいし，アメリカ合衆国，ブラジル，アルゼンチンの3か国における生産量は約5億t，輸出量は約1.2億tであり，生産量は4割強，輸出量は約3分の2である。

問２【嗜好品や工業原料となる農作物の輸入国】 8 **正解**：① やや難

必要な知識　嗜好（しこう）作物・工芸作物の生産地域と消費地域／宗教と食の禁忌／労働集約型工業の立地傾向

嗜好作物（コーヒー豆，茶など）や工芸作物（綿花，天然ゴムなど）の輸入上位国を判定する設問であるため，これらの**消費地域の傾向を理由とともに把握**しておくことが重要となる。

カ：コーヒー豆。**先進国は，温帯や冷帯に位置し熱帯・亜熱帯性作物であるコーヒー豆の生産が難しいことに加え，生活水準が高く嗜好品としてコーヒー豆の消費量が多いため，輸入量が多くなる傾向**にある。アメリカ合衆国をはじめ，西ヨーロッパ諸国や日本などで輸入量が多い。

キ：茶。**嗜好品として茶を多く飲む習慣のある**ロシアやイギリス，**アルコールを禁忌する代わりに嗜好品として茶を多く飲む習慣のあるイスラム教徒**が多数を占める国などで**輸入量が多くなる傾向**にある。**前者は寒冷な気候**であり，**後者は降水量が少ないため茶の生産が難しい**ことが理由。

ク：綿花。綿花を原料とする**綿工業**は，**現在，発展途上国が生産の中心**となっているため，中国，ベトナム，バングラデシュなど**アジアの発展途上国を中心に輸入量が多い**。

問3 【農牧業に関する諸指標】 9 **正解**：④ 標準

〉必要な知識〈 世界の地域別農牧業経営の特徴

複数の農牧業関連の諸指標から，農牧業の地域別の特徴をとらえさせることがねらい。

総就業人口に占める農林水産業就業人口の割合は，一般に，**発展途上国で高く先進国で低く**なる。したがって，①・②は発展途上国のウルグアイ，タイのいずれか，③・④は先進国のイギリス，カナダのいずれかとなる。

農業従事者1人あたりの農地面積は農業の規模を表す指標で，一般に，**アジア・アフリカ諸国が最も小さく，ついでヨーロッパ諸国，新大陸地域の国々の順で大きくなる傾向**にある。したがって，①はアジア諸国のタイ，④はヨーロッパ諸国のイギリス，②・③はウルグアイ，カナダのいずれかとなるが，農林水産業就業人口の割合がより大きい②が発展途上国のウルグアイ，より小さい③が先進国のカナダとなる。

これら以外に，判断の決め手となる事項を挙げておく。**農林水産業就業人口の割合**は，発展途上国の中でも**アジア諸国などでは経営規模が小さく労働集約的な農業が行なわれている**ため**とりわけ高くなる**が，**新大陸地域の国々では経営規模が大きく機械化の進展した農業が行なわれている**ため，**発展途上国水準では低くなる**。よって，①がタイ，②がウルグアイである根拠ともなる。また，**ウルグアイやイギリス**は牛，羊などの放牧や酪農がさかんであるため**牧場・牧草地の割合が高い**こと，一方，**カナダ**は寒冷な気候のため**耕地の割合**，**牧場・牧草地の割合がいずれも低い**ことも確認しておきたい。

問 4 【世界各国の木材伐採高に占める針葉樹・用材の割合】 10

正解：② 標準

必要な知識 針葉樹と広葉樹の分布／用材と薪炭材（しんたんざい）／世界の気候区分布／主要国の経済水準

林業に関する定番の出題。選択肢の国々の気候環境と経済水準から考える。

おもに**針葉樹は寒冷な地域**，**広葉樹は温暖な地域**に分布する。用途としては，**用材**は建築，パルプ，家具など産業用に利用される木材であり，一般に**産業が発展した国で伐採高に占める割合が大きい。薪炭材**は薪（まき）や木炭など燃料用に利用される木材であり，一般に**産業が未発達な国で伐採高に占める割合が大きい。**

②：中国。**近年の産業発展**によって用材の伐採割合が高くなってきている。

①：スウェーデン。**寒冷な気候**であるため針葉樹の伐採割合，**先進国**であるため用材の伐採割合がいずれも高い。

③：ケニア。**中南アフリカの発展途上国**であるため，用材の伐採割合が非常に低い。

④：マレーシア。**熱帯気候**が国土の大半を占めるため針葉樹の伐採割合はきわめて低く，発展途上国であるが**用材としての木材輸出が多いため，**用材の伐採割合が高い。

問５【主要漁業国における水産業の特徴と生産量・貿易額】 11

正解：③ やや難

必要な知識 漁業生産量の上位国／水産物の輸出額・輸入額の上位国／主要漁業国（中国，ペルー）の水産業の特徴

基礎的な統計知識と**各国の経済規模から水産物の需給関係を考察**できるかどうかが試されている。

A：シ＝中国。**漁業生産量**，**水産物の輸出額**ともに世界**第１位**であるが，人口が多く**国内消費量が大きい**ため，**水産物の輸入額**も**世界上位**となっている。**内水面漁業**も行なわれ，とくに近年はコイ科の魚類を中心に**養殖業での漁業生産量が拡大**している。

B：サ＝ペルー。**アンチョビー**（カタクチイワシ）漁がさかんであり**漁業生産量は世界有数**であるが，人口が比較的少なく**国内消費量が小さい**ため，**水産物の輸入額は少ない**。アンチョビーはフィッシュミール（魚粉）に加工され，**飼料や肥料としても欧米諸国に輸出**される。

C：ス＝アメリカ合衆国。**水産物の輸入額**は世界**第１位**。**排他的経済水域**内では水産資源を管理する組織を設けて，漁獲枠を設定するなどして資源管理が行なわれている。

+α の知識 •**内水面漁業**：海洋以外の**河川**，**湖沼**などで行なわれる漁業。**中国**や**インド**などでさかんである。

問６【指標計算のためのデータ選択】 12 **正解**：① やや難 思

必要な知識 食料供給量の定義

ある指標を導くために必要なデータの組合せが問われている。客観的な思考力や判断力を試すのがねらい。

１人１年あたりの牛肉供給量は，（**牛肉の生産量＋牛肉の輸入量－牛肉の輸出量**）÷**人口**で概算することができる（いずれも年次統計データ）。すなわち，１年間におけるインドでの「牛肉の生産量」と「牛肉の輸入量」を合計したものから「牛肉の輸出量」を控除する（差し引く）と，インド全体の「牛肉の供給量」が算出され，この値を人口で除す（割る）ことで，１人１年あたりの牛肉供給量を導くことができる。牛１頭あたりどれだけの牛肉を生産できるのかというデータは示されていないため，この概算には「牛の飼育頭数」のデータは不必要である。

第3問　人口・都市　標準

A　世界と日本の人口分野についての課題探求

問1　【人口大国の分布とその人口動態】　13　正解：④　標準　思

必要な知識　世界の人口大国／人口抑制政策／人口の自然増加数（出生数－死亡数）／主要国の経済水準／世界の気候区分布

図の読み取りと，世界主要国の人口動態に関する基礎が問われている。研究❸参照（➡ p.37）。

④：正文。**オセアニア**は，**オーストラリア大陸とニュージーランドを含む太平洋島嶼部**（とうしょ）の地域である。図1より，オセアニアのみ人口8,000万人以上の国は存在しない。

①：誤文。人口10億人以上である中国，インドではともに**人口抑制政策がとられた**が，現在でも**出生率が死亡率を上回っている**ため，人口は増加している。

②：誤文。2億人以上10億人未満の国は，アメリカ合衆国，インドネシア，パキスタン，ブラジル，ナイジェリアであるが，**アメリカ合衆国は先進国**であり人口が急増（**人口爆発**）しているとは言いがたい。

③：誤文。1億人以上2億人未満の国は，バングラデシュ，ロシア，メキシコ，日本，エチオピア，フィリピン，エジプトであるが，**乾燥帯はメキシコ，エジプト**などに，**寒帯はロシア**に分布している。

+αの知識　• 人口1億人以上の国（2020年）：❶**中国**（約14.4億人），❷**インド**（約13.8億人），❸**アメリカ合衆国**（約3.3億人），❹**インドネシア**（約2.7億人），❺パキスタン（約2.2億人），❻**ブラジル**（約2.1億人），❼ナイジェリア（約2.1億人），❽バングラデシュ（約1.6億人），❾ロシア（約1.5億人），❿メキシコ（約1.3億人），⓫日本（約1.3億人），⓬エチオピア（約1.1億人），⓭フィリピン（約1.1億人）⓮エジプト（約1.0億人）

問2　【世界各国の出生率・死亡率の特徴】　14　正解：③　標準

必要な知識　人口転換と人口ピラミッドの変化／主要国の経済水準

世界主要国の人口動態の理解を問う定番の出題!!　発展途上国，アジアNIEs（ニーズ），新大陸の先進国，イタリア・ドイツなどの人口動態の特徴をきっちり把握しておきたい。

③：韓国・シンガポールでは，近年の急速な**経済成長による女性の社会**

進出などで**出生率が低水準**にある。また，現在の人口構成は，**生産年齢人口割合が高くて老年人口割合が低く**，まだ高齢化があまり進展していないため**死亡率も低水準**にある。**死亡率は，高齢化の進展にともない上昇**。

①**：**後発発展途上国であるエチオピアとガーナでは，**栄養，衛生，医療面の改善**などで**死亡率は急激に低下**したが，**出生率は依然として高水準**にある（**多産少死型**）ため，**人口が急増**（**人口爆発**）している。

②**：**新大陸の先進国であるアメリカ合衆国・オーストラリアでは，**発展途上国からの若年層の移民が多い**ため，先進国水準から見れば，**出生率が比較的高く**，高齢化の進展度も低くて**死亡率が比較的低い**。

④**：**イタリア・ドイツは，先進国の中でもとりわけ**少子高齢化が進展しており，出生率が低く死亡率が高い**。

問３【日本の少子高齢化問題】 15 正解：③ やや易 思

必要な知識 先進国における少子高齢化の進行速度／少子高齢化社会の課題

日本の少子高齢化問題の現状と課題を把握できているかを試す問題。

ア：日本では，第二次ベビーブーム後に**出生率が急激に低下し，平均寿命が延びた**ため，欧米の先進国にくらべて**少子高齢化の進行が速い**。

イ：直後の会話文中に「少子高齢化が進行すると，生産年齢人口も減少する」とあり，これがヒントになる。日本の年金や介護保険などの社会保障制度は，**現在の生産年齢人口世代が支払う保険料によって現在の老年人口世代を支える**しくみとなっているため，少子高齢化によって生産年齢人口が減少し老年人口が増加すれば，**生産年齢人口世代１人あたりの経済的負担が大きくなる**。

B 日本の村落・都市分野についての課題探求

問４【村落立地の地形条件】 16 正解：⑤ 標準

必要な知識 地形（扇状地（せんじょうち），台地，氾濫原（はんらんげん），海岸平野，山間部）と伝統的村落の立地

扇状地や氾濫原など各地形の“**形状**”**をイメージできる**ことが前提。教科書や資料集などで地形を“**ヴィジュアル**”**的に理解**しておくこと。

⑤**：**誤り。北半球に位置する日本の山間部では，**日照時間が長い南向き斜面**に村落が立地（**日向**（ひなた）**集落**）することが多いが，**土砂災害が避けられることとは関係しない**。

①・②**：**正しい。生活用水が得にくい乏水地（ぼうすいち）の**扇状地**や台地では，**扇端付近**や**崖下**（がいか）**付近**に古くからの村落が立地する場合が多い。これらの場所は**湧水帯**（ゆうすいたい）**となっている**ことが多く，**良質な生活用水が得られる**ためである。

③・④：正しい。低平な**氾濫原**(はんらんげん)や**海岸平野**では，**自然堤防上**や**浜堤**(ひんてい)**上**に古くからの村落が立地する場合が多い。これらの場所は土砂などが堆積した**微高地であり，洪水による被害を最小限にすることができる**ためである。

+αの知識　•**日向集落**：山間部の東西方向の谷間において南向き（北側）斜面に立地した集落。山地の山間部では日照時間が長い場所に家屋や耕地をつくることが多い。

問5　【日本国内の人口移動と都市化】　17　正解：②　難

必要な知識　第二次世界大戦後の日本国内の人口移動／ドーナツ化現象／都市の内部構造

高度経済成長期以降における**地方農山村地域から大都市圏への人口移動**と，**大都市圏での人口のドーナツ化現象**，また**地方中枢都市への人口流入**を，**統計数値の変化から読み取らせる**ことがねらい。大阪市，札幌市，横浜市の都市としての性格や大都市圏内での位置づけの把握も不可欠である。

大阪市は，大阪大都市圏内の中心地域にあたる。高度経済成長期後半以降，**ドーナツ化現象**によって**大阪市の人口は減少した**。いっぽうで，ドーナツ化現象による大阪市からの人口流入と地方からの人口流入によって，**大都市圏内の郊外**（大阪市の周辺地域）**にあたる大阪市以外の大阪府の人口は増加**した。そのため，**大阪府に占める大阪市の人口割合は低下**した。したがって，**カ**に該当する。

これにたいして，**横浜市と横浜市以外の神奈川県は，ともに東京大都市圏内の郊外**（東京都区部の周辺地域）にあたる。ドーナツ化現象による東京都区部からの人口流入と地方からの人口流入によって，両者ともに人口が増加した。そのため，**神奈川県に占める横浜市の人口割合はほとんど変化しなかった**。したがって，**キ**に該当する。

札幌市は北海道地方の中枢都市にあたり，雇用機会が多いなどの理由から札幌市以外の北海道内から**人口が流入し増加**してきた。また，札幌市以外の北海道からは首都圏など道外への人口流出もみられた。そのため，人口増加率は札幌市以外の北海道よりも札幌市のほうが高いため，**北海道に占める札幌市の人口割合は上昇**してきた。したがって**ク**に該当する。

+αの知識　•**ドーナツ化現象**：都市の発展による**都市圏**の拡大にともない，**中心地域（都心部）の人口が減少**し，**周辺地域（郊外）の人口が増加**する現象をいう。中心地域の地価高騰や生活環境の悪化，都心部と郊外を結ぶ交通機関の発達による職住分離などが原因となって生じる。

問6 【日本のニュータウンの特徴と課題】 18 正解：① やや易 思

必要な知識 日本のニュータウンの特徴と課題／大ロンドン計画

K先生の質問に対して**レイコさんが誤った解答を答えるという会話の設定になっていることに注意する**必要がある。正答は誤っている内容の組合せとなるため，ていねいに会話文を読み進めなければならない。

サ：Qの「職住分離型」が正しいが，Pの「職住近接型」と誤っている設定のため，解答はPとなる。**高度経済成長期**に東京都郊外で整備された**ニュータウン**は，**都心部への通勤者の住宅としての機能が中心であるベッドタウン**であり，「**職住分離型**」であるといえる。一方で，20世紀半ばにイギリスの**大ロンドン計画**で建設されたニュータウンは，**工場や事務所などの職場と住宅の両機能を備えた「職住近接型」**であった。

シ：こちらもYの「**建物のバリアフリー化**」が正しいが，Xの「小学校や中学校の不足」と誤っている設定であるため，解答はXとなる。このようなニュータウンでは，完成時に**おおむね30歳代前後の若年勤労者とその子どもの世代が一斉に入居する**場合が多いため，経年変化によって21世紀に入るころから子どもの世代が大人になって独立や結婚で転出し，親の世代は高齢者となり，**人口の減少と高齢化が進んでいる**。したがって，建物のバリアフリー化が現在の課題の一つといえる。

+αの知識 ●日本の**ニュータウン**の課題：人口減少による**商業の衰退**や空き家の増加，少子高齢化による**学校の統廃合問題**や**高齢者福祉施設の不足**，コミュニティの希薄化による**高齢者の孤立問題**，住宅や諸施設の老朽化による**建て替え問題**や**バリアフリー化**などが挙げられる。

第4問　東南アジアの地誌 

問1 【東南アジアの自然環境】 19 **正解**：③ 標準

必要な知識　気候区と植生の関係／熱帯林の破壊／国際河川／三角江（エスチュアリー）／三角州（デルタ）／おもなプレート境界に形成される地形とその分布／大陸棚／季節風（モンスーン）と降水

世界地誌分野の出題では，**系統地理分野の知識が地域ごとに問われる**ため，復習の際には**系統地理分野の内容を再チェック**すると効果的！

③：正文。Cの地域はほぼ赤道直下に位置し**熱帯雨林**が分布するが，**アブラヤシなどの農園やエビの養殖池の開発が行なわれ**，森林破壊が進行している。

①：誤文。Aの地域はチャオプラヤ川の河口付近で，同河川は**タイ国内のみを流れる**ので，**国際河川ではない**。また，河口部には**三角州**（**デルタ**）が発達する。なお，同河川も含めて，東南アジア大陸部に位置する主要河川の**ホン川**，**メコン川**，**エーヤワディー川**は，上流部に**新期造山帯**の険しい山地・山脈が分布し降水量も多いことなどから，**河口部には三角州が形成**されている。

②：誤文。Bの地域は，**西に位置する大陸プレートの下に東に位置する海洋プレートが沈み込む狭まる境界にあたる**ため，**海溝**が形成されている。**海溝**（フィリピン海溝）**は**，**弧状列島**（こじょう）（フィリピン諸島）**の海洋プレート側につくられる**。

④：誤文。Dの地域は**山脈の北側**にあたり，南寄りの**季節風**が卓越する**6〜8月ごろは山脈の風下側になるため乾季となる**。

+αの知識　●**国際河川**：複数の国の領土を流れ，条約により自由航行が認められた河川。**メコン川**，**ライン川**，**ナイル川**，**アマゾン川**など。

問2 【東南アジア諸国の農林産物・鉱産資源の生産・産出】 20

正解：③ やや難

必要な知識　主要農林産物・鉱産資源の生産・産出上位国

おもな一次産品の基礎的な統計知識が問われているが，生産・産出国が類似した産品が含まれるためやや難しい。

③：**天然ゴム**。**生産量**世界**第1位**は**タイ**，**第2位**は**インドネシア**で，**この2か国のみで世界の生産量の約6割を占める**。第3位がベトナム，第6位がマレーシア，第8位がフィリピン，第10位がミャンマー（2018年）

の順に続き，**東南アジア地域が世界の主産地**となっている。

①：**すず鉱**。**第2位はミャンマー**，第3位はインドネシアであるが，**インドネシアが世界の主産地**であることはおさえておきたい。第9位がベトナム，第10位がマレーシア（2016年）。

②：**米**。**第3位**は**インドネシア**，**第5位**は**ベトナム**，第6位はタイ，第7位はミャンマー，第8位はフィリピン（2018年）で，東南アジアの多くの国々が世界上位国であるが，**マレーシアはプランテーション作物の生産が中心**であり，**米の生産量は少ない**。

④：**石炭**。上位10位以内には**第3位にインドネシアが入るのみ**である（2017年）。

問3 【東南アジア諸国の旧宗主国】 21 正解：④ やや易

必要な知識 東南アジア諸国の旧宗主国

発展途上国の多くを支配していた欧米諸国を**旧宗主国**という。旧宗主国は，各地域ごとにまとめておきたい。

④：正しい。1984年に**イギリス**から独立した。

①：誤り。インドネシアの旧宗主国は**オランダ**。

②：誤り。カンボジアの旧宗主国は**フランス**。

③：誤り。イギリス領とフランス領の間にはさまれた位置にあり，両勢力の**緩衝国（かんしょうこく）として独立を維持**することができた。

⑤：誤り。ラオスの旧宗主国は**フランス**。

+αの知識 ●**緩衝国**：複数の強国やその植民地の間に位置し，相互の衝突の危険性を緩和・回避する役割をもつ国。

問4 【東南アジア諸国の言語（民族）・宗教】 22 正解：② やや難

必要な知識 東南アジア諸国の言語（民族）・宗教分布／東南アジア諸国の公用語／ブミプトラ政策

東南アジア諸国の言語・宗教は，資料集などを使って**地図上での分布**を確認しておきたい。

②：正文。**エ**（フィリピン）では，首都周辺地域で使われていたタガログ語をもとにした**フィリピノ語を公用語**としたが，ほかの地域にはあまり普及しなかったため，19世紀末以降のアメリカ合衆国植民地時代に普及した**英語も公用語**となっている。宗教は，約300年間に及ぶスペイン植民地時代に広まった**キリスト教**（**カトリック**）の信者が多い。

①：誤文。**イ**（タイ）では，**インドから伝わった上座部（じょうざぶ）仏教が広く信仰**されている。

③：誤文。オ（シンガポール）では，**特定の民族を優遇する政策は実施されていない**。マレー系住民を優遇する政策は，**マレーシアで実施されているブミプトラ政策**である。

④：誤文。キ（東ティモール）では，ポルトガル植民地時代に広まった**キリスト教（カトリック）**が広く信仰されている。

+αの知識 **• ブミプトラ政策：**マレーシアにおいて，経済的優位にある中国系住民にたいして，マレー系住民との経済的格差を是正するために，雇用や教育などの面で先住民のマレー系住民を優遇する政策。

問5 【東南アジア諸国の経済・産業政策】 23 正解：① 標準

必要な知識 マキラドーラ／ドイモイ政策／ルックイースト政策

発展途上国の経済・産業政策の知識が問われている。**共通テスト対策では思考力や判断力が強調されるが，教科書レベルの知識を正確に習得しておくことも忘れずに。**

①：誤文。ア（ミャンマー）は2011年に軍政から民政に移管され，**経済特区を設置するなど経済開放政策がとられ始めていたが，2021年に軍事クーデターが発生**し，混乱している。**マキラドーラはメキシコで税制優遇による外国企業の誘致などをはかった保税輸出加工区および工場**のことである。

②：正文。ウ（ベトナム）では**ドイモイ政策**がかかげられ，**社会主義を維持しながらも市場経済を導入**し，国際分業を前提とした産業分野の改革が行なわれて成果をあげた。

③：正文。オ（シンガポール）は，**美化・緑化政策**を実施した。「クリーンアンドグリーンシティ」「ガーデンシティ」とよばれる良好なイメージは，投資や観光面で寄与している。

④：正文。カ（マレーシア）では，**日本をはじめ韓国や台湾などの経済的成功を模範として工業化をめざすルックイースト政策**が行なわれ，これらの国・地域から企業誘致や技術導入が積極的に実施された。

問6 【ASEANと他地域の国家間協力機構の比較】 24 **正解**：① 標準

〉必要な知識〈 主要な国家間協力機構（ASEAN（アセアン），EU，MERCOSUR（メルコスール），NAFTA（ナフタ））／人口密度／GDP（国内総生産）／貿易総額

それぞれの国家間協力機構の加盟国について，面積，人口，経済水準などの理解が試されている。

人口密度は，概観すれば**旧大陸地域**（アジア，ヨーロッパ，アフリカ）**で高く**，**新大陸地域**（北アメリカ，南アメリカ，オセアニア）**で低い傾向**にある。また，**GDPや貿易総額**は，付加価値の高い財やサービスを生みだし，取り引きしている**先進地域で大きい傾向**にある。

①：**ASEAN**。モンスーンアジアは，面積のわりにとくに人口が多いため，**人口密度が高い**。発展途上国の国家間協力機構であるため，**GDPや貿易総額は比較的小さい**。

②：**EU**。ヨーロッパも面積のわりには人口が多く，**人口密度が比較的高い**。先進国中心の国家間協力機構であるため，**GDPや貿易総額は大きい**。**域内の関税が撤廃**されているため貿易が非常に活発で，**とくに貿易総額は大きくなる**。

③：**NAFTA**。新大陸地域であるため，**人口密度が低い**。先進国中心の国家間協力機構であるため，**GDPや貿易総額は大きい**。なお，NAFTAに代わる貿易協定として**USMCA**（**米国・メキシコ・カナダ協定**）が2020年に発効している。

④：**MERCOSUR**。新大陸地域であるため，**人口密度が低い**。発展途上国の国家間協力機構であるため，**GDPや貿易総額は小さい**。

＋αの知識 • **GDP**（国内総生産）：一定期間内に国内で**生産された財**（モノ）**とサービスの付加価値の合計額**。**国の経済活動の規模**を示す指標。

第5問　地域調査（和歌山県新宮市）

問1【地理院地図の読み取り】 25 正解：⑦ 難 思

必要な知識　地形図・地理院地図の記号／読図の技能／日本の地体構造／日本の小地形（リアス海岸，陸繋島（りくけいとう），陸繋砂州（りくけいさす））／日本の多雨地域

地理院地図に描かれた情報を正しく読み取り，地図中の地域における空間認識ができるかどうかの技能が試されている。くわえて，日本における各地形の代表的事例の場所などの知識も要する。

表1に，モモエさんは「和歌山市」を出発し「本州最南端に位置する**陸繋島と陸繋砂州**」を経由したとあるため，図1の**紀伊半島最南端の潮岬（しおのみさき）付近を経由**したと考えられる。また，「一般道と自動車専用道路を走る自家用車」を利用したとあることからも，図2中の南西端に読み取れる「**那智（なち）勝浦（かつうら）新宮（しんぐう）道路**」「**新宮南 IC（インターチェンジ）**」から**国道 42 号**のC地点にいたり，南側から新宮市の市街地に向かったと考えられる。C地点から市街地に向かって国道は「**左にカーブ**」し，「**進行方向右側**」**に海が見える**位置を通るため，アに該当する。

一方で，ジュンコさんは「奈良市」を出発し「**西南日本外帯**にあたる山地の内陸部」を経由したとあるため，図1の**紀伊半島内陸部の紀伊山地を経由**したと考えられる。また，「一般道のみを走る路線バス」を利用したとあることからも，図2中の西部に読み取れる「熊野川（くまのがわ）」に沿った国道168号のB地点にいたり，西側から市街地に向かったと考えられる。B地点から市街地に向かって，国道は「**進行方向左側**」**に河川が見える**位置を通り，「**越路隧道（こしじずいどう）**」**などの**「**トンネル**」が読み取れるため，ウに該当する。

そして，マサコさんは「敦賀（つるが）市」を出発して「国内最多雨地域の一つ」「**リアス海岸**」を経由したとあるため，図1の**紀伊半島南東岸の尾鷲（おわせ）付近を経由**したと考えられる。また，「JR線の在来線」を利用したとあることからも，図2中の北東部に読み取れる **JR線**のA地点にいたり，北側から新宮市の市街地に向かったと考えられる。A地点から市街地に向かってJR線は「**左にカーブ**」し，「**低地**」，「**河川**」，**新宮城跡のある小丘の下の**「**トンネル**」**を順に**通るため，イに該当する。

+αの知識　●日本の多雨地域：暖かい海上を吹いてきた風が山にあたって上昇気流となる（**地形性降雨**）山地の風上側などに見られる。冬季**季節風**の風上側にあたる**日本海側北西斜面**や，夏季季節風や**台風**襲来時の風上側にあたる**太平洋側南東斜面**など。紀伊半島南東岸は，これらにくわえて**梅雨前線**や**秋雨前線**も停滞しやすく，国内最多雨地域の一つとなっている。

問2 【日本の気候】 26 ・ 27 **正解**：③・⑤ 標準

必要な知識 日本付近の気団／日本の海流／季節風（モンスーン）／地形性降雨／気温の年較差

日本の気候に影響を及ぼす気団，季節風，海流などの総合的な理解が問われている。**研究❹**参照（➡ p.67）。

③：誤り。**小笠原気団**は北太平洋にあり，**高温・湿潤で夏季**の日本の気候に影響を及ぼす。

⑤：誤り。敦賀（つるが）市の位置する北陸地方の日本海沿岸には**暖流**の**対馬海流**が北上しており，冬季には海上を吹いてくる湿潤な北西**季節風**により雪や雨が多くなる。**千島海流（親潮）**は千島列島から北海道，東北地方の太平洋沿岸を南下する寒流である。

①：正しい。**日本海流（黒潮）**は，太平洋沿岸を北上する暖流であり，新宮市に温暖な気候をもたらす一つの要因となっている。

②：正しい。海から離れた**内陸部では気温の年較差が大きくなる**ため，冬季は低温となりやすい。

④：正しい。新宮市の位置する太平洋側は，冬季には北西季節風の**風下側となり陸地からの乾燥した風が吹く**ため，晴天が多く降水量が少ない。

⑥：正しい。一般に海岸部では強い風が吹く傾向にある。

問3 【地理院地図の読み取り】 28 **正解**：④ やや易

必要な知識 地形図・地理院地図の記号／読図の技能／商業形態・立地の変化

3箇所すべての正誤判定が必要な形式。**地図の記号**は読図では基礎かつ必須の知識！

a：正しい。写真1のカには**鳥居**が確認でき，図3の地形図のE地点西側に「**熊野速玉大社**（くまのはやたまたいしゃ）」が位置していることが読み取れるため，**神社の参道**と考えられる。

b：誤り。キには**道幅の広い道路**が確認でき，F地点を通る道路は地形図の記号からも**国道**（42）であることが読み取れる。しかし，付近に**郵便局**（〒）や**交番**（X）は見られるが，**警察署**（⊗）や**税務署**（◇）は見られない。

c：誤り。G地点に見られるような**地方都市の中心商店街は，モータリゼーションの進展によって，郊外の大型ショッピングセンターに顧客を奪われ衰退している**。写真1のクに見られるように，平日の昼間の時間帯に閉店している小規模な個人商店が建ち並ぶ商店街が土・休日には一転して多くの買い物客でにぎわうとは考えにくい。

問 4 【地形と災害による被害】 29 **正 解**：②・④

30 **正 解**：①・③ やや易 

必要な知識 自然災害（河川氾濫（はんらん），土砂災害，津波）と被害地域

該当する選択肢を**すべて選択**させる，試行調査の問題で出ていた形式。地理院地図から地形を読み取り，起こり得る自然災害の危険性を推測する力が試されている。地形とそれぞれの自然災害発生との関連性の理解が不可欠。

Iの地域は，図 3 の地形図から，標高 40 ～ 70 m 程度の傾斜地であることが読み取れるため，河川氾濫による浸水や，**津波**による浸水の危険性は少ないが，**急傾斜地の崩壊や土石流による被害**は予測できる。

一方で，J の地域は，図 3 の「市田川（いちだがわ）」左岸の 3 m の標高点からも読み取れるように，標高 5 m 未満の低平地である。西部の山地からはかなり離れているため，急傾斜地の崩壊や土石流の危険性はないが，**河川氾濫や津波による浸水被害**は予測できる。

+αの知識 ・**土石流**：岩屑（がんせつ）や砂礫（されき）などが水と混然一体となって高速で流下する現象で，**山間部や山麓（さんろく）の谷口などに被害を及ぼす。**

問 5 【資料の読み取り】 31 **正 解**：③ やや難 

必要な知識 特定の知識は不要／資料や文章を論理的に読み取るための思考力，判断力など

図 4 のグラフの緻密（ちみつ）な読み取りを要する。

③：誤り。1980 年には 36 工場あったが 2013 年には 10 工場に減少しており，約半数に減少したのではなく **3 分の 1 以下にまで減少**している。

①：正しい。外材の入荷量は 1965 年から 1970 年にかけて **10 倍以上に増加**している。

②：正しい。1970 年の原木入荷量は約 23.5 万 m^3，工場数は 47 工場であり，**1 工場あたりの原木入荷量は約 0.5 万 m^3** であった。30 年後の 2000 年には，原木入荷量は約 17.5 万 m^3，工場数は 18 工場であり，**1 工場あたりの原木入荷量は約 1 万 m^3 となり増加**しており，工場の大規模化が進展したといえる。

④：正しい。原木入荷量は，2010 年は国産材が約 5 万 m^3 弱，外材が約 3 万 m^3，2013 年は国産材が約 4 万 m^3 弱，外材が約 3 万 m^3 強で，**いずれも国産材のほうが多い。**

問６【統計地図とその表現方法】 32 **正解**：① 標準

必要な知識 統計地図とその表現方法／絶対分布図と相対分布図

統計指標の性質と，その適切な地図化の方法を理解できているかどうかが問われている。

①：人口の値は**数量の絶対的な値を示す絶対値**であるため，**面積が増加するとそれにつれて増加する可能性のある指標**である。市町村の面積の大小によって印象が変わり誤った情報を与えることがあり，**絶対値の指標を階級区分図で表現するのは不適当**とされている。人口のような指標は，円などの大小で値を示す**図形表現図**など**絶対分布図**で表現するのが適している。

②・③・④：**割合，指数，平均値のような相対値の指標**であるため，**相対分布図**の階級区分図で表現するのに適している。

+αの知識 ●**絶対分布図：絶対値**の指標を地図化したもの。**図形表現図，ドットマップ，等値線図，流線図，変形地図**（カルトグラム）など。●**相対分布図：相対値**の指標を地図化したもの。**階級区分図**（コロプレスマップ），**メッシュマップ**など。

研究④ 日本における夏季と冬季の降水量などの傾向

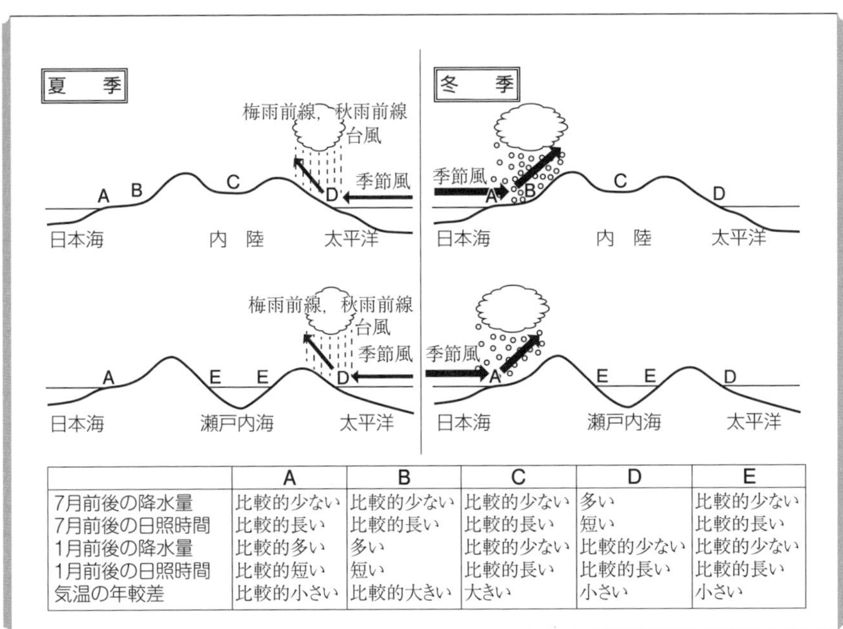

	A	B	C	D	E
7月前後の降水量	比較的少ない	比較的少ない	比較的少ない	多い	比較的少ない
7月前後の日照時間	比較的長い	比較的長い	比較的長い	短い	比較的長い
1月前後の降水量	比較的多い	多い	比較的少ない	比較的少ない	比較的少ない
1月前後の日照時間	比較的短い	短い	比較的長い	比較的長い	比較的長い
気温の年較差	比較的小さい	比較的大きい	大きい	小さい	小さい

予想問題
第2回
解答・解説

予想問題・第2回　解　答

（100点満点）

問題番号（配点）	設問	解答番号	正解	配点
第1問（20）	1	1	4	3
	2	2	4	4
	3	3	3	4
	4	4	1	3
		5	6	3
	5	6	2	3
第2問（20）	1	7	3	4
	2	8	1	3
	3	9	6	3
	4	10	1	3
	5	11	4	3
	6	12	2	4
第3問（20）	1	13	3	3
	2	14	1	3
	3	15	4	4
	4	16	4	4
	5	17	3	3
	6	18	2	3

問題番号（配点）	設問	解答番号	正解	配点
第4問（20）	1	19	3	3
	2	20	1	3
	3	21	2	4
	4	22	1	3
	5	23	3	4
	6	24	2	3
第5問（20）	1	25	1	3
	2	26	6	2
		27	5	2
	3	28-29	3-6	4（各2）
	4	30	6	3
	5	31	1	3
	6	32	1	3

（注）　－（ハイフン）でつながれた正解は，順序を問わない。

第1問 アフリカの自然環境 標準

問1 【大地形の分布と成因】 1 正解：④ やや易

必要な知識 新期造山帯・古期造山帯・安定陸塊(りくかい)の分布／おもなプレート境界の分布／プレート境界と火山・地震活動

おもな新期造山帯・古期造山帯・安定陸塊の分布は**地図上で確認**!!

④：誤文。Dの地域には，**古期造山帯に属する**ドラケンスバーグ山脈が位置しているが，**プレート境界付近ではない**。なお，**プレートの狭まる境界付近は新期造山帯にあたる**。

①：正文。Aの地域には，**新期造山帯に属する**アトラス山脈が位置しており，**アルプス山脈やヒマラヤ山脈と同時期の造山運動（アルプス＝ヒマラヤ造山帯）**によって形成された。

②：正文。Bの地域には，**安定陸塊に属する**コンゴ盆地が位置している。

③：正文。Cの地域は，**アフリカ大地溝帯**の一部の高原で，プレートの広がる境界付近にあたり，キリニャガ（ケニア）山やキリマンジャロ山などの**火山が分布**している。

問2 【小地形の成因とその分布】 2 正解：④ やや難

必要な知識 三角州（デルタ）の成因と代表的事例の場所／エスチュアリー（三角江(さんかくこう)）の成因と代表的事例の場所

おもな小地形については，名称だけではなく，教科書や資料集，地図帳を利用して，**成因とともに形状を“ヴィジュアル”的に理解し，代表的事例については地図上で場所を覚えておく**必要がある。

Fはナイル川の，Gはニジェール川の河口部にあたり，ともに**三角州**が形成されている。一般に，河川は河口付近では**流速が落ちて運搬作用が弱まり堆積(たいせき)作用が強まる**ため，砂泥が堆積して三角州をつくる場合がある。よって，**イ**の説明に該当する。**カ**のガンジス川，ブラマプトラ川の河口部にも三角州が見られる。なお，**ア**は**エスチュアリー**の成因の説明で，**ク**の**ラプラタ川はその代表的な事例**である。

＋αの知識 河川の三作用：❶ 侵食(しんしょく)（川底や岸を削るはたらき），❷ 運搬（土砂などを運ぶはたらき），❸ 堆積（土砂などを積もらせるはたらき）。

問３【気温・降水量の季節変化とその気候因子】 3 **正解**：③

必要な知識 気圧帯とその季節移動／気温の年較差

３箇所すべての正誤判定が必要で，試行調査問題にも出ていた形式。各地の降水量や気温に影響を及ぼす**要因についての理解**が試されている。研究❶参照（➡ p.24）。

サ：正しい。a 地点は，**偏西風帯（寒帯前線／亜寒帯低圧帯／高緯度低圧帯）にあたる北緯 50°付近と，亜熱帯高圧帯（中緯度高圧帯）にあたる北回帰線付近の間の大陸西岸**に位置している。太陽の回帰にともなう気圧帯の季節移動によって，**1月前後には海洋からの偏西風の影響を受け湿潤，7月前後には亜熱帯高圧帯の影響を受け乾燥**となる。

シ：誤り。b 地点は，**亜熱帯高圧帯にあたる北回帰線付近**と，**熱帯収束帯（赤道低圧帯）にあたる赤道付近の間**に位置している。同様に，気圧帯の季節移動によって**1月前後には亜熱帯高圧帯の影響を受け乾燥**するが，**7月前後には熱帯収束帯の影響を受けて多雨**となり，**偏西風の影響を受けることはない**。

ス：正しい。c 地点は，北緯 10°付近の低緯度に位置するが，標高の高い高原上にあるため，緯度のわりに**気温が低く年較差も小さい**。

問４【多雨地域・少雨地域の成因】 4 ・ 5 **正解**：①・⑥ 標準

必要な知識 海岸砂漠／地形性降雨

多雨地域と少雨地域について，**要因も含めた理解**が求められている設問。

P は**年中降水量が少なく**，**砂漠気候（BW）**となっている。南回帰線付近に位置し，**年中亜熱帯高圧帯の影響を受ける**うえ，**沖合を寒流**（ベンゲラ海流）**が流れ大気が安定する**ため，**年中降水量が少なくなる（海岸砂漠）**。これは，寒流によって大気の下層が冷却（気温の逆転現象）されて重くなり，上昇気流が生じず雲が発生しにくくなるためである。

Q は**年中降水量が多く**，**熱帯雨林気候（Af）**となっている。赤道と南回帰線の間に位置し，**西側の山脈にたいして年中卓越する海洋からの湿潤な南東貿易風の風上側にあたる（地形性降雨）**ため，**年中降水量が多くなる**。一般に，熱帯雨林気候は年中**熱帯収束帯**の影響を受ける赤道付近に分布するが，Q の地域のものは成因が異なる。

+α の知識 ● **地形性降雨：山地の風上側に降る雨**のことをいう。多くの水蒸気を含む湿潤な風が山地にあたると上昇気流が生じ，断熱的に膨張することで冷却され，水蒸気が凝結して雲が発生する。

問 5 【熱帯雨林の特徴】 6 正解：② やや易

必要な知識 熱帯雨林の特徴

森林や草原など植生分野の知識は，**気候環境との関連性も含めて理解**しておきたい。

X 地点は赤道付近に位置し，年中高温多雨の気候であるため**熱帯雨林**が分布する。

タ：熱帯雨林は多種類の**常緑広葉樹**の高木が密生し，**樹冠(じゅかん)の高さが異なる樹木が層を形成している**（多層構造）。

チ：多層構造のため地表面（林床(りんしょう)）には**直射日光が届きにくく**，下草は比較的少ないという特徴をもつ。

第2問　第2次産業・第3次産業

問1 【世界の石炭・原油の供給量】 [7] **正解**：③ やや難 思

〉必要な知識〈 資料や文章を論理的に読み取るための思考力，判断力など／エネルギー革命

産出量，輸出量，輸入量の数値から，世界全体および各国の供給量や貿易量の割合を算出できるかどうかがポイント！

A：石炭の**供給量**は，（**産出量＋輸入量－輸出量**）で概算することができる。表1より，中国の石炭の産出量は35億2,356万t，輸入量は2億7,093万t，輸出量は表1からは不明であるが，第5位のアメリカ合衆国の8,012万t以下となることから，**中国の石炭供給量は少なくとも37億1,437万t以上**となる。また，表1より，世界全体の石炭の産出量は64億4,544万t，輸出量は13億3,461万t，輸入量は12億8,768万tであるため，**供給量は63億9,851万t**となる。したがって，**中国の供給量が世界全体の過半を占めている**ため，**石炭の供給量は中国が世界最大である**といえる。g **エネルギー革命**は，**石炭から石油，天然ガスへのエネルギー消費の転換**のことであるが，中国の石炭供給量がきわめて大きいということは，**中国ではエネルギー革命を経ず今日にいたった**といえる。なお，e は先進国における動向であり，f も中国の石炭供給量がきわめて大きいということとは直接関係しない。

B：表1より，ロシアの原油の産出量は5億1,454万t，輸出量は2億5,217万t，輸入量は表1からは不明であるが，第5位の韓国の1億5,061万t以下となることから，**ロシアの原油供給量は多くとも4億1,298万t以下**となる。いっぽうで，アメリカ合衆国の原油の産出量は4億6,127万t，輸入量は3億9,327万t，輸出量は表1からは不明であるが，第5位のアラブ首長国連邦の1億1,846万t以下となることから，**アメリカ合衆国の原油供給量は少なくとも7億3,608万t以上**となる。したがって，**原油の供給量はロシアが世界最大ではない**。

C：表1より，世界全体で産出量にたいする輸出量や輸入量の占める割合は，**石炭が約2割**，**原油が約5割強**であることが読み取れ，原油とくらべ**石炭は産出国で消費される傾向が強い**といえる。

問2 【エネルギー源別発電量】 8 **正解**：① やや易

〉必要な知識〈 エネルギー源別発電量／主要国の人口規模／主要国の経済水準

各国における発電量は**人口規模**や**経済水準**に，発電のエネルギー源の構成は**産出される鉱産資源の種類**のほか**自然環境**や**エネルギー政策**に関連。

①：ブラジル。人口約2億人強の発展途上国であり**経済規模が大きく，発電量は多い**。豊富な水資源を利用したイタイプダムなどの大規模な水力発電所があり，**水力発電の割合は発電量の約3分の2を占める**。

②：フランス。人口約6,500万人の先進国であり**経済規模が大きく，発電量は多い**。早くから原子力研究が進んでいたことや，エネルギー資源に乏しいこともあり，1970年代の**石油危機**を契機に**原子力発電の割合**が高まり，現在は**約7割を占める**。

③：ノルウェー。人口約550万人弱の先進国であり**経済規模が小さく，発電量は少ない**。原油や天然ガスの産出は多いが，これらはおもに輸出用で，国内の電力は**水力発電が大半を占める**。スカンディナヴィア山脈に向かって西側の海洋から湿潤な**偏西風**が吹くため降水量が多く，水力発電に有利な自然条件である。

④：アラブ首長国連邦。人口約1,000万人程度の発展途上国であり**経済規模が小さく，発電量は少ない**。原油や天然ガスの産出が多いため，これらを利用した**火力発電がほぼすべてを占める**。

問3 【主要原料資源の特徴とその主産地の分布】 9 **正解**：⑥ 標準

〉必要な知識〈 主要原料資源の特徴／主要原料資源の主産地の分布

資源の産出地は，**地名ではなく，分布の傾向をふまえたうえで，おもな産出地を地図上での場所で覚えておく**!! 研究❺参照（➡ p.78）。

ア：ボーキサイト。アルミニウムの原鉱石で，**精錬する際に多くの電力を必要とする**。**航空機の素材**をはじめ，**建築材料**や日用品などにも広く利用される。**熱帯・亜熱帯の高温多湿地域**に多く分布する傾向にある。オーストラリア北部，アマゾン盆地のほか，西アフリカのギニアやカリブ海諸国のジャマイカなどが決め手となり，K（□）に該当する。

イ：銅鉱。日本は，17世紀後半から18世紀前半まで銅鉱の産出は世界第1位，19世紀までは**世界有数の産出国**であった。合金材料をはじめ，電気伝導性が高いため電線にも利用され，**電気関連産業の発展とともに需要が拡大**した。**火山帯にあたる地域**に多く分布する傾向にある。チリをはじめ，ペルー，アメリカ合衆国などの**環太平洋造山帯**にあたる地域や，**カッパーベルト**とよばれるアフリカ南東部のコンゴ民主共和国，ザンビアなどが決め手となり，J（▲）に該当する。

ウ：鉄鉱。鉄の原料となる鉱石で，鉄鋼は幅広い分野で利用される**基礎素材として重工業の発展には必要不可欠**なものである。**高度経済成長期**の頃は「**産業の米**」とよばれた。**安定陸塊にあたる地域**に多く分布する傾向にある。オーストラリア北西部（ピルバラ地区），ブラジル高原（カラジャス鉄山，イタビラ鉄山）などが決め手となり，**I**（○）に該当する。

+αの知識　・「産業の米」**：**戦後の日本で使われた経済用語で，それぞれの時代の**産業に必要不可欠な資源や資材**をいう。第二次世界大戦後の石炭，高度経済成長期の鉄鋼，近年の半導体がこれにあたる。

問4 【ウェーバーの工業立地論】 10 **正解：**① 標準

必要な知識　ウェーバーの工業立地論

原料立地型工業と消費地立地型工業において，**原料・製品の重量と輸送費との関係**を考察する思考力が求められている。研究❷参照（➡ p.31）。

カ：正しい。工業生産において利潤を最大にするためには，生産費を最小にする必要がある。ウェーバーは，生産費のなかでもとくに**原材料や製品の輸送費を重視**する工業立地論を展開した。

キ：正しい。原料が特定の場所にしか存在しない（局地原料）という条件で，重量増加型（**原料重量＜製品重量**）工業の場合，原料産地に工場を立地させると重い製品を消費市場へ運ぶのに多くの輸送費がかかるのにたいして，消費市場に工場を立地させれば**軽い原料を原料産地から運ぶことになり輸送費が軽減**されるため，**消費市場での立地のほうが有利**となる。反対に，重量減損型（**原料重量＞製品重量**）工業の場合，消費市場に工場を立地させると重い原料を原料産地から運ぶのに多くの輸送費がかかるのにたいして，原料産地に工場を立地させれば**軽い製品を消費市場へ運ぶことになり輸送費が軽減**されるため，**原料産地での立地のほうが有利**となる。

問5 【工業の国際化】 11 **正解：**④ やや難

必要な知識　EU 諸国における航空機の国際分業／知的財産権／企業内国際分業／工業の立地条件とその変化

工業の国際化にともなう主要国の工業の変化について，正しい理解が問われている。

④**：**正文。**EU** における航空機産業では，部品や素材ごとにそれぞれ高度な技術をもつ各国の企業に開発と生産を委託し，**国際分業による製造が行なわれている**。

①**：**誤文。アメリカ合衆国では知識型産業への転換がはかられ，研究開発により創出された新しい知識や技術を，特許権や実用新案権，意匠権，

商標権などの**知的財産権として多く保有**している。そのため，国際的な**知的財産権使用料は，支払額よりも受取額のほうが大きくなっている。**

②：誤文。一般に先進国の多国籍企業は，**安価な労働力が得られる発展途上国に製造部門をおく**いっぽう，**本社や研究開発部門は本国におく**場合が多い。

③：誤文。石油化学工業は，大規模な設備によってオートメーション化された装置工業の一つであり，**労働力を多く必要としない**ため，国内の労働力不足を理由に製造拠点を海外に移す必要性は低い。

問6 【統計データからの仮説の設定】 12 正解：② やや難 思

必要な知識 資料や文章を論理的に読み取るための思考力，判断力など／世界の気候区分布／日本近隣諸国の位置関係

客観的データから仮説を導く方法が問われている。

②：誤文。面積の大きい中国には**さまざまな地形環境が存在**するため，このデータからは異なった地形環境の地域への訪問が相対的に多いのではないかという仮説を立てることはできない。

①：正文。京都府にある京都市は，「古都京都の文化財」として**世界文化遺産**にも登録されているように，**日本文化の象徴的な観光都市**である。京都府の外国人宿泊者の割合は，外国人合計では第3位で8.8％であるのにたいし，オーストラリアからの宿泊者の割合では第2位で14.7％，アメリカ合衆国からの宿泊者の割合でも第2位で13.5％となっていることから，**欧米文化をもつ両国からアジアの日本文化を求めるための訪問**が相対的に多いのではないかという仮説を立てることはできる。

③：正文。北海道は**冷帯（亜寒帯）気候に属し，冬季には積雪する気候環境**である。北海道の外国人宿泊者の割合は，外国人合計では第4位で7.9％であるのにたいし，シンガポールからの宿泊者の割合では第2位で14.9％，タイからの宿泊者の割合でも第2位で15.3％となっていることから，**熱帯の両国から冷帯という異なった気候環境を求めるための訪問**が相対的に多いのではないかという仮説を立てることはできる。

④：正文。台湾の**東隣には沖縄県が位置**している。沖縄県の外国人宿泊者の割合は，外国人合計では第5位で5.4％であるのにたいし，台湾からの宿泊者の割合では第2位で13.3％となっている。また，韓国の**南東隣には九州の福岡県が位置**している。福岡県の外国人宿泊者の割合は，外国人合計では第5位以内には入らず5.4％未満であるのにたいし，韓国からの宿泊者の割合では第3位で13.7％となっている。これらのデータから，**自国の近隣地域への訪問**が相対的に多いのではないかという仮説を立てることはできる。

研究❺ おもな原料資源の主産地の分布

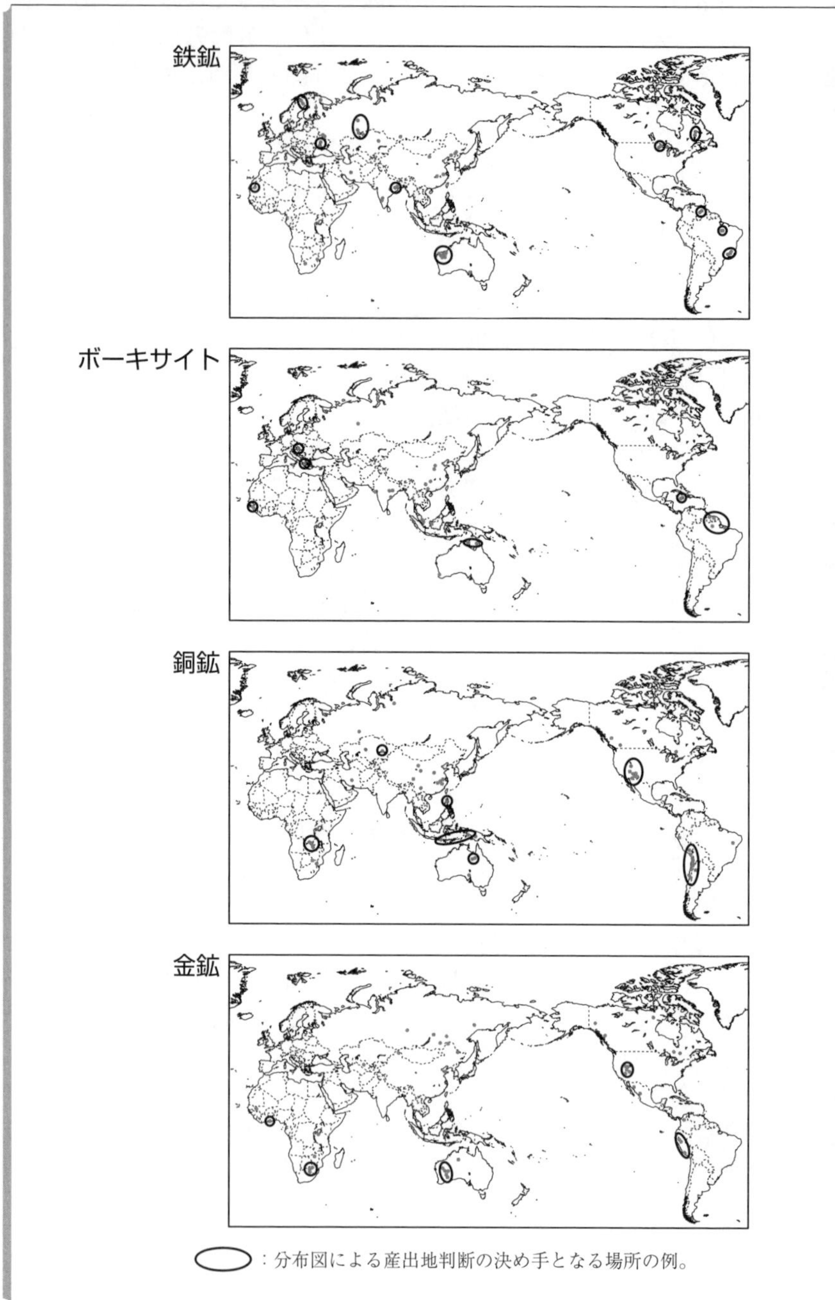

第３問　現代世界の諸課題や国際関係，国民生活　やや難

問１【世界各地の環境問題】　13　正解：③　やや難

必要な知識　表土の塩性化／酸性雨／オゾン層の破壊／熱帯林の破壊

５つの環境問題（酸性雨，地球温暖化，オゾン層の破壊，砂漠化，熱帯林の破壊）については，❶ **発生原因**，❷ **対策**，❸ **被害地域の地図上での場所**の３点について整理しておきたい。

③：誤文。乾燥地域において，**排水設備の未整備など不適切な方法で灌漑を行なった場合**，土壌中の塩類が溶け込んだ地下水が次第に水位を上昇させて毛細管現象を生じさせ，塩水が地表へ吸い上げられて土壌の表面に塩類が集積してしまう。表土の塩性化は**土壌中に塩類を含む乾燥地域で起こり**，Ｃのような湿潤な地域では生じない。

①：正文。**酸性雨**は，化石燃料の燃焼によって大気中に放出された**硫黄酸化物**や**窒素酸化物**が原因となる。Ａのポーランドなど旧社会主義圏の東ヨーロッパ諸国では，**石炭への依存度が高く**酸性雨の被害が見られた。

②：正文。**フロン**が原因となり**オゾン層**が破壊されると，有害紫外線が増加して人間をはじめ生物に悪影響が及ぶ。オゾン層は冬季に破壊が進行し，**春以降に南極大陸上空にはオゾンホールとよばれる，オゾン濃度が薄い部分が現れる**ため，Ｂのオーストラリアやニュージーランドでは**紫外線対策をとる人が多い**。

④：正文。Ｄのアマゾン盆地では，**農牧地の拡大**などによって**熱帯林**の破壊が進行している。

問２【世界の都市の都市内交通】　14　正解：①　標準

必要な知識　ヨーロッパの地形／ロードプライシング制度／ハブ＝アンド＝スポーク方式／パークアンドライド方式

手薄となりがちな交通分野は，教科書レベルの用語を要理解。

①：正文。アムステルダムは**オランダ**の首都である。**低平な地形**が広がることや西ヨーロッパ諸国では環境保全の意識が高いこともあり，自転車の利用が推奨されている。

②：誤文。**ロードプライシング制度**は，都市内部での自動車交通渋滞や排気ガスによる大気汚染問題などの対策として**都心部などへ乗り入れる自動車に一定の課金を行なう**ものである。ロンドンをはじめ，オスロ，ストックホルム，ミラノ，シンガポールなどで導入されているが，**エジプトの**

カイロのような発展途上国では導入されていない。

③：誤文。**ハブ＝アンド＝スポーク方式**は貨物や旅客の輸送方式の一つであるが，ソウルには路面電車（トラム）自体が走っておらず，また，一般に路面電車の輸送方式として用いられることはないと考えてよい。当初はアメリカ合衆国の**航空輸送で始められた方式**であるが，現在は船舶輸送などでも採用されている。

④：誤文。**パークアンドライド方式**は，都市内部での自動車交通渋滞などの対策として，通勤などの際に**自家用車を郊外の駐車場に駐車し，鉄道やバスなどの公共交通機関に乗り換えて都心部へ移動する**ことをいう。

＋αの知識　●ハブ＝アンド＝スポーク方式：航空輸送の場合，**大規模な拠点**（ハブ空港）**に貨物や旅客を集約させ，そこから各拠点**（周辺空港）**に航空路**（スポーク）**を設定し分散輸送する方式。**ハブ空港間に大型航空機を高頻度で運航し，ハブ空港と周辺空港間は中型・小型航空機を低頻度で運行することで輸送効率が向上する。自転車の車輪の主軸（しゅじく）受け（ハブ）から放射状にスポークが広がる形状に似ることから名づけられた。

問3　【世界の民族紛争】　15　正解：④　標準

必要な知識　おもな民族紛争（パレスチナ問題，スリランカ民族紛争，モロ族分離独立運動）

世界のおもな民族紛争については，❶**発生原因**（宗教，言語，少数民族の独立要求，経済格差など），❷**対立構図**（各民族と各宗教，各民族と多数派・少数派の対応関係など），❸**発生地域の地図上での場所**の３点について整理しておきたい。

P：パレスチナ地方。**イスラム教徒のアラブ系パレスチナ人**と，**ユダヤ教徒のユダヤ人との対立**が見られる。

Q：スリランカ。**多数派で仏教徒のシンハリ（シンハラ）人と，少数派でヒンドゥー教徒のタミル人との対立**が見られる。

R：ミンダナオ島（フィリピン）。**イスラム教徒のモロ族が，キリスト教徒中心のフィリピンからの分離独立運動**を展開している。

問4　【世界各国の貿易の特徴】　16　正解：④　やや難

必要な知識　貿易依存度／主要国の貿易収支／日本の貿易相手国／主要国の人口規模

貿易依存度の指標の高低と，各国の経済規模や貿易額の大小を結びつけて考察できるかどうかがポイントとなる。

貿易依存度（輸出依存度および輸入依存度）は，**GDP**（国内総生産）

にたいする貿易額（輸出額および輸入額）**の割合**を示す指標である。インドは，**貿易収支が大幅な輸入超過（貿易赤字）**となっているため，**輸入依存度の値が輸出依存度の値を上回っている**。また，日本の貿易相手国の上位には入らず，**日本との貿易額が小さい**。したがって，④に該当する。

シンガポールは人口が少なく，**GDP は比較的小さい**が，大きな貿易港をもち**貿易額は比較的大きくなる**ため，**貿易依存度は非常に高い**。したがって，①に該当する。

ドイツは先進国で人口も比較的多く **GDP は比較的大きい**が，EU 加盟国で**域内貿易での関税が撤廃**されており，**貿易額も大きくなる**ため，**貿易依存度は高い**。また，貿易収支も**大幅な輸出超過（貿易黒字）**となっているため，**輸出依存度の値は輸入依存度の値を上回っている**。したがって，②に該当する。

中国は，**世界最大の貿易黒字国**であり，**輸出依存度の値は輸入依存度の値を上回っている**。また，**日本最大の貿易相手国**であり，**日本との貿易額が大きい**。したがって，③に該当する。

アメリカ合衆国は，**世界最大の貿易赤字国**であり，**輸入依存度の値は輸出依存度の値を上回っている**。また，**日本第 2 位の貿易相手国**であり，**日本との貿易額が大きい**。したがって，⑤に該当する。

+α の知識　● 主要国の貿易収支：おもな輸出超過の国は，**中国**，**ドイツ**，**ロシア**，**サウジアラビア**など。おもな輸入超過の国は，**アメリカ合衆国**，**イギリス**，**インド**，**フランス**など。● 日本の貿易相手国：輸出相手国は，**第 1 位が中国**，**第 2 位がアメリカ合衆国**，**第 3 位が韓国**，輸入相手国は，**第 1 位が中国**，**第 2 位がアメリカ合衆国**，**第 3 位がオーストラリア**（2020 年）。

問 5 【発展途上国への ODA 供与国】　17　正解：③　標準

必要な知識　ODA（政府開発援助）の供与先の傾向／発展途上国の旧宗主国

それぞれの発展途上国における旧宗主国（かつてその国を植民地として支配していた国）の知識は必須の設問。

ODA（政府開発援助）は，**OECD**（経済協力開発機構）の下部機関である DAC（ダック）（開発援助委員会）を通じて，**先進国の政府が発展途上国に供与する資金援助**である。一般に，供与先は**歴史的・経済的に関係の深い国や地域**に行なわれ，**かつての植民地や近隣諸国**への供与額が多くなる傾向にある。

③：フィジー。**太平洋諸国**であり**オーストラリア**や**ニュージーランド**との関係が深く，これらの国からの供与割合が大きいほか，**日本**からの供与割合も大きい。

①：アルジェリア。**ヨーロッパに近くかつてフランスの植民地**であったため，**フランス**をはじめとする**西ヨーロッパ諸国**などからの供与割合が大きい。

②：ベネズエラ。**かつてスペインの植民地**であり，アメリカ合衆国にも近いため，**スペイン**や**アメリカ合衆国**からの供与割合が大きい。

④：ミャンマー。**アジア諸国でかつてイギリスの植民地**であったため，**日本**や**イギリス**からの供与割合が大きい。

問６【各国の家計消費支出の割合】 18 正解：② やや難

必要な知識 韓国における学歴社会／所得水準と食料分野への支出傾向／各国の社会保障制度

各国それぞれの所得水準や社会状況，社会保障制度のちがいなどの理解が試されている。

②：韓国。**学歴社会**で教育熱が高く，**教育分野への支出割合が相対的に高い**。

①：南アフリカ共和国。発展途上国であり，**所得水準が低い**。一般に，所得水準が低い国では生命維持の観点から第一に食料が重要であるとされるため，**食料分野への支出割合が相対的に高い**。

③：イギリス。社会保障制度が整備され，**医療・保健や教育分野は公的負担でまかなわれる**ため，**家計からの支出は少ない**。

④：アメリカ合衆国。日本の国民健康保険のような**公的医療保険制度が整っていない**ため，**家計からの医療・保健分野への支出割合が高い**。なお，2014年から国民皆保険制度が実施されているが，廃止論や見直し論があり流動的である。

第4問 オーストラリア・ニュージーランドの地誌 やや易

問1 【オーストラリアの地形環境】 19 正解：③ 標準

必要な知識 珊瑚礁（さんごしょう）／大陸棚（たいりくだな）／新期造山帯・古期造山帯・安定陸塊（りくかい）の分布／侵食（しんしょく）平野と堆積（たいせき）平野／世界の気候区分布／小地形（珊瑚礁，氷河地形，リアス海岸，塩湖（えんこ））の代表的事例の場所

大地形と小地形について，地理的な分布が問われている。**地図帳を利用した学習対策は必須！**

③：正文。C付近は，**温暖な海域に**，**水深200m未満の浅海である大陸棚が広がる**ため，世界自然遺産にも登録される**グレートバリアリーフ**（**大堡礁**（だいほしょう））**とよばれる珊瑚礁が発達**している。

①：誤文。**安定陸塊**に属す場所にあたり，現在，**火山活動はみられない**。

②：誤文。安定陸塊に属す広大な**侵食平野**がみられる。また，**乾燥気候下で砂漠が広がり**，多くの野生生物が分布するとは言いがたい。

④：誤文。海洋からの偏西風によって降水量が多く，**新期造山帯**の**環太平洋造山帯**に属すため，現在でも標高の高い山岳地帯には山岳氷河が分布しており，**氷河地形のフィヨルドや氷河湖がみられる**。

+αの知識 ●**珊瑚礁**：海洋に生息する造礁サンゴは，長期間をかけてその遺骸や分泌物（ぶんぴつぶつ）などで石灰質の珊瑚礁をつくる。**水温が高く**，**水深が浅い透明度のある海域にしか生息できない**ため，珊瑚礁は熱帯・亜熱帯で河川による土砂流入などのない海域に形成される。陸地を縁取るかたちで発達する**裾礁**（きょしょう），陸地から離れた沖合に発達する**堡礁**（ほしょう），陸地はほとんど水没しその周囲に環状に発達する**環礁**（かんしょう）に分類され，裾礁をのせた陸地が沈水すると，礁は徐々に上方へと発達して堡礁へと，さらに沈水して陸地が水没すると環礁へと変化していく。グレートバリアリーフは，世界最大の堡礁である。

問2 【オーストラリアの気候環境】 20 正解：① やや易

必要な知識 気温の年較差／海洋性気候と大陸性気候／大気の大循環と気圧帯・恒常風／世界の気候区分布

緯度や隔海度（かいかくど）のちがいによって気温や降水量の季節変化にどのような相違が生じるのかを問うている。研究❶参照（➡ p.24）。

ア：アリススプリングス。内陸部に位置し**大陸の影響を受ける**ため，気温の年較差は大きい。海洋から離れており**空気中の水蒸気量が少なく**，また，南回帰線付近に位置し，**亜熱帯高圧帯**（**中緯度高圧帯**）**の影響を年中受ける**ため，年間を通じて月降水量は少ない。

イ：ウェリントン。**海洋からの偏西風の影響を年中受ける**ため，緯度のわりには気温の年較差は小さく，降水も年中平均してみられ最多雨月降水量と最少雨月降水量の差は小さい。なお，ニュージーランドは全域が**西岸海洋性（Cfb）気候**となっている。

ウ：ダーウィン。赤道と南回帰線間の低緯度地域に位置し，気温の年較差は小さい。**高日季は熱帯収束帯（赤道低圧帯）の影響を受ける**ため，最多雨月降水量は非常に多く，低日季は亜熱帯高圧帯の影響を受けるため，最少雨月降水量は非常に少なく，雨季と乾季の明瞭な**サバナ（Aw）気候**。

問3 【オーストラリアの鉱産資源】 21 **正解**：② やや難

必要な知識 主要鉱産資源の産出上位国／オーストラリアにおける鉱産資源産地分布／新期造山帯・古期造山帯・安定陸塊（りくかい）の分布

世界およびオーストラリアでの鉱産資源産地の理解が試されている。鉱産資源の産地は，**地名ではなく，地図上での場所を覚えておくこと**。研究❺参照（➡ p.78）。

P：**南西部のカルグーリーなどに分布**するので，金鉱と判断。金鉱の産出量は，**世界第1位が中国，第2位がオーストラリア**だから，カに該当。

Q：大規模で良質な石炭が産出される炭田は，**古期造山帯にあたる地域に多く分布**する傾向にある。オーストラリアでは**古期造山帯**がみられる東部に多く分布することから，石炭と判断する。**産出量第1位は中国で世界生産の過半を占め**，インドがこれに次ぐため，クに該当する。

R：**北部のレンジャーなどに分布**することから，ウラン鉱と判断する。ウラン鉱の産出量は，**カザフスタン，カナダをはじめ，ナミビア，ウズベキスタンが世界上位にある**ことが決め手となり，キに該当する。

問4 【オーストラリアの農牧業地域】 22 **正解**：① やや易

必要な知識 オーストラリアの農牧業地域

おもな作物の栽培地域や家畜の飼育地域などは，その地域の**自然環境の特徴とあわせて地図上での位置を把握**しておくこと。

サ：X。高温多雨の気候下において，大規模で粗放的な肉牛の飼育が行なわれている。

シ：Y。グレートアーテジアン盆地（大鑽井（だいさんせい）盆地）では，**乾燥した気候下**において，豊富な**被圧（ひあつ）地下水を掘り抜き井戸**でくみ上げ，羊などの飲料水として利用している。

ス：Z。マリーダーリング盆地では，**比較的冷涼少雨の気候下**において，マリー川の河川水による灌漑（かんがい）で小麦の栽培が行なわれている。

+αの知識　●**掘り抜き井戸**：被圧地下水をくみ上げるために掘られた井戸をいう。そのうち，自噴するものを**自噴井**（**鑽井**）とよぶ。

問5　【オーストラリア・ニュージーランドの人種・民族・言語】　23

正解：③　標準

必要な知識　ニュージーランド先住民（マオリ）／オーストラリア先住民（アボリジニー）／白豪主義／多文化主義／ニュージーランドの公用語

両国の先住民に関する知識を試すのがねらい。

③：誤文。ニュージーランドの先住民は**マオリ**とよばれ，9〜10世紀ごろに**ポリネシアから移住**してきた。先住民に対してはイギリス系住民と同じ権利が認められ，参政権など一部の分野では優遇措置もみられるが，マレーシアの**ブミプトラ政策**のように先住民をあらゆる分野で優遇する政策はとられていない。

①：正文。オーストラリア先住民の**アボリジニー**は，農耕文化はもっておらず，**狩猟・採集生活を営んでいた**。

②：正文。19世紀中ごろより**中国人の移民が増加**したため，**白人以外の移民を厳しく制限**して白人を中心とする国家づくりを行なう**白豪主義政策**が実施された。しかし，1970年代には労働力不足やイギリスのEC（ヨーロッパ共同体）加盟を背景に，アジア・太平洋地域との関係強化の必要性が高まったため廃止され，現在は，**それぞれの民族が文化的な多様性を相互に認め尊重する多文化主義**がとられている。

④：正文。英語，マオリ語のほか，ニュージーランド手話が公用語。

問6　【オーストラリアの貿易相手国の変化】　24　正解：②　やや易

必要な知識　オーストラリアの貿易相手国の変化／主要国の旧宗主国

オーストラリアをめぐる国際関係の変化，周辺諸国の政治・経済状況の変化，国内の経済政策などの面から，貿易相手国の変化を考える。

タ：イギリス。**従来は旧宗主国であるイギリスとの貿易関係が強かった**が，1973年にイギリスがECに加盟したことなどから，貿易相手国としての地位は低下した。

チ：日本。日本の**高度経済成長期**以降，おもに**日本からは工業製品が，オーストラリアからは鉱産資源や農畜産物が多く輸出**されるようになった。

ツ：中国。近年はアジア諸国で急激な経済成長を遂げている中国との貿易関係が強まっている。おもに**中国からは工業製品の，オーストラリアからは鉱産資源の輸出が増加**している。

第5問　地域調査（福岡市近郊）

問1 【地形図の発行機関と縮尺】 25 **正解**：① やや易

必要な知識　地形図の発行機関／地図の縮尺と用途

地形図とその利用に関する基礎的な知識が問われている。

ア：地形図は**国土交通省に属する国土地理院**が発行している。旧版地形図の謄本(とうほん)や抄本(しょうほん)（複写したもの）の交付も国土地理院が行なっている。

イ：縮尺2万5千分の1と5万分の1の地形図を比較すると，2万5千分の1のほうが**縮尺が大きく**，**1枚の地図に描かれる範囲はせまくなるが詳細な描写が行なわれている**。反対に，5万分の1は**縮尺が小さく**，**1枚の地図に描かれる範囲は広いが，概略的な描写となる**。

問2 【日本の石炭産業の衰退と地方中枢都市への人口流入】 26 ・ 27

正解：⑥・⑤ 標準 思

必要な知識　エネルギー革命／第二次世界大戦後の日本国内の人口移動／ベッドタウン

地域調査の大問では，**最初に掲出されている地図，ほかの小問やそこで使われている図表がヒントとなる**場合もあり，**大問全体を参照しながら解くこと!!**

カ：設問文に「『志免町(しめまち)』は，「古くから石炭の産地」とあることや，図4の1952年の地形図中にある「志免鉱業所」，問4・問6の設問の設定から，志免町は**かつて石炭産業が主要産業であった**ことがわかる。この地域一帯は糟屋(かすや)炭田とよばれ，19世紀末以降，本格的な開発が行なわれ発展した。しかし，ほかの日本の炭田地域と同様に，1960年代の**エネルギー革命**によって**石炭から石油へのエネルギー消費の転換が急速に進行**したため，炭坑は閉山し，**人口も減少した。**

キ：図1からもわかるように，志免町は**福岡市近郊に位置**しており，その立地条件のよさから，**高度経済成長期**後半以降には丘陵地などが切り開かれて**住宅開発が行なわれ**，**福岡市のベッドタウンとして人口が流入した。**このことは，図1や図4からも読み取れる。

+αの知識　•ベッドタウン：大都市の**都心部への通勤者の住宅地域**となっている衛星都市。

問3 【旧地形図・地理院地図の読み取り】 28 ・ 29

正解：③・⑥（順不同） 標準

必要な知識 地形図・地理院地図の記号／読図の技能／養蚕業

新・旧地形図を比較してさまざまな地理的事象を読み取る設問は，センター試験から引きつづき定番の出題である。もちろん地図記号の知識は必須条件。

③：誤り。新旧地形図ともに**桑畑**（Y）**は見られない**。

⑥：誤り。2019年の地形図には「酒殿駅」の南側に**老人ホーム**（⌂）**が見られる**が，1952年の地形図では同じ場所が**水田となっており，森林は見られない**。水田を埋めて老人ホームが建設されたと考えられる。

①：正しい。丘陵地の尾根や谷が入り組んでいた場所を，盛土や切取で**平坦化して住宅地を造成**したと考えられる。

②：正しい。地形図の北部をおおむね東西に流れる河川は，**一部の流路が変更され直線状になった**。また，この河川にも，地形図の南西部を南東から北西に流れるもう一つの河川にも**護岸**（━●━●━●━●━）**がほどこされた**。

④：正しい。「東公園台」付近の**道路網や建物の形状が変化している**ため，新たに建て替えられたと考えられる。

⑤：正しい。**町役場**（○）**は北方へ移動**したことが読み取れる。

+αの知識 ●**養蚕業**：桑を桑畑で栽培し，その葉を飼料として**蚕を飼養して製糸用の繭を生産**する産業。蚕はカイコガという昆虫の幼虫。繭から生糸をとる。

問4 【旧地形図・地理院地図の読み取り】 30 **正解**：⑥ 易

必要な知識 地形図・地理院地図の記号／読図の技能

写真使用で切り口は異なるが，**問3**と同じく**新・旧地形図を比較して**考察させる設問。場所の対応関係を読み取れれば容易に解答できる。

サ：「石炭を採掘するための坑口の跡」とあるので，1952年の地形図で**採鉱地**（⚒）の記号が見られる**「志免鉱業所」付近**である。また，写真の奥に見える建物は「竪坑櫓」とよばれるもので，石炭を搬出したり，炭鉱従事者を地下の炭層まで運んだりする施設である。C地点の矢印の先にあたる場所に，1952年の地形図で**高塔**（口）**の記号**（「志免鉱業所」表記の南西側）**がある**のが読み取れる。したがって，C地点に該当する。

シ：「石炭を運搬するための鉄道の跡」とあるので，1952年の地形図で**鉄道**（━━━━）**が通っていた**B地点に該当する。現在は鉄道遺構を利用した公園となっている。

ス「石炭を採掘する際(さい)に出る質の悪い石炭や石などを積み上げた山」とあるのは，いわゆるボタ山のことである。1952年の地形図の「**志免鉱業所**」**付近に見られる複数の小さな山**がこれにあたり，2019年の地理院地図にも残っている。また，写真の手前には耕地が写っており，A地点の矢印の先にあたる場所には**田**（||）が分布している。したがって，A地点に該当する。

問5【地産地消による食の安全性と環境負荷低減】 31 正解：① やや難

必要な知識 地産地消／トレーサビリティ／フードマイレージ

日本の食料問題について，トレンドワードの内容が理解できているかどうかが問われている。

タ：正しい。**地産地消**は，**地元で生産された農畜産物を地元で消費する**取り組みのことである。

チ：正しい。**トレーサビリティ**は，農産物が生産（生産者や生産方法など）されてから流通（出荷された市場や輸送方法など），販売にいたるまでの**経路を追跡できる状態**のことで，**食品流通の安全な管理を行なう**ことが目的である。

ツ：正しい。**フードマイレージ**は，**食料の輸入量に生産地から消費地までの輸送距離を乗じて算出した値**である。日本は食料自給率が低く，多くの食料をアメリカ合衆国をはじめとする遠隔地から輸入しているため，フードマイレージの値が大きくなる。このことは，輸送時にかかるエネルギーの消費や二酸化炭素の排出が多く，環境負荷が大きいことを意味している。地産地消の取り組みを行なえば，食料の輸送距離が実質的にはゼロとなるため，**環境負荷を小さくするのに有効**な方策といえる。

問6 【3D画像による地形景観の判定】 32 ：①  

〉必要な知識〈 読図の技能（等高線の読み取り）

地形図に描かれた情報を正しく読み取り，地図中の地域における空間認識ができるかどうかの技能が試されている。

図5中のXのボタ山には山頂が3つあり，標高は**西の山頂が130 m強**，**中央の山頂が140 m強**，**東の山頂が110 m強**であることと，**西と東の山頂がやや北側**，**中央の山頂がやや南側**に位置することが読み取れる。

ナの方向から見た場合，**最も標高が低い東の山頂が左側**に，**中央の山頂が奥**に位置することになるため，①に該当する。

ニの方向から見た場合，**最も標高が低い東の山頂がほかの2つの山頂の奥に隠れて見えず**，**中央の山頂が右側**に位置することになるため，④に該当する。

ヌの方向から見た場合，**最も標高が低い東の山頂が右側**に，**中央の山頂が手前**に位置することになるため，③に該当する。

ネの方向から見た場合，**最も標高が低い東の山頂が手前**に，**中央の山頂が左側**に位置することになるため，②に該当する。

予想問題
第3回
解答・解説

予想問題・第３回　解　答

（100点満点）

問題番号（配点）	設問	解答番号	正解	配点	問題番号（配点）	設問	解答番号	正解	配点
第１問（20）	1	1	5	3	第４問（20）	1	20	4	4
	2	2	4	3		2	21	4	3
	3	3	1	4		3	22	5	3
	4	4	6	3		4	23	1	4
	5	5	4	4		5	24	4	3
	6	6	3	3		6	25	3	3
第２問（20）	1	7	1	3	第５問（20）	1	26	3	4
	2	8	2	4		2	27	4	3
	3	9	5	3		3	28	3	3
	4	10	4	2		4	29	4	2[*1]
		11	5	2			30	5	2[*1]
	5	12	4	3		5	31	8	3
	6	13	6	3		6	32	5	3
第３問（20）	A 1	14	3	3	（注）＊1は，解答の順序は問わない。				
	A 2	15	5	4					
	A 3	16	2	3					
	B 4	17	5	3					
	B 5	18	4	3					
	B 6	19	7	4					

第1問　自然環境と災害　標準

問1　【プレート境界の特徴】　1　正解：⑤　やや易

必要な知識　おもなプレート境界（変動帯）の分布／プレート境界と地形／プレート境界と火山・地震活動　研究⑦（➡ p.117）参照。

出題頻度の高いテーマ！　取りこぼすことなく得点したい設問。

地球表面は10数枚の**プレート**に覆われており，地球内部のマントル対流によってさまざまな方向に移動しているため，**狭まる境界**，**広がる境界**，**ずれる境界**の**3種類のプレート境界**がみられる。

ア：誤り。世界最大の島グリーンランドは，**いずれの種類のプレート境界にもあたらない**。**広がる境界にあたる島**としては**アイスランド島**が挙げられる。

イ：正しい。プレートの狭まる境界では，地殻運動によって側方からの大きな横圧力がかかるため，褶曲（しゅうきょく）運動が生じ，地層が波形に曲がりくねって隆起（りゅうき）した**褶曲山脈**がみられる。b付近の**ヒマラヤ山脈はその好例**である。

ウ：正しい。プレートのずれる境界では，**横ずれ断層**（**トランスフォーム断層**）が形成され，**地震活動が活発**である。**いずれの種類のプレート境界も変動帯にあたり**，**地震が多発**する。

問2【新期造山帯の分布】　2　正解：④　やや易

必要な知識　新期造山帯・古期造山帯・安定陸塊（りくかい）の分布／アルプス＝ヒマラヤ造山帯と環太平洋造山帯／各大陸の最高峰

アフリカ大陸の最高峰は，**新期造山帯のアトラス山脈にはなく**，**安定陸塊のアフリカ大地溝帯（グレートリフトヴァレー）に位置するキリマンジャロ**（5,895m）であることに注意！

④：誤文。ユーラシア大陸のエヴェレスト（チョモランマ），北アメリカ大陸のデナリ（マッキンリー），南アメリカ大陸のアコンカグア，南極大陸のヴィンソン・マシフは，**各大陸の最高峰でいずれも新期造山帯に属している**。一方で，アフリカ大陸の最高峰はキリマンジャロであり，大陸北西部の**新期造山帯のアトラス山脈ではなく**，大陸東部の**安定陸塊に属する場所に位置**している。なお，オーストラリア大陸には新期造山帯は存在せず，最高峰のコジアスコは，**古期造山帯**に属する南東部のオーストラリアアルプス山脈に位置する。

①：正文。新期造山帯は，オーストラリア大陸以外のすべての大陸に分布する。南極大陸も**南極半島など太平洋に面する地域の一部は環太平洋造**

山帯の新期造山帯に属する。

②：正文。新期造山帯は，地中海沿岸から大スンダ列島にいたるユーラシア大陸南部付近を走る**アルプス＝ヒマラヤ造山帯**と，太平洋沿岸地域を取り囲むように分布する**環太平洋造山帯**の2系統に区分される。

③：正文。新期造山帯は，アリューシャン列島，日本列島，フィリピン諸島，ニュージーランド北島・南島，西インド諸島などの島嶼部(とうしょぶ)にもみられる。

問3 【南アジアの季節風と降水】 3 **正解**：① やや難

必要な知識 季節風（モンスーン）と降水／地形性降雨

季節風が吹く要因や，**地形性降雨が生じるしくみ**にまで踏み込んだ理解が求められている。

e：正しい。6〜8月ごろの**高日季（夏季）には**，**比熱の小さい大陸側では気温が上がりやすく低圧部**が，**比熱の大きい海洋側では気温が上がりにくく高圧部**がそれぞれ形成されるため，**気圧の高い海洋側から気圧の低い大陸側に向かって湿潤(しつじゅん)な季節風（モンスーン）**が吹き，多くの地域では一般に降水量は多くなる。

f：正しい。逆に，11〜1月ごろの**低日季（冬季）には**，**比熱の小さい大陸側では気温が下がりやすく高圧部**が，**比熱の大きい海洋側では気温が下がりにくく低圧部**がそれぞれ形成されるため，**気圧の高い大陸側から気圧の低い海洋側に向かって乾燥した季節風が吹いて**風向が反対となり，多くの地域で一般に**降水量が少なくなる**。しかし，トリンコマリーでは，大陸側から吹き出す乾燥した季節風が**海洋上を吹いてくるあいだに水蒸気を取り込み湿潤な風に変化**するため，11〜1月ごろが**雨季となっている**。

g：正しい。会話文中に「ムンバイは陸地側に山地がある」や「雨季のムンバイでは**地形性降雨**がみられる」などとあることから，ムンバイで6〜8月ごろに非常に降水量が多くなるのは，海洋側から吹く湿潤な南西季節風が，**ムンバイの陸地側にある山地にぶつかり山地斜面に沿って上昇気流をつくる**ためである。

+αの知識 ● 季節風と降水：一般にモンスーンアジアでは，**高日季（夏季）**には**海洋からの湿潤風**が卓越して**雨季**に，**低日季（冬季）**には**大陸からの乾燥風**が卓越して**乾季**になる地域が多い。

問 4 【海流の規則性】 4 **正解**：⑥ 標準

必要な知識 世界の海流／大気の大循環と気圧帯・恒常風

丸暗記ではなく，**恒常風**（貿易風，偏西風，極偏東風）**との関係**から，海流が生じるしくみの規則性をとらえておきたい。

海洋の表面に生じる海流（表層流）の多くは，**貿易風**や**偏西風**などの影響を受け，**北半球ではおおむね右回り**に，**南半球ではおおむね左回り**に流れている。また，**低緯度から高緯度の海域へ向かうものや低緯度海域に生じるものは暖流**，逆に，**高緯度から低緯度の海域へ向かうものや高緯度海域に生じるものは寒流**となる。

J：正しい。**極偏東風**の影響を受けて東側から西側へ流れ，高緯度から低緯度へ向かう寒流である。

K：正しい。貿易風の影響を受けて東側から西側へ流れ，低緯度海域に生じる暖流である。

L：誤り。高緯度から低緯度の海域へ向かう海流であり，図 4 では暖流として示されているが，**実際は寒流**である。

M：誤り。図 4 では東側から西側へ向かう寒流として示されているが，偏西風の影響を受け，**実際は西側から東側へ向かう**寒流である。

問 5 【フィヨルドの特徴と分布】 5 **正解**：④ やや易 思

必要な知識 フィヨルド／V 字谷と U 字谷／氷河

P・Q それぞれ 2 箇所の空欄のうち，1 つ目の空欄でレイコさんが誤って解答していることに注意する。**共通テストでは，センター試験に比べて，文章を注意深く読む必要のある設問が多くなっている**。

P：**フィヨルド**は，氷食谷（ひょうしょくこく）に海水が浸入してできた深く細長い入り江であるが，**氷河は侵食力が大きいため**，**谷の横断面は U 字型**（**U 字谷**）となる。一方で，**リアス海岸**は，河食谷（かしょくこく）に海水が浸入してできた入り江が連続した海岸であるが，**河食は氷食ほど侵食力が大きくないため**，**谷の横断面は V 字型**（**V 字谷**）となる。1 つ目の空欄でレイコさんが誤って解答しているため，V 字型があてはまる。

Q：フィヨルドは氷食を受けて形成されるため，**かつて氷河が発達していたカ**付近にみられる。キ付近は，**降雪量が少なく氷河は発達しなかった**ため，フィヨルドはみられない。1 つ目の空欄でレイコさんが誤って解答しているため，キ付近があてはまる。

問6 【世界の地域別自然災害の発生と被害】 6 **正解**：③ 難

必要な知識 世界各地域の経済水準／世界の地域別人口

自然災害の地域性ではなく，世界各地域の経済・社会的特徴と災害に関する指標との関連性を考察することが重要となる設問。

自然災害には，風水害や雪害，干ばつなどの気象災害，地震，津波，火山噴火，土砂災害などがある。発生する災害の種類は，自然環境のちがいによって世界の各地域ごとに相違がみられるが，全体の**発生件数**については，おおむね各地域の面積に比例して発生すると考えられるため，各地域の特徴をとらえにくい。一方で，**被災者数**や**被害額**は，各地域の**人口規模**，**人口密度**や**経済水準**によって大きく異なっており，各地域による相違を読み取りやすい。

まず，**被災者数**は，**人口の多い地域や密集地域**，**防災対策が不十分な発展途上地域ほど多く**なる傾向にある。**アジアには世界人口の約6割が集中して人口密度が高く**，**発展途上地域も多く**みられるため，**被災者数の割合は非常に大きくなる**と考えられ，①はアジアと判定できる。逆に，**防災対策が整っている先進地域を含むヨーロッパ**，**南北アメリカ**では，**被災者数の割合は小さくなる**と考えられるため，②・④のいずれかとなる。結果的に，③はアフリカと判定できる。

次に，**被害額**は，**ライフラインや道路**，**建物などの社会資本が整備された経済規模の大きい地域ほど大きくなる**傾向にある。先進地域，とくに都市部などで大規模な自然災害が発生すると，被害額は膨大となる。**先進地域を含むヨーロッパ**，**南北アメリカ**では**被害額の割合は大きくなる**と考えられるため，②・④のいずれかとなる。逆に，発展途上地域でも**とくに社会資本の整備が遅れているアフリカでは被害額の割合はきわめて小さくなる**と考えられるため，③はアフリカと判定できる。また，発展途上地域を多く含むアジアでは人口規模のわりに小さくなると考えられるため，①はアジアと判定できる。なお，②は南北アメリカ，④はヨーロッパとなるが，図7のデータからのみでは判別は困難であり，必ずしも判定できなくてもよい。

+αの知識 **• ライフライン：**電気，ガス，水道，通信設備など，生活や生命を維持するのに最も重要となる設備のことで，自然災害時には最優先で復旧される。

第2問 産　業 やや難

問1 【1人あたりGNIと産業別人口構成の関係】 7

正解：① やや難 

〔必要な知識〕 産業の高度化と1人あたりGNIとの関係／主要国の経済水準

第2次産業人口割合は，工業化が進展している新興国で高く，脱工業化，サービス経済化が進展している先進国では比較的低いことがポイント。

一般に，**1人あたりGNI**（国民総所得）**は，第1次産業から第2次産業**（**工業化**），**第2次産業から第3次産業**（**サービス経済化**）**の順に，産業が発展し高度化するにしたがって上昇**していく。

まず，指標Bは，この指標が低い国で1人あたりGNIが高く，この指標が高い国で1人あたりGNIが低くなっており，農林水産業などの第1次産業人口割合であることがわかる。一般に**第1次産業人口割合は，先進国で低く，発展途上国で高い**。逆に，指標Cは，この指標が低い国で1人あたりGNIも低く，この指標が高い国で1人あたりGNIも高くなっており，商業やサービス業などの第3次産業人口割合であることがわかる。一般に**第3次産業人口割合は，発展途上国で低く，先進国で高い**。指標Aの，残る第2次産業人口割合が低い国は1人あたりGNIも低く，工業化がまだ進展していない国といえる。また，**この指標が比較的高く1人あたりGNIが上昇している国**は，**工業化が進展している新興国**である。中国（●），メキシコ（□），ブラジル（□）などがこれにあたる。そして，1人あたりGNIが高い国は，この指標が低下し，**脱工業化とサービス経済化が進んでいる先進国**である。

次に，アとイを判定する。アングロアメリカには国が2か国しか存在しないので，アメリカ合衆国とカナダ，ヨーロッパの人口上位2か国はロシアとドイツである。アングロアメリカ2か国は，ともに**新大陸の先進国**であるため，**1人あたりGNIが高く**，**第1次産業人口割合**（指標B）**はきわめて低い**が，サービス経済化が進展し**第3次産業人口割合**（指標C）**はきわめて高い**ことから，ア（○）に該当する。一方で，ヨーロッパ2か国は，**ドイツは先進工業国**であるものの，**ロシアは旧社会主義国**であり，**1人あたりGNIは，ドイツは高いが，ロシアは比較的低い**ことから，イ（▲）に該当する。

なお，それぞれの地域の人口上位2か国は，アジアが中国，インド，アフリカがナイジェリア，エチオピア，ヨーロッパがロシア，ドイツ，アングロアメリカがアメリカ合衆国，カナダ，ラテンアメリカがブラジル，メキシコ，オセアニアがオーストラリア，パプアニューギニアである。

問2 【農業の生産性と集約度】 8 正解：② 難 思

〈必要な知識〉 農業の生産性（労働生産性，土地生産性）／農業の集約度（集約的農業，粗放的農業）／資料や文章を論理的に読み取るための思考力・判断力など

付与された4つの統計指標を組み合わせて**「労働生産性」「土地生産性」「農業の集約度」を示す指標を算出**したうえで，仮想の4か国の農業の特徴について比較し考察する能力が試されている。

②：誤文。**労働生産性**は**単位時間あたりの労働によって得られる生産量の大きさ**のことで，表1の指標からは，**農業従事者1人あたりの穀物生産量**を算出することで比較できる。F国は2t，G国は100tとなり，F国のほうが労働生産性は低い。

①：正文。**粗放的な経営**とは，**単位面積あたりの労働力や肥料などの資本の投下量が小さく**，**生産効率が低い**ものをいう。表1の指標からは，作付面積1haあたりの**農業従事者数**や**肥料消費量**を算出することで比較できる。E国では前者が0.005人，後者が0.1tであるのにたいし，H国では前者が0.5人，後者が0.25tとなり，E国のほうが**単位面積あたりの労働力と肥料の投下量が小さい**ため，**粗放的な経営が行なわれている**とわかる。

③：正文。逆に，**集約的な経営**とは，**単位面積あたりの労働力や肥料などの資本の投下量が大きく**，**生産効率が高い**ものをいう。①と同様に比較すると，G国では前者が0.05人，後者が0.2tであるのにたいし，E国では前者が0.005人，後者が0.1tとなり，G国のほうが**単位面積あたりの労働力と肥料の投下量が大きい**ため，**集約的な経営が行なわれている**とわかる。

④：正文。**土地生産性**は**単位面積あたりの生産量の大きさ**のことで，表1の指標からは，**作付面積1haあたりの穀物生産量**を算出することによって比較できる。H国では5t，F国では2tとなり，H国のほうが**土地生産性が高い**とわかる。

問3 【一次エネルギーの供給・自給率の変化とエネルギー政策】

9 正解：⑤ やや易

〈必要な知識〉 各国のエネルギー供給構成／各国のエネルギー源別発電割合／バイオマスエネルギー／主要国の経済水準

「エネルギー供給構成」や「エネルギー源別発電割合」が特徴的な国をおさえておきたい。石炭依存度では，中国，南アフリカ共和国，ポーランド，インド，水力発電ではノルウェー，ブラジル，カナダ，原子力発電ではフランスなど。

J：フランス。一次エネルギーの**1人あたり供給量は多い**が，すでに経済成長を遂げた先進国であり，変化は**横ばい状態**である。**エネルギー資源**

に乏しく国内での化石燃料の産出は少ないため，一次エネルギーの**自給率は低い状態で推移**している。

K：ブラジル。**1人あたり供給量**は，近年の**経済発展によって増加**している。**自給率は，国内での油田開発が進行**したことなどから**上昇している。**

L：インド。**1人あたり供給量は少ないが**，近年の**急速な経済発展によって**約2倍に**増加**している。**国内でのエネルギー消費量の拡大**にともない輸入量が増加したため，**自給率は低下している。**

カ：ブラジル。**水力**をはじめとする自然エネルギーによる発電量が全体の**約7割**を占めている。また，**サトウキビからつくられるバイオエタノールが普及**している。

キ：インド。乾燥させた**牛糞**(ぎゅうふん)が燃料として用いられるが，石炭をはじめとする**化石燃料への依存度が高い。**

ク：フランス。直接的には二酸化炭素を排出しない**原子力発電**が，総発電量の**約7割**を占めている。

+αの知識　●**バイオマスエネルギー：現生する生物資源から得られるエネルギー**の総称。薪(まき)や木炭をはじめ，サトウキビやトウモロコシからつくるバイオエタノール，油ヤシやナタネからつくるバイオディーゼル，家畜の排泄物(はいせつぶつ)や生ごみからつくるバイオガス，その他，木くずや植物の絞りかすなど。

問4　【工業業種別の立地条件とその変化】

10 正解：④　11 正解：⑤　やや難　思

必要な知識　工業業種別の立地条件／原料・製品の輸送費と工業立地の関係（ウェーバーの工業立地論）／資料や文章を論理的に読み取るための思考力・判断力など　研究❷参照（➡ p.31）

仮想の国の工業立地を題材にして，**一般的な工業立地の傾向**と，**条件の変化によって立地がどのように変化するのか**について，概念的な理解が問われている。

アルミニウム精錬業は，精錬工程で**大量の電力を消費**するため，工業立地においては**安価な電力が得られること**が最も重要な条件となる。ただし，この仮想の国の「**条件**」として，原料の輸入依存度は100%，製品の輸出割合は約50%とあることから，**輸出入に便利な港湾の存在**も重要な立地条件となることを考慮すると，アルミニウム精錬工業は④（■）に該当する。図2では，山岳に近い場所への立地がみられるが，これは，水力発電による安価な電力を送電する必要なく得られることが立地要因であると考えられる。「**条件**」に年平均降水量は1,500mm程度とあることから十分な包蔵(ほうぞう)水量があり，山岳では水力発電に必要な高度落差も得られるため，水力発電がさかんに行なわれていると考える。また，大きな貿易港付近にも立地がみられるが，これは原料や製品の輸出入に有利なことが立地要因であると考えられる。さらに，表3より，20年後以降は**国内の電力料金が高騰し**，**その後も高い値で推移**していることから，**生産費が上昇して価格面での国際競争力を失い**，図3のように，30年後以降は**急激に衰退**したと推測できる。

電気機械工業にはさまざまな製品分野が存在するが，部品の組み立て工程を含むため，一般に**多くの労働力が得られる**ことが工業立地において最も重要な条件となる。また，多種類の部品が使用されるため，これらの輸送の面から，**高速道路などの交通網**も重要な立地条件となることを考慮すると，電気機械工業は⑤（◇）に該当する。図2では，国内人口が最大の都市の大都市圏での立地がみられるが，これは，**製品の大消費地**であることに加えて，**労働力が豊富**なことが立地要因であると考えられる。また，表3より，1人あたりGNIの上昇にともない，国内の，**とくに大都市圏での賃金水準も上昇**したと考えられ，「条件」に地方圏の労働賃金や土地代の水準は最大の都市の約75%とあることから，高速道路網の整備とともに，**安価な生産費を求めて地方圏の高速道路沿いへの立地**に変化したと推測できる。高速道路沿いへの立地は，「条件」に部品の海外調達割合，完成品の輸出割合ともに約50%とあることから，**大きな貿易港へのアクセスが重要**なことによる。

①（◎）**：**出版・印刷業。市場の情報が得やすく，学術・文化の中心地である**大都市圏に立地**する傾向が強く，その**変化も小さい**。

②（●）**：**ビール工業。水が原料の大部分を占め，おもに地下水を利用し**広い範囲で得られる**ことに加えて，**原料より製品の重量が大きくなり製品の輸送費が多くかかる**ため，**消費市場の大都市圏に立地**する傾向が強かった。表3にあるとおり，容器の中心が重い瓶から軽い缶に変わり，**製品の重量が小さくなった**ことなどで，30年後以降は**安価な生産費を求めて地方圏の高速道路沿いへの立地**に変化している。

③（△）**：**石油化学工業。「条件」に，原料の輸入依存度は100%，製品の輸出割合は約50%とあることから，**輸出入に便利な港湾付近に立地**しており，その**変化も小さい**。

問5 【小売業における業態別の特徴】 12 **正解**：④ 易

〉必要な知識〈 小売業における業態別（大型総合スーパー，コンビニエンスストア，百貨店）の特徴／モータリゼーション（車社会化）

付与された統計指標の値や，これらを組み合わせて得られる統計指標の値（1店舗あたりの従業者数，従業者1人あたりの年間商品販売額など）から，それぞれの小売業の特徴を読み取らせることがねらい。

P：シ＝**コンビニエンスストア**。店舗数は多いが，1店舗あたりの従業者数・年間商品販売額・売場面積はいずれも小さく，**店舗の規模が小さい**ことが読み取れる。一方で，売場面積あたりの年間商品販売額は大きく，**多様な品ぞろえで長時間営業を行なっている**という特徴がうかがえる。店舗の規模が小さいため，出店場所の制約が少なく**さまざまな場所に立地**している。

Q：ス＝**大型総合スーパー**。1店舗あたりの従業者数・売場面積はいずれも比較的大きく，**店舗の規模が比較的大きい**ことが読み取れる。一方で，売場面積あたりの年間商品販売額は小さく，**安価な商品を大量に仕入れて薄利多売**であることもわかる。**モータリゼーション**（車社会化）の進展にともない，**地価の安い都市郊外への立地**も増加している。

R：サ＝**百貨店**。店舗数は少ないが，1店舗あたりの従業者数・年間商品販売額・売場面積はいずれも大きく，**店舗の規模が大きい**ことが読み取れる。また，従業者1人あたりの年間商品販売額も大きく，**おもに高級品（買い回り品）が扱われるため利益率が高く**，**商圏も広い**という特徴がうかがえる。そのため，**地価の高い都心付近に立地**する傾向が強い。

問6 【日本における各種サービス業の立地】 13 **正解**：⑥ 標準

〉必要な知識〈 日本における各種サービス業（冠婚葬祭業，機械設計業，広告業）の立地／日本の三大都市・地方中枢都市／日本の工業地帯・工業地域／日本の人口上位都道府県

それぞれのサービス業における**サービスの提供先**を考える！

タ：広告業。**大企業の本社・支社**のほか，**情報・通信サービス業**，**新聞社**，**テレビ局**などがある**大都市に多く立地**する。これらが集中する**東京都への集積度がとくに高く**，次いで**三大都市**の大阪市・名古屋市がある大阪府・愛知県のほか，**地方中枢都市**の福岡市・札幌市・仙台市がある福岡県・北海道・宮城県が上位の都道府県となっており，この6都道府県で全体の8割を超え，**大都市への集中度が高い**ことが特徴といえる。

チ：機械設計業。**機械工業がさかんな地域に関連サービス企業として立地**する。自動車工業や電気機械工業などの**製造業が発達**する愛知県，神奈川県，兵庫県，大阪府，静岡県などが上位の都道府県となっている。

ツ：冠婚葬祭業。結婚式や葬儀などは**人口規模に応じて需要のある**サービス業であるため，特定の地域への集積度は低く，ほぼ**人口数に応じ分散**して立地する。都道府県別人口で第1位から第6位の東京都，神奈川県，大阪府，愛知県，埼玉県，千葉県が上位の都道府県となっている。

第3問　都市と人口，生活文化　標準

A　都市と人口

問1　【北アメリカ大陸の都市】　14　正解：③　標準

必要な知識　滝線都市／カナダの住民構成と首都選定／マキラドーラ

具体的な都市に関する設問では，都市名よりも，**都市の特徴と地図上での位置**についての知見が問われる。

ア：E（リッチモンド）。アパラチア山脈南東部のピードモント台地と大西洋岸平野との境界には，いくつもの**河川の急流が連続的に並ぶ滝線**（瀑布線）があり，その崖下に沿って分布する都市は**滝線都市**とよばれている。フィラデルフィア，ボルティモア，ワシントンD.C.，リッチモンド，ローリー，コロンビア，オーガスタ，メーコン，コロンバス，モントゴメリなどがこれらにあたる。**河川交通の遡航終点**となることから，**交易や交通の要衝**となっている。また，**水力の利用ができることから工業が立地**し，アメリカ合衆国では早くから都市が成立した。

イ：D（オタワ）。国内の**イギリス系住民とフランス系住民の対立**を背景に，**両勢力の居住境界付近**にあたることから，**カナダの首都**と定められて発展した。カナダでは，17～18世紀にかけて，イギリス・フランス間で植民地争奪が行なわれた経緯から，**イギリス系住民が多数**を占めるものの，北東部の**ケベック州を中心にフランス系住民も居住**している。そのため，1858年に，両勢力の居住境界付近にあたるオタワが，当時の連合カナダ植民地の首都としてイギリス女王によって選定された。行政区上はイギリス系住民が多数を占めるオンタリオ州に属するが，北隣はケベック州に接している。

ウ：F（ティファナ）。メキシコの都市であるが，北隣がアメリカ合衆国と接しているため，国境に面する立地をいかして**外資誘致による製造業の拠点**として発展した。アメリカ合衆国の大都市サンディエゴにも近く，同国や日本などから電気機械などの製造業が進出し，近年，工業都市として急激に発展した。1965年以降，**製品輸出を条件に原材料輸入にかかる関税を免除するマキラドーラ（保税輸出加工工場）**に指定（2001年以降は一部免税が制限）された工場が多く，メキシコ国内の安価な労働力を利用し，おもに**アメリカ合衆国向けの製造業の輸出拠点**となっている。

問２　【３つの県の年齢別人口構成と県内の地域差】　15

正解：⑤　やや難

必要な知識　都道府県別出生率の傾向／日本の大都市の階層構造（地方中枢都市，衛星都市）／日本の少子高齢化

2021年共通テスト・第１日程／第３問／問２と同形式。今後は，**共通テストの定番の出題形式になる可能性**がある。

まず，沖縄県は，日本の都道府県のうち**出生率**（沖縄県：10.4‰，全国平均：7.0‰）や**合計特殊出生率**（沖縄県：1.82，全国平均：1.36）が最も高く，**年少人口**（0〜14歳）**割合**（沖縄県：16.9%，全国平均：12.1%）**も最も高い**（いずれも2019年）。よって，**カ**が沖縄県に該当する。

次に，**生産年齢人口**（15〜64歳）割合について，県全体と県庁所在都市を比較すると，一般に，県内において**県庁所在都市**では，**雇用機会が多く**大学などの教育機関も立地することから**生産年齢人口が流入**し，**この割合が高い**と考える。したがって，**カ**〜**キ**のいずれにおいても生産年齢人口割合が高い**b**が県庁所在都市に，低い**a**が県全体に該当する。

最後に，**キ**・**ク**の判定であるが，神奈川県は，**県庁所在地である横浜市も含めて県全体の多くが東京のベッドタウン的な性格をもつ**ため，**県全体と県庁所在都市とで年齢別人口構成に大きな差異はみられない**。よって，**a**と**b**にほとんど差異がない**キ**が，神奈川県に該当する。一方で，宮城県は，県庁所在都市の**仙台市は東北地方の地方中枢都市**であり，雇用機会が多いなどの理由から**相対的に生産年齢人口割合が高い**のにたいし，県全体では**過疎化による少子高齢化が進行する農山村地域も多く含まれる**ため，**相対的に生産年齢人口割合が低く，老年人口割合が高いという差異**が生じている。よって，**a**と**b**に差異がみられる**ク**が，宮城県に該当する。

＋αの知識　• **出生率**：総人口に対する出生数の割合。１年間に人口1,000人あたり20人の子どもが産まれた場合には，20‰となる。

• **合計特殊出生率**：１人の女性が平均して生涯に子どもを何人産むかを示す数値。出生率から**人口構成のちがいによる影響を排除**した指標となる。

問3 【世界4都市の人口変化】 16 **正解**：② 標準

必要な知識 産業発展と都市化／大ロンドン計画／都市再開発（ドックランズ地区）／プライメートシティ

第2次産業・第3次産業が成立し発達して，はじめて都市化が進展する。選択肢を**先進国と発展途上国にグループ分け**してから正答を絞っていく。

いまから70年以上前の1950年時点で，**先進国では工業，商業，サービス業などの第2次・第3次産業が発達し都市化が進展していた**が，**発展途上国では農林水産業が産業の中心であったため，都市化は進展していない**。したがって，1950年で最大都市の人口が多い①・②は先進国のアメリカ合衆国・イギリスのいずれか，少ない③・④は発展途上国のタイ・ナイジェリアのいずれかと考える。

①：アメリカ合衆国（ニューヨーク）。**世界の経済活動の中心地**であり，都市の規模が大きく人口も増加している。

②：イギリス（ロンドン）。イギリスでは世界に先駆けて産業革命が起こり，ロンドンでも地方からの労働力流入が顕著となったため，大気汚染をはじめ，交通渋滞，治安悪化などの都市・居住問題が深刻化した。そこで，1944年に**既成市街地の拡大を防ぎ，人口と産業を郊外に分散させることを目的**として**大ロンドン計画**が策定され，これが契機となり，**1980年代初頭まで人口が減少**した。近年は，都心部やインナーシティの再開発が課題となり，**ドックランズ地区の再開発**などが行なわれて**人口増に転じている。**

③：タイ（バンコク）。**東南アジアの新興工業国**であり，農村部での人口増加による余剰労働力の流入と，経済発展にともなう国内の政治・経済・文化などの諸機能が集中する**プライメートシティ**での労働力需要の拡大によって，とくに**1980年代以降に人口が急増**した。

④：ナイジェリア（ラゴス）。**中南アフリカの後発発展途上国**であり，農村部での**人口爆発**による余剰労働力の流入などによって，とくに**2000年代以降に人口が急増**した。

B 世界の衣食住

問4 【伝統的な衣服の特徴】 17 **正解**：⑤ やや難

必要な知識 世界各地の伝統的な衣服（乾燥地域，寒冷地域，高山地域）

伝統的な衣服はその地域の自然環境と深く関連しており，その面からアプローチしていくのが有効。

d：誤り。Jは乾燥地域にあり，日中の高温と強い日差し，砂嵐による砂ぼこりから身を守るため，人々は，**通気性と吸湿性にすぐれた木綿などを素材にした長袖の衣服**を着用する。イスラム圏であるため，女性は家族以外の男性に肌を見せてはならず，頭と顔を布で覆う場合も多い。

e：正しい。Kは非常に気温が低く，人々は，厳しい寒さから身を守るため，保温性と断熱性にすぐれた獣皮革（じゅうひかく）（動物の毛皮や皮）を素材とした衣服を着用する。毛皮や皮の素材には，**狩猟で捕獲したカリブーやアザラシ**が用いられる。

f：正しい。Lは低緯度で標高が高く，昼夜の気温差（気温の日較差）が大きく紫外線も強いため，人々は，**保温性があり着脱しやすい貫頭衣（かんとうい）や肩掛け**などを重ね着し，つばのついた帽子や頭巾（ずきん）をかぶる。貫頭衣は，布に開いた穴から頭を通して着脱する衣服で，この地域で飼育される**アルパカの毛を素材としたポンチョ**とよばれる毛織物がよく知られる。

問5 【世界各地の食文化】 18 **正解**：④ やや難

必要な知識 世界各地の食文化／穀物の用途／ラテンアメリカ諸国の人種・民族構成／ヒンドゥー教／熱帯性イモ類（キャッサバ，タロイモ，ヤムイモ）の生産量

生活水準が高い欧米諸国では，穀物が家畜飼料として多く利用され，**肉類や牛乳・乳製品の摂取量が多くなる**傾向にある。人種・民族構成上，**アルゼンチンの食文化が欧米型**であることがポイントとなる。

④：S（アルゼンチン）。**白人の割合が約86%を占める**ため，食文化は**欧米型**で，肉類や牛乳・乳製品の供給量が多い。

①：R（韓国）。米を中心とした穀物の供給量が多いほか，キムチやナムルなど**野菜を使った食文化**が特徴的で，野菜の供給量が多い。また，東アジア地域は**魚食文化が発達**し，魚介類の供給量も多い。

②：Q（インド）。米や小麦などの穀物の供給量が多い。**菜食主義者や牛肉を食べないヒンドゥー教徒が多い**ため，肉類の供給量はきわめて少ない。ただし，牛を神聖視するヒンドゥー教徒であっても，牛を生かしたまま利用できる**乳は広く食され**，牛乳・乳製品の供給量は多い。

③：P（ナイジェリア）。**キャッサバ・タロイモ・ヤムイモの生産量はいずれも世界第1位**（2018年）であり，イモ類の供給量が非常に多い。一方，熱帯アフリカの後発発展途上国であり**生活水準が低い**ため，肉類や牛乳・乳製品の供給量は少ない。

問6 【伝統的な住居の特徴】 19 正解：⑦ 標準 思

必要な知識 世界各地の伝統的な住居（高温多雨地域，乾燥地域）／世界の気候区分布／気温の日較差

気候環境と伝統的な住居との関連性を考察させるのがねらい。

hは，高温多雨地域のY付近，iは乾燥地域のX付近にみられる伝統的な住居である。Yのような**高温多雨地域**では，住居を**高床式の構造**にすることで，**風通しをよくし通気性を高めて，湿度の上昇を抑制**（k）**して湿気を防ぐ**工夫が行なわれている。そのほか，野獣・害虫の侵入を防いだり，浸水被害を避けるなどの効果もある。また，敷地を水平に整地する必要性がなく，傾斜地や水辺にも建設できるという利点もある。Xのような**乾燥地域**では，日中は強い日差しで気温が上がるが，夜間は放射冷却で気温が下がり，**気温の日較差が大きくなる**。そのため，**保温性と断熱性にすぐれた日干レンガを用いて厚い壁をつくり，窓などの開口部もできるだけ小さくして外気の侵入をさえぎり，室内の温度を一定に保つ**（m）工夫が行なわれている。

+αの知識 •**日干しレンガ**：土や粘土に藁や草を混ぜて成形し天日（てんぴ）乾燥させたもので，**木材や石材の乏しい乾燥地域や高山地域**で建材として広く使われる。焼成（しょうせい）レンガと異なり，水にぬれると崩れやすくなるが，雨がほとんど降らない乾燥地域などでは支障はない。ただし，強度が不十分であるため，地震による建物被害が大きくなる要因となっている。

第4問　ヨーロッパの地誌 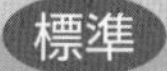

問1 【ヨーロッパにおけるかつての社会主義国】 20

正解：④ やや難

必要な知識　ヨーロッパにおける旧社会主義諸国の範囲

ヨーロッパ諸国は，国の数が多く国境線も複雑であるため，地図帳などで**国名と位置**を正確に確認し，覚えておきたい。

④：正しい。第二次世界大戦後の**東西冷戦**時に社会主義体制がとられていた東欧諸国の範囲を表している。

①：誤り。**フィンランド**は従来からの**資本主義国**で，**ブルガリア**は**旧社会主義国**である。

②：誤り。**ギリシャ**は従来からの資本主義国で，**スロベニア**はかつてユーゴスラヴィアに属していた旧社会主義国である。

③：誤り。オーストリアは従来からの資本主義国で，**北マケドニア**はかつてユーゴスラヴィアに属していた旧社会主義国である。

+αの知識　● **東西冷戦**：第二次世界大戦後の世界において，**アメリカ合衆国，西ヨーロッパ諸国などの資本主義諸国**と，**ソビエト連邦，東ヨーロッパ諸国などの社会主義諸国**とのあいだに生じた**対立状況**をいう。激しい対立であったが直接的には戦火を交えなかったため，Cold War（冷たい戦争）とよばれた。

問2 【ヨーロッパの地形環境】 21 正解：④ 標準

必要な知識　新期造山帯・古期造山帯・安定陸塊（りくかい）の分布／小地形（三角州，氷河湖，カルスト地形，リアス海岸）の代表的事例の場所／国際河川

地形の地理的分布が問われている。**地図帳などでこまめに位置をチェックしておく**ことが重要！

④：D（ルーマニア）。中央部に**新期造山帯（アルプス＝ヒマラヤ造山帯）に属する**カルパティア山脈やトランシルヴァニア山脈などがある。国土の南端部を**ブルガリアとの国境をなす国際河川**のドナウ川が流れ，その河口部には**三角州（デルタ）**がみられる。

①：B（イギリス）。**古期造山帯に属する**ペニン山脈などがある。氷期には氷河に覆われていたため，国土の北部には**多数の氷河湖**がみられる。

②：C（スロベニア）。**新期造山帯（アルプス＝ヒマラヤ造山帯）に属する**ディナルアルプス山脈などがある。**カルスト地方（クラス地方）には石灰岩台地**が広がり，**カルスト地形**の名称の由来となった。

③：A（スペイン）。**新期造山帯（アルプス＝ヒマラヤ造山帯）に属する**ピレネー山脈などがある。北西端部の**リアスバハス海岸**には**リアス海岸（リアス式海岸）**がみられ，その名称の由来となった。

問３【ヨーロッパの気候環境】 22 正解：⑤ やや易

必要な知識 気温の年較差／海洋性気候と大陸性気候／偏西風

ヨーロッパにおける気候の設問の定番。**隔海度（かくかいど）のちがいによる気温の年較差の相違から考える。**

ヨーロッパなどの高緯度地域では，気温の年較差の大小は，緯度による影響が小さくなり，隔海度（海洋からどのくらい離れているか）による影響が大きくなる。

a：イ。海洋に囲まれた島であり，**偏西風によって海洋の影響を最も強く受ける**ため，気温の年較差が最も小さくなる。また，降水量も比較的多い。

c：ア。内陸部に位置し，**大陸の影響を最も強く受ける**ため，気温の年較差が最も大きくなる。また，降水量も比較的少ない。

b：ウ。a・b 両者の中間的な特徴となる地点である。

問４【ヨーロッパにおける農作物産地の分布】 23 正解：① やや難

必要な知識 おもな農作物の栽培条件／世界の気候区分布

意外にも，「テンサイ」に関する設問の出題頻度は高い!!

①（●）：テンサイ。一般に，栽培条件は**冷涼少雨の気候が適する**とされるが，糖分の蓄積のため夏季の生育期間は20～25℃程度の気温が必要である。また，秋季に降水量が少なく気温が低下すると糖分濃度が上昇するといわれ，**気温の年較差が大きい**地域での栽培に適している。ヨーロッパでは，**内陸部を中心に広く生産**されている。

②（△）：ブドウ。**栽培の北限はフランス北部付近**とされ，**これ以南の地域で広く生産**されている。フランスのパリ盆地，アキテーヌ盆地，南部ヨーロッパなどが主産地である。

③（■）：柑橘類（かんきつるい）。オレンジをはじめ，レモン，グレープフルーツなどの総称で，**低温に弱く**，**冬季に温暖な地域での栽培**に適している。**最も低緯度にあたる地中海沿岸地域での生産**がさかんである。

④（◇）：ジャガイモ。南米アンデス地方を原産地とし，**冷涼な気候下や，やせ地でも栽培ができる。冷涼な気候で氷食（ひょうしょく）によるやせ地が広がるドイツ北部やポーランド**などが主産地である。

問 5 【西欧・東欧主要国における社会・産業の統計指標】 24

正解：④ 標準

必要な知識 西欧諸国・東欧諸国の人口動態／東欧諸国の産業／サービス経済化

西欧諸国・東欧諸国の人口動態の傾向と産業の概要だけでなく，個別の国についての知識も要する。

旧社会主義の東欧諸国では，20 世紀終わりごろの社会主義体制崩壊などの影響もあって**出生率も自然増加率も低く**なっており，**カ・キ**がチェコ，ポーランドのいずれかに該当する。チェコは，旧社会主義の東欧諸国の中では**機械工業などの重工業が発達**しており，**国内総生産に占める製造業の割合が高い**ため**カ**に該当し，ポーランドは**キ**に該当する。一方で，西欧諸国では，ドイツなどは**少子高齢化が進展し自然増加率が低く**なっているのにたいして，イギリスやフランスは**自然増加率が比較的高い**。また，ドイツは先進国水準においては**製造業がさかんで国内総生産に占める製造業の割合が高い**のにたいして，イギリスやフランスは脱工業化・サービス経済化がより進展しており，**製造業の割合が低く**なっている。よって，イギリスは**ク**に該当する。

問 6 【多言語国家の公用語】 25 **正解**：③ やや難 思

必要な知識 多言語国家の公用語（ベルギー，スイス） 研究❻（➡ p.111）参照

“数”を選択させるタイプの設問で，**共通テストの新形式**。

両国ともに多言語国家であり，複数の公用語が定められている。F（ベルギー）の公用語は 3 種類で，**ゲルマン語派**の言語は**オランダ語（フラマン語）とドイツ語の 2 種類**（サ），**ラテン語派**の言語は**フランス語（ワロン語）の 1 種類**（シ）である。また，G（スイス）の公用語は **4 種類**で，ゲルマン語派の言語は**ドイツ語の 1 種類**（シ），ラテン語派の言語はフランス語，イタリア語，**レートロマン語（ロマンシュ語）の 3 種類**（ス）である。

+α の知識 ●**ベルギー言語問題：北部のゲルマン語派のオランダ語系フラマン語**が使用される地域と，**南部のラテン語派のフランス語系ワロン語**が使用される地域で対立がみられたため，両言語が使用される首都地域を合わせて 3 地域での**連邦制**がとられるようになった。

研究 ❻　テスト：おもな国の公用語

問　公用語となっている言語名を答えよ。

〈東アジア〉

中国	中国語(北京語)〈標準語〉

〈東南アジア〉

シンガポール	1
	2
	3
	4
マレーシア	5
インドネシア	インドネシア語
フィリピン	6
	7
東ティモール	ポルトガル語
	テトゥン語

〈南アジア〉

インド	8
	英語（準公用語）
スリランカ	シンハリ語
	タミル語

〈西アジア〉

イラン	9
イスラエル	10
トルコ	トルコ語

〈アフリカ〉

リビア	11
コンゴ民主共和国	12
ケニア	英語
	13
タンザニア	英語
	14
アンゴラ	15
モザンビーク	16
南アフリカ共和国	アフリカーンス語
	17
	ズール語など

〈ヨーロッパ〉

ベルギー	オランダ語系 18
	フランス語系 19
	ドイツ語
スイス	20
	21
	22
	23
オーストリア	24

〈アングロアメリカ〉

カナダ	英語
	25
アメリカ合衆国	——

〈ラテンアメリカ〉

ブラジル	26
ジャマイカ	27
ハイチ	28
	ハイチ語
ボリビア	スペイン語
	先住民言語
ベネズエラ	スペイン語
	先住民言語

〈オセアニア〉

オーストラリア	29
ニュージーランド	30
	31
フィジー	英語
	フィジー語
	32

解　答

1・2・3・4 英語，中国語，マレー語，タミル語　5 マレー語　6・7 フィリピノ語，英語
8 ヒンディー語　9 ペルシャ語　10 ヘブライ語　11 アラビア語　12 フランス語　13 スワヒリ語
14 スワヒリ語　15 ポルトガル語　16 ポルトガル語　17 英語　18 フラマン語　19 ワロン語
20・21・22・23 ドイツ語，フランス語，イタリア語，ロマンシュ語（レートロマン語）
24 ドイツ語　25 フランス語　26 ポルトガル語　27 英語　28 フランス語　29 英語
30・31 英語，マオリ語　32 ヒンディー語

第5問　地域調査（北海道えりも町）

問1 【過疎地域における公共交通機関の課題】 26

正解：③ 標準 

必要な知識　主要交通機関（鉄道，自動車）の特徴／過疎化と少子高齢化／資料や文章を論理的に読み取るための思考力・判断力など

公共交通機関としての鉄道とバスの維持管理の費用についての比較考察力，所要時間についての資料の読み取り技能，地方圏における人口減少による過疎化と少子高齢化の進展についての一般知識という，計3つのアンサンブルクエスチョン。

a：正しい。鉄道は，線路をはじめとし，トンネル，橋梁（きょうりょう），高架橋，駅，信号施設の保守，車両の整備など，運営には多く人手が必要であり，その**維持・管理は原則として民間の事業者が行わなければならず，費用負担が大きい**。一方で，バスは道路を使用するため，その**維持・管理は民間の事業者が行なう必要はなく，車両の整備も鉄道ほど人手や費用がかからない**。もちろん，大都市圏のように公共交通機関の利用者が多ければ，一度に多くを輸送できる鉄道のほうが輸送効率はよいが，利用者が少なくなれば，**多額の費用を要する鉄道サービスの維持は困難**となり，**バス輸送へ転換すれば維持・管理の費用を抑制**することができるため，事業継続を行ないやすいといえる。

b：誤り。**時間距離**とは，2地点間の距離について長さで表現する絶対距離（物理的距離）ではなく，**所要時間によって表現した距離**のことをいう。かつての鉄道と路線バスを乗り継ぐ場合の所要時間は，図3にあるとおり，苫小牧（とまこまい）を8時3分に出発，えりもに12時9分に到着となっていることから4時間強である。一方で，現在の高速乗合バスを利用する場合の所要時間は，図2にあるとおり，苫小牧を14時に出発，えりもに17時50分に到着となっていることから4時間弱である。**所要時間はあまり変わっておらず，時間距離が大幅に短縮されたとは言いがたい**。

c：正しい。会話文中に公共交通機関の鉄道が廃止されたという内容があること，「オサミさんが考えたことがら」についての文章中に，北海道の人口密度が低い地域での公共交通機関の現状に触れられていること，また，図1・図2・図3より，県庁所在地の札幌市や，比較的規模の大きい都市である苫小牧市から遠く離れた地域であることが読み取れ，苫小牧市からえりも町に向かう地域は，**過疎化や少子高齢化が進展**していると考えられる。

北海道では，札幌市やその近郊の市以外のほとんどの市町村で人口が減少しており，今後も過疎化によって少子高齢化の進展は続くとみられる。苫小牧市とえりも町間に位置する日高振興局(ひだかしんこうきょく)管内では，すべての町で人口が減少し，生産年齢人口，とりわけ若年人口の減少が著しく出生率も低下しているため，**道内でも過疎化や少子高齢化が深刻な地域**といえる。

問２【日本の気候】 27 **正解**：④ やや難

必要な知識　気温の年較差／海洋性気候と大陸性気候／季節風（モンスーン）／風と降水の関係（地形性降雨）／日本の海流／霧の発生／海陸分布と風速 **研究④**参照（➡ p.67）

海陸分布，**季節風**，**海流**などから，北海道各地の気候の特徴をとらえることがポイント！

④：えりも町。図１からもわかるように，海洋に突き出た岬(みさき)および半島部にあたるため，気候は**海洋の影響を非常に強く受ける**。最暖月平均気温は17.5℃で最も低い一方，最寒月平均気温は－2.5℃で最も高く，気温の**年較差は最も小さい**。ほかの３地点と比べて最寒月平均気温が高いため，**２月の最深積雪も少ない**。周辺部の多くが海洋であるため風をさえぎる陸上の地形が少なく，**年平均風速も最も大きく**，**強風地帯**となっている。また，**夏季を中心に海霧(かいむ)が発生**しやすく，７月の**日照時間は最も短い**。これは，近海が**暖流の日本海流（黒潮）と寒流の千島(ちしま)海流（親潮）の合流点付近**にあたり，とくに気温が上昇する夏季に，暖流上で多くの水蒸気を含んだ大気が寒流上に流入して冷却されると，凝結（凝縮）して**霧が発生する**ためである。最暖月平均気温が低い要因のひとつにもなっている。

①：旭川(あさひかわ)市。**内陸部に位置**するため，最暖月平均気温は21.1℃で最も高く，最寒月平均気温は－7.5℃で最も低く，**気温の年較差は最も大きい**（**内陸性気候**）。

②：倶知安(くっちゃん)町。地形的に**日本海側に開けた場所に位置**し，背後の**内陸側に山岳地帯が分布**するため，**冬季に日本海から吹く湿った北西季節風（モンスーン）の山地風上側にあたり降水量が非常に多くなる**。やや内陸に入った場所にあって最寒月平均気温も比較的低いこともあり，**２月の最深積雪は最も多い**。

③：稚内(わっかない)市。えりも町と同様に，岬および半島部にあたるため，気候は**海洋の影響を強く受け**，**気温の年較差は比較的小さく**，**年平均風速も大きい**。高緯度に位置するため，最寒月平均気温はえりも町より低い。また，７月の日照時間は，海霧が発生しやすいえりも町より長い。

問3 【森林喪失による弊害と緑化事業】 28 **正解**：③ やや易

必要な知識 森林の機能／地形図・地理院地図の記号／地形図読図の技能

空欄補充形式の設問では，**空欄前後の文章を注意深く読んで内容を正確に把握**してから設問に取り組むこと。

空欄アには，**森林が失われたことによって**，**近海で海藻（かいそう）や魚介類が獲れにくくなった**要因が入る。森林には**土砂流出を防止する機能**があるため，**森林が失われ植生のない裸地（らち）になると**，**降雨と流水によって地表面が侵食（しんしょく）され**，**土砂が海に流出**する。襟裳岬（えりもみさき）周辺では，土砂が海に流れ込んで海水が濁ったため，沿岸海域では生態系が崩れ，コンブの品質低下や根腐れが生じたり，回遊魚が寄りつかなくなったりして，コンブ漁や漁獲に深刻な被害が生じた。一方，大気中の二酸化炭素濃度の上昇は，地球規模での気候変動に関係があるとされる事象で，日本の市町村規模での森林喪失はこれに影響を及ぼすものではない。また，近海での漁業不振の直接の要因にはならない。

空欄**イ**については，図4（1978年）と図5（2021年）とを比べた場合の植生の変化を地形図記号から読み取って答える。図4で荒地（ılı）の記号がみられた場所の多くが**笹地**（ᛏ）**や針葉樹林**（Λ）**などに変わっており**，**緑化事業が進展した**ことがわかる。

+αの知識 ●ハイマツ地の記号（↓）：高山地域において低木のマツの一種であるハイマツなどが密生しているところを表している。

問4 【旧地形図・地理院地図の読み取り】

29 ・ 30 **正解**：④・⑤ 標準

必要な知識 地形図・地理院地図の記号／地形図読図の技能

新・旧地形図と**地理院地図を比較**して，さまざまな地理的事象を読み取る設問は，センター試験時代から続く**定番の出題形式**。**地形図記号の知識は必須!!**

④：正しい。図6（1978年）からは，地方港（⚓）の北東部の陸上に**灯台**（☼）**が設置された小さな丘**があることが読み取れるが，図7（2021年）からは，灯台は東部の標高50m付近の高台に移設され，**小さな丘が削られて平坦化（へいたんか）**されていることが読み取れ，**地形の改変**が行なわれていると判定できる。また，かつての灯台の跡地には記念碑（⩍）が設置されている。

⑤：正しい。図6では，高等学校（⊗）は「新浜」付近にある2つの小中学校（文）のあいだに位置し，付近には**22.0mの水準点**（⊡）がみられるが，図7では，付近に43.9mの**水準点がみられる南東部の高台に移転**したことがわかる。

①：誤り。中心市街地である「本町」付近の街路網には**大きな変化はなく，大規模な再開発は行なわれていない**といえる。

②：誤り。**国道**（▬▬）**の経路は同じ**で，変更されていない。

③：誤り。両図ともに海岸部に沿って**隠顕岩**（いんけんがん）（⌣⌣⌣）**がみられるが，変化は読み取れない**。文中の岩礁群（がんしょうぐん）はこれにあたる。隠顕岩とは，満潮時には水面下に沈み，干潮時には水面上に現れる潮間帯（ちょうかんたい）にある岩をさす。

+αの知識　●新旧地形図の比較読み取り問題における位置の基準となる事物：**神社**（⛩），**寺院**（卍），**城跡**（凸），**温泉**（♨），**史跡・名勝・天然記念物**（∴）などは，一般的に場所が変化する可能性が低いため，2枚の地図を見比べるさいに**位置の目印**として利用することができる。

問5 【過去に発生した自然災害と防災設備】 31 正解：⑧ やや難

必要な知識　プレート境界と火山・地震活動／日本付近のプレート分布／海溝型地震と津波の発生 研究❼参照（➡ p.117）

日本付近のプレート分布とその移動をふまえてたうえで，海溝型地震が発生する場所や火山帯が形成される場所が理解できているかどうかが問われている。

襟裳岬は太平洋に面しており，沖合には，**海洋プレートの太平洋プレートが大陸プレートの北アメリカプレートの下へ沈み込む部分に当たる日本海溝や千島（ちしま）・カムチャツカ海溝が分布**している。このようなプレートの沈み込み帯では，大陸プレートの先端部が**海溝**へ引きずり込まれるが，そのひずみの蓄積が限界に達すると**反発力によって跳ね上がり，海溝型地震（プレート境界型地震）が発生**する。数十年から数百年程度の間隔で起こるといわれ，海底の地殻が変動するため**大きな津波をともなう**こともある。

一方で，プレートの沈み込み帯の大陸プレート側では，沈み込んだプレートが深さ100km程度に達するとその上面付近にマグマが生じ，これが上昇して火山噴火が起こって**火山帯**を形成する。襟裳岬とその周辺地域は，そのような火山活動がみられる火山帯からは離れている。北海道では，中部や南西部は**東日本火山帯**にあたるが，襟裳岬とその周辺地域は**プレートの沈み込み帯と火山帯のあいだの火山空白地帯にあたり，長期間にわたって火山活動はみられない**。よって，この自然災害伝承碑の記載内容は，**地震活動にともなう津波による災害**と考えられる。

また，カ～ケのうち，津波による災害と最も関連が深い設備としては，ケの地盤の海抜高度を記載した表示板が適当である。津波が発生したさいには，より高いところへ迅速に避難することが重要であるが，**自宅周辺や日常の活動範囲の場所の海抜高度を知っておく**ことが，いざという場合に役立つことをふまえて，自治体が街中の目につきやすい場所に設置したものである。津波災害への警戒と防災意識を高めることを目的とした設備である。

なお，**カ**は，コンブの干場で，水揚げしたコンブを天日と砂利のあいだを通り抜ける空気によって乾燥させる場所である。**キ**は，ハードルフェンスとよばれる木製の柵で，植林した苗木を強風から保護するためのものである。**ク**では民家の入り口（玄関）に二重の扉が設置されているが，外側の囲いの内側は風除室とよばれるスペースで，雪や風などが直接屋内に侵入することを防ぐ役割をもち，寒冷地域などの住宅にみられる。

+αの知識　●自然災害伝承碑：過去に発生した大規模な自然災害の状況や教訓などを記した石碑やモニュメントで，国土地理院が2019年に記号（⛉）を定めて，地理院地図や2万5千分の1地形図への掲載を進めている。地理院地図では，災害種別や伝承内容などの情報を閲覧することができる。

問６【離水海岸の地理院地図での読み取りとその成因】 32

正解：⑤　標準

必要な知識　離水海岸／海岸段丘／地形図・地理院地図の記号／地形図読図の技能

地理院地図・地形図からの地形形状の読み取り技能とあわせて，海岸段丘や侵食谷の形状とその形成過程の理解が問われている。

図4・図5・図8からも読み取れるように，襟裳岬付近の地形は**海岸段丘**（**海成段丘**）となっている。海岸段丘は，海岸線に沿って急傾斜地と平坦地が並行して階段状に配列する地形で，急傾斜地部分を**段丘崖**，平坦地部分を**段丘面**という。**陸地の隆起または海水面の低下によって形成される離水海岸**のひとつである。

サ：r。海岸段丘の**段丘面**にあたり，海中にあった海底堆積面が**波浪による侵食作用**などを受けて平坦化してできた**海食台**が，離水し陸化したものと考えられる。

シ：p。図5より，地点pでがけ（ㅛㅛㅛ）を横切っていることが読み取れる。海岸段丘の**段丘崖**にあたり，**波浪による侵食作用や岩石の崩壊**などで海岸部にできた**海食崖**が，離水し陸化したものと考えられる。

ス：q。図4・図5より，地点q付近にある等高線の形状（標高の高い西側へ向かって等高線が凸となっている）から，小さな谷があることが読み取れる。離水し陸化したのち，地表を流れる**流水による侵食作用**などを受けて形成された侵食谷であると考えられる。

研究 ❼　プレートの狭まる境界付近の火山帯・地震帯

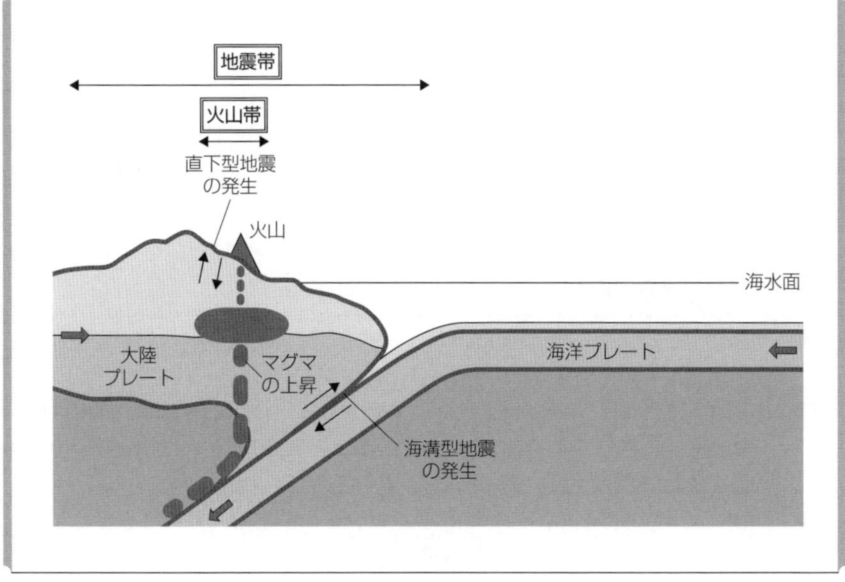

学力分析得点化シート

「2021年共通テスト・第1日程」「予想問題・第1回」「予想問題・第2回」，「予想問題・第3回」の結果から現状の自分の弱点を把握し，強化すべき「**学力セクション**」を明確にしたうえで，今後の学習に効果的に役立ててください。下記の**5つの学力セクション**（**知識**・**応用**・**技術**・**地図**・**読解**）」，および「**実質実力得点**」「**共通テスト対応力**」は，以下の「**学力分析得点化シート**」で点数化することができます。

「共通テスト地理B」で必要とされる5つの学力セクション

❶ **知識：**共通テスト形式の設問を解くために必要となる絶対的な知識量を，どれだけ習得しているかという能力

❷ **応用：**設問を解くために必要とする知識を的確に使用できる能力，複数の知識を組み合せて使用できる能力，知識と設問で付与された情報を組み合せて使用できる能力など，論理的な思考能力

❸ **技術：**統計，資料，グラフ，地形図などから設問を解くために必要となる情報を，限られた時間内に読み取る能力

❹ **地図：**知識を地図上での位置で把握できている能力

❺ **読解：**設問文をはじめ，付与された資料の文章，選択肢の文章を正しく読み取り，問われていることを正しく理解したうえで解答できる能力

その他の指標

❻ **実質実力得点：**素点よりも精緻（せいち）な，共通テストに対する総合的な学力を示す得点

❼ **共通テスト対応力：**共通テスト特有の特徴的な出題に対応できる能力

❽ **ヤバイ選択肢解答率：**ウイークポイントとなっている学習項目の多寡についての目安

「学力分析得点化シート」の使い方

⑴ 「**自分の解答**」欄に解答した番号を記入する

⑵ 「**正誤**」欄に○（正解）・×（誤答）を記入する

⑶ ○（正解）した解答番号の「**学力セクション別配点**（知識・応用・技術・地図・読解）」，および「**実質実力得点**」「**共通テスト対応力**」の点数をそれぞれ合計して，「**合計得点**」欄に記入する

⑷ 「合計得点」欄には，それぞれ満点となる点数が示されているので，

自分の得点から「学力セクション別配点（知識・応用・技術・地図・読解）」，および「実質実力得点」「共通テスト対応力」の「**得点率**」を算出する

＊それぞれの得点率（❶～❼）を素点の得点率（❾）と比較することで，各能力の高低を測ることができます。「学力セクション」「実質実力得点」，「共通テスト対応力」それぞれについて，得点率の差（❶－❾，❷－❾，❸－❾，❹－❾，❺－❾，❻－❾，❼－❾）を算出すれば，＋の絶対値が高いほどその能力が高く，－の絶対値が高いほどその能力が低いことがわかります。

＊なお，「☠ **ヤバイ選択肢**」欄の選択肢を選んで誤答となっている場合は，その設問に関連する事項について正しく理解できていないと推定されるので，基礎から学習し直すことが必要です。「☠ **ヤバイ選択肢**」解答率（❽）が低いほど，ウィークポイントが少なく得点が安定する傾向にあるといえます。

合計得点の集計

	得点（素点）	☠ ヤバイ選択肢	学力セクション別配点（点）					実質実力得点	共通テスト対応力
			知識	応用	技術	地図	読解		
2021年 共通テスト 第1日程	/100	/32	/69	/99	/120	/71	/74	/433	/88
予想問題 第1回	/100	/32	/89	/89	/96	/75	/67	/416	/81
予想問題 第2回	/100	/32	/99	/72	/87	/79	/63	/400	/63
予想問題 第3回	/100	/32	/106	/80	/108	/61	/65	/420	/69
4回分の合計得点	/400	/128	/363	/340	/411	/286	/269	/1669	/301
	⬇	⬇	⬇	⬇	⬇	⬇	⬇	⬇	⬇
4回分の得点率	❾ %	❽ %	❶ %	❷ %	❸ %	❹ %	❺ %	❻ %	❼ %
素点の得点率との比較			❶－❾ %	❷－❾ %	❸－❾ %	❹－❾ %	❺－❾ %	❻－❾ %	❼－❾ %

2021年共通テスト・第1日程

解答番号	正解	自分の解答	正誤○・×	配点（点）	☠ヤバイ選択肢	出題分野（系統地理分野での分類）	設問形式	学力セクション別配点（点）					実質実力得点	共通テスト対応力
								知識	応用	技術	地図	読解		
1	1			3	3	気候環境	位置組合せ	3	6	5	2	2	18	5
2	2			4	3	気候環境	語句組合せ	3	6	5	4	3	21	6
3	1			3	8	気候環境／植生・土壌	文章組合せ	1	5	2	0	5	13	6
4	3			2	1	地形環境	数値選択	3	1	1	5	4	14	2
5	3			2	2	地形環境／気候環境	数値選択	2	5	4	2	4	17	4
6	2			3	3	気候環境／植生・土壌	文章正誤組合せ	3	2	3	0	3	11	3
7	5			3	2	気候環境	図・文章組合せ	1	4	4	0	4	13	5
8	5			3	4	農牧業	統計・文章組合せ	3	4	4	1	2	14	2
9	3			3	2	林業・水産業	項目グラフ組合せ	4	3	4	2	1	14	2
10	4			3	3	工　業	項目選択	1	3	5	0	4	13	5
11	3			4	6	工　業	文章・統計組合せ	2	6	5	2	3	18	5
12	3			3	6	経済／工業	項目・統計組合せ	3	2	3	1	1	10	1
13	6			4	1	商業・サービス業	項目・統計組合せ	2	4	4	0	1	11	1
14	3			3	4	地形環境／気候環境／人口	図選択	2	2	4	6	1	15	2
15	2			3	3	人　口	項目グラフ組合せ	3	4	4	1	1	13	2
16	1			4	4	国家／人口	文章正誤	3	1	4	5	2	15	1
17	3			4	6	人口／都市・村落	位置・統計組合せ	3	5	4	1	1	14	2
18	2			3	6	人　口	文章・統計組合せ	1	2	3	0	2	8	1
19	3			3	2	交通・通信	文下線正誤組合せ	1	1	4	0	3	9	3

解答番号	正解	自分の解答	正誤 ○・×	配点 (点)	☠ ヤバイ 選択肢	出題分野 (系統地理分野での分類)	設問形式	学力セクション別配点(点)					実質実力得点	共通テスト対応力
								知識	応用	技術	地図	読解		
20	2			2	4	人口/工業	位置選択	3	2	2	4	1	12	2
21	1			2	4	人口/工業	文章正誤	3	2	1	4	2	12	3
22	5			3	4	農牧業/工業/都市・村落	項目・統計組合せ	3	5	4	5	1	18	1
23	1			3	4	気候環境/農牧業	グラフ統計組合せ	3	2	4	5	2	16	3
24	1			3	4	民族・宗教/工業	グラフ選択	3	4	5	5	1	18	2
25	2			4	3	民族・宗教/都市	統計組合せ	2	4	5	5	1	17	2
26	4			3	1	工　業	語句組合せ	2	3	3	4	4	16	3
27	3			3	1	人　口	文章正誤	0	1	6	0	3	10	3
28	2			3	1	地形図読図/都市・村落	文章正誤	2	1	4	0	2	9	1
29	2			3	4	地形環境	写真選択	0	1	6	0	1	8	2
30	6			4	3	気候環境/工業	語句組合せ	2	2	1	4	3	12	3
31	4			4	3	人口/商業・サービス業	文章正誤	1	3	2	1	4	11	3
32	1			3	4	商業・サービス業	項目・文章組合せ	1	3	5	2	2	13	2
			得点 (素点)	/100	/32		合計得点	/69	/99	/120	/71	/74	/433	/88
			得点率	❾ %	❽ %		得点率	❶ %	❷ %	❸ %	❹ %	❺ %	❻ %	❼ %
								＊1 %	＊2 %	＊3 %	＊4 %	＊5 %	＊6 %	＊7 %

＊1：❶－❾　＊2：❷－❾　＊3：❸－❾　＊4：❹－❾　＊5：❺－❾
＊6：❻－❾　＊7：❼－❾

予想問題・第１回

解答番号	正解	自分の解答	正誤○・×	配点（点）	☠ヤバイ選択肢	出題分野（系統地理分野での分類）	設問形式	学力セクション別配点（点）					実質実力得点	共通テスト対応力
								知識	応用	技術	地図	読解		
1	1			3	3	地形環境	文章正誤	2	0	1	5	2	10	1
2	2			3	3	地形環境	文章・位置組合せ	3	2	1	6	2	14	1
3	1			3	4	気候環境	数値選択	3	5	5	5	1	19	3
4	3			3	1	気候環境	グラフ選択	3	4	4	4	1	16	1
5	6			4	2	気候環境／植生・土壌	文章組合せ	3	3	1	5	3	15	4
6	2			4	7	地形環境／気候環境	文下線正誤組合せ	4	1	2	0	3	10	3
7	4			4	5	農牧業	文下線正誤組合せ	2	2	5	1	2	12	4
8	1			3	4	農牧業／生活文化／工業	統計・項目組合せ	2	5	4	5	1	17	1
9	4			3	1	農牧業	統計選択	3	4	3	3	1	14	1
10	2			3	3	林業・水産業／気候環境	統計選択	2	4	3	4	1	14	1
11	3			4	5	林業・水産業	統計・文章組合せ	3	4	3	2	2	14	2
12	1			3	5	農牧業／宗教	項目選択	1	6	1	0	2	10	6
13	4			3	2	人口／気候環境	文章正誤	3	2	5	4	2	16	4
14	3			3	1	人　口	統計選択	3	3	3	1	1	11	1
15	3			4	2	人　口	項目組合せ	3	2	1	0	3	9	3
16	5			3	1	都市・村落／地形環境	項目選択	3	3	1	0	1	8	1
17	2			3	6	人口／都市・村落	統計・項目組合せ	3	6	4	3	1	17	2
18	1			4	4	人口／都市・村落	文章組合せ	2	4	4	0	5	15	5

解答番号	正解	自分の解答	正誤○・×	配点（点）	☠ヤバイ選択肢	出題分野（系統地理分野での分類）	設問形式	学力セクション別配点（点）					実質実力得点	共通テスト対応力
								知識	応用	技術	地図	読解		
19	3			3	1	地形環境／気候環境／環境問題	文章正誤	3	5	1	5	2	16	1
20	3			4	2	農牧業／鉱業	統計選択	3	1	3	5	1	13	1
21	4			3	3	国　家	項目選択	4	0	0	0	1	5	1
22	2			4	3	民族・宗教／国家	文章正誤	4	1	1	5	2	13	1
23	1			3	2	工業／商業・サービス業／国家	文章正誤	4	0	1	4	2	11	1
24	1			3	3	国家／人口／経済／貿易	統計選択	3	3	3	1	1	11	1
25	7			3	3	地形図／地形環境／気候環境	位置・文章組合せ	1	5	6	1	6	19	6
26	3			2	1	気候環境	文章下線部正誤	3	2	4	3	4	16	3
27	5			2	2	気候環境	文章下線部正誤	3	2	4	3	4	16	3
28	4			3	5	地形図読図／商業・サービス業	文下線正誤組合せ	4	1	5	0	3	13	2
29	2・4			2	1・3	地形環境／気候環境	項目選択	2	1	5	0	1	9	5
30	1・3			2	2・4	地形環境／気候環境	項目選択	2	1	5	0	1	9	5
31	3			3	1	林業・水産業	文章下線部正誤	1	4	5	0	3	13	5
32	1			3	2	地図表現	図選択	4	3	2	0	2	11	2

26・27は解答の順序を問わない。
29・30は過不足なく完答。

	配点	ヤバイ選択肢
得点（素点）	/100	/32
得点率	❾　%	❽　%

	知識	応用	技術	地図	読解	実質実力得点	共通テスト対応力
合計得点	/89	/89	/96	/75	/67	/416	/81
得点率	❶　%	❷　%	❸　%	❹　%	❺　%	❻　%	❼　%
	＊1　%	＊2　%	＊3　%	＊4　%	＊5　%	＊6　%	＊7　%

＊1：❶－❾　＊2：❷－❾　＊3：❸－❾　＊4：❹－❾　＊5：❺－❾
＊6：❻－❾　＊7：❼－❾

予想問題・第2回

解答番号	正解	自分の解答	正誤 ○・×	配点（点）	☠ ヤバイ選択肢	出題分野（系統地理分野での分類）	設問形式	学力セクション別配点（点）					実質実力得点	共通テスト対応力
								知識	応用	技術	地図	読解		
1	4			3	1	地形環境	文章正誤	3	1	1	5	2	12	1
2	4			4	2	地形環境	文章・位置組合せ	4	2	1	5	2	14	2
3	3			4	6	気候環境	文下線正誤組合せ	3	4	3	5	3	18	4
4	1			3	3	気候環境	文章選択	3	2	1	5	2	13	3
5	6			3	8	気候環境	文章選択	3	2	1	5	2	13	3
6	2			3	3	気候環境／植生・土壌	語句・項目組合せ	4	2	1	3	3	13	2
7	3			4	9	鉱　業	文章組合せ	4	4	6	0	4	18	5
8	1			3	4	鉱業／人口／経済	統計選択	3	4	3	1	1	12	1
9	6			3	2	鉱　業	文章・位置組合せ	3	1	3	5	2	14	1
10	1			3	4	工　業	文下線正誤組合せ	2	3	1	0	2	8	2
11	4			3	2	工業／国家／経済	文章正誤	3	4	1	1	2	11	1
12	2			4	1	商業・サービス業／気候環境	文章正誤	1	4	6	5	4	20	4
13	3			3	4	環境問題	文章正誤	3	3	1	4	2	13	1
14	1			3	4	交通・通信／地形環境	文章正誤	3	2	1	2	2	10	1
15	4			4	5	民族・宗教	位置・項目組合せ	3	3	2	5	1	14	1
16	4			4	3	貿易／人口	統計選択	2	4	4	1	1	12	1
17	3			3	1	国家／経済	統計選択	2	3	3	4	1	13	1
18	2			3	1	人口／経済	統計選択	4	3	4	0	1	12	1

解答番号	正解	自分の解答	正誤 ○・×	配点（点）	☠ ヤバイ選択肢	出題分野（系統地理分野での分類）	設問形式	学力セクション別配点（点） 知識	応用	技術	地図	読解	実質実力得点	共通テスト対応力
19	3			3	1	地形環境	文章正誤	4	1	1	4	2	12	1
20	1			3	4	気候環境	グラフ位置組合せ	3	3	4	5	1	16	1
21	2			4	6	鉱　業	項目・位置組合せ	3	1	4	5	1	14	2
22	1			3	5	農牧業	文章・位置組合せ	3	2	1	5	2	13	1
23	3			4	2	民族・宗教	文章正誤	5	1	1	1	2	10	1
24	2			3	1	貿易	項目組合せ	3	2	3	1	1	10	2
25	1			3	4	地形図読図／地図表現	語句・項目組合せ	4	3	2	0	4	13	4
26	6			2	5	鉱　業	項目選択	3	2	3	1	2	11	4
27	5			2	6	人口／都市・村落	項目選択	3	2	3	1	2	11	4
28	3			2	2	地形図読図	文章下線部正誤	3	1	5	0	2	11	1
29	6			2	4	地形図読図	文章下線部正誤	3	1	5	0	2	11	1
30	6			3	2	地形図読図	写真・位置組合せ	1	1	5	0	1	8	1
31	1			3	8	農牧業／貿易	文下線正誤組合せ	6	1	1	0	3	11	2
32	1			3	4	地形図読図	図選択	2	0	6	0	1	9	3
			得点（素点）	/100	/32		合計得点	/99	/72	/87	/79	/63	/400	/63
			得点率	❾ %	❽ %		得点率	❶ %	❷ %	❸ %	❹ %	❺ %	❻ %	❼ %
								＊1 %	＊2 %	＊3 %	＊4 %	＊5 %	＊6 %	＊7 %

28・29は解答の順序を問わない。

＊1：❶−❾　＊2：❷−❾　＊3：❸−❾　＊4：❹−❾　＊5：❺−❾
＊6：❻−❾　＊7：❼−❾

予想問題・第3回

解答番号	正解	自分の解答	正誤 ○・×	配点 （点）	☠ ヤバイ 選択肢	出題分野 （系統地理分野での分類）	設問形式	学力セクション別配点（点）					実質実力得点	共通テスト対応力
								知識	応用	技術	地図	読解		
1	5			3	4	地形環境	語句正誤組合せ	4	1	1	3	2	11	2
2	4			3	1	地形環境	文章正誤	4	1	3	1	2	11	2
3	1			4	8	気候環境	文下線正誤組合せ	3	4	3	4	3	17	4
4	6			3	1	気候環境	位置組合せ	3	2	2	1	1	9	1
5	4			4	1	地形環境／気候環境	語句・位置組合せ	4	2	1	4	4	15	5
6	3			3	2	人口／経済	統計選択	2	4	4	1	1	12	1
7	1			3	4	経　済	グラフ項目組合せ	3	4	5	0	1	13	2
8	2			4	4	農牧業	文章正誤	2	4	6	0	3	15	5
9	5			3	4	鉱　業	統計・文章組合せ	4	3	4	0	2	13	2
10	4			2	1	工　業	位置選択	3	5	6	0	5	19	6
11	5			2	4	工　業	位置選択	3	5	6	0	5	19	6
12	4			3	5	商業・サービス業	統計・文章組合せ	1	2	5	0	2	10	1
13	6			3	2	商業・サービス業／工業／人口	項目・統計組合せ	2	3	4	1	1	11	1
14	3			3	2	都市・村落／民族・宗教／工業	文章・位置組合せ	4	1	1	5	2	13	1
15	5			4	2	人口／都市・村落	項目グラフ組合せ	3	4	4	1	1	13	2
16	2			3	4	人口／都市・村落	統計選択	3	3	4	1	1	12	1
17	5			3	4	生活文化	文下線正誤組合せ	5	2	1	3	2	13	2
18	4			3	3	生活文化／農牧業／民族・宗教	統計選択	3	4	4	3	1	15	1
19	7			4	2	生活文化／気候環境	文章組合せ	4	2	2	4	2	14	2

解答番号	正解	自分の解答	正誤 ○・×	配点 (点)	☠ ヤバイ選択肢	出題分野 (系統地理分野での分類)	設問形式	学力セクション別配点(点)					実質実力得点	共通テスト対応力
								知識	応用	技術	地図	読解		
20	4			4	2	国　家	図選択	5	0	4	6	1	16	1
21	4			3	1	地形環境	文章選択	4	1	1	5	2	13	1
22	5			3	4	気候環境	グラフ選択	2	4	3	3	1	13	1
23	1			4	3	農牧業／気候環境	位置選択	4	2	4	3	1	14	1
24	4			3	5	人口／工業／経済	統計・項目組合せ	4	1	3	0	1	9	1
25	3			3	2	民族・宗教	数値組合せ	5	1	1	4	2	13	3
26	3			4	6	交通・通信／人口	文下線正誤組合せ	2	3	4	0	4	13	4
27	4			3	2	気候環境	統計選択	3	4	4	4	1	16	1
28	3			3	2	植生・土壌／地形図読図	語句組合せ	3	2	3	0	3	11	3
29	4			2	1	地形図読図	文章正誤	3	1	5	0	2	11	1
30	5			2	2	地形図読図	文章正誤	3	1	5	0	2	11	1
31	8			3	1	地形環境	項目・写真組合せ	3	3	2	4	2	14	2
32	5			3	4	地形環境／地形図読図	文章・位置組合せ	5	1	3	0	2	11	2
29・30は解答の順序を問わない。			得点 (素点)	/100	/32		合計得点	/106	/80	/108	/61	/65	/420	/69
			得点率	❾ %	❽ %		得点率	❶ %	❷ %	❸ %	❹ %	❺ %	❻ %	❼ %
								＊1 %	＊2 %	＊3 %	＊4 %	＊5 %	＊6 %	＊7 %

＊1:❶-❾　＊2:❷-❾　＊3:❸-❾　＊4:❹-❾　＊5:❺-❾
＊6:❻-❾　＊7:❼-❾

高松　和也（たかまつ　かずや）
河合塾地理科講師。19歳で初めて教壇に立つ。最初の講義は，4名の中学生を相手とした，理科の「化学変化とイオン」。その後，研伸館予備校，代々木ゼミナールなどを歴任し，現在は河合塾を中心に複数の予備校・塾で講座を担当するほか，模擬試験の作成から「赤本」の執筆まで幅広い領域で活躍。センター試験・共通テストをはじめ，東大・京大などの2次試験，難関私立大試験対策講座などでこれまで延べ1万人以上を指導。
講義は，視覚的表現を重視した板書とプロジェクターによる映像を融合させたスタイルであり，受験生から好評。入試前日まで「夢」を見せ，入試本番で「現実」に直面させるような指導には批判的で，受験生に対して本音で接し「現実」を客観的に伝えることをモットーにしている。先着申し込み順の夏期講習や冬期講習は各校舎で定員締切となる。昭和時代の「予備校文化」の継承者を自認し，現在，大人数での講義ができる数少ない人材。
また，周囲には鉄道ファンとしても知られ，1人で旅行する際には鉄道を中心に公共交通機関のみを利用し，国内全47都道府県，海外約20か国を見てきた。

改訂版　大学入学共通テスト
地理B予想問題集

2021年12月17日　初版発行

著者／高松　和也

発行者／青柳　昌行

発行／株式会社KADOKAWA
〒102-8177　東京都千代田区富士見2-13-3
電話　0570-002-301（ナビダイヤル）

印刷所／株式会社加藤文明社印刷所

●お問い合わせ
https://www.kadokawa.co.jp/（「お問い合わせ」へお進みください）
※内容によっては、お答えできない場合があります。
※サポートは日本国内のみとさせていただきます。
※Japanese text only

定価はカバーに表示してあります。

ISBN 978-4-04-605192-9　C7025

改訂版

大学入学共通テスト

地理B

予想問題集

別冊

問題編

この別冊は本体に糊付けされています。
別冊を外す際の背表紙の剥離等については交換いたしかねますので、本体を開いた状態でゆっくり丁寧に取り外してください。

改訂版　大学入学共通テスト
地理B予想問題集　別冊もくじ

別　冊

問題編

本　冊

分析編

解答・解説編

写真提供：ユニフォトプレス
図版作成：熊アート

2021年1月実施

共通テスト・第1日程

100点／60分

第1問　世界の自然環境に関する次の問い(**A**・**B**)に答えよ。(配点 20)

A　地理の授業で世界の気候と自然災害について学んだコハルさんのクラスは，気候の成り立ちやその変動の影響について各班で探究することにした。世界の気候と自然災害に関する次の問い(問1～3)に答えよ。

問1　各地の雨温図の特徴に影響を与える気候因子を確認するために，コハルさんの班は，仮想的な大陸と等高線および地点**ア**～**カ**が描かれた次の資料1を先生から渡された。これらの地点から2地点を選択して雨温図を比較するとき，海からの距離による影響の違いが強く現れ，それ以外の気候因子の影響ができるだけ現れない組合せとして最も適当なものを，下の①～④のうちから一つ選べ。 1

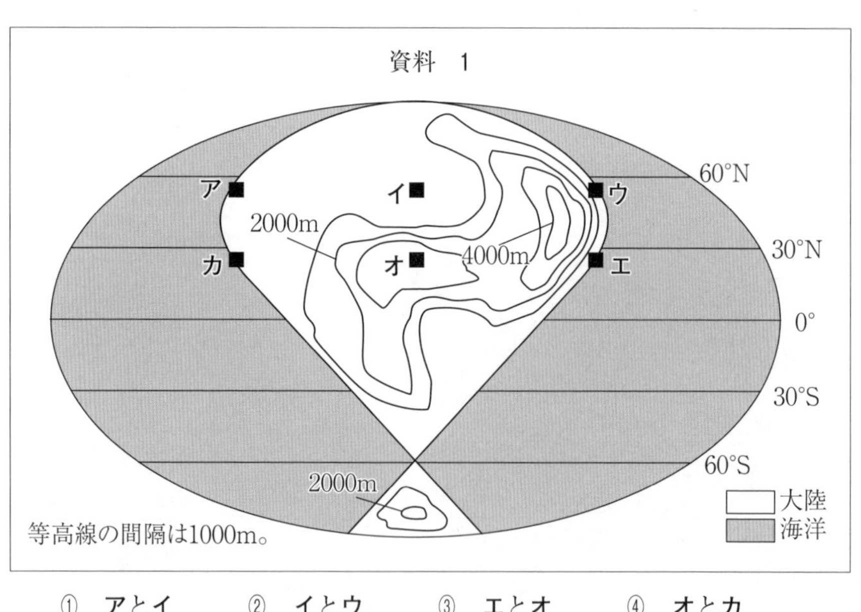

①　**ア**と**イ**　　②　**イ**と**ウ**　　③　**エ**と**オ**　　④　**オ**と**カ**

問2　次に，コハルさんの班は，ある地点DとEの二つの雨温図が描かれた次の資料2を先生から渡されて，雨温図に示された気候の特徴とその原因となる大気大循環について話し合った。下の会話文中の空欄サとシに当てはまる語の正しい組合せを，下の①～④のうちから一つ選べ。 **2**

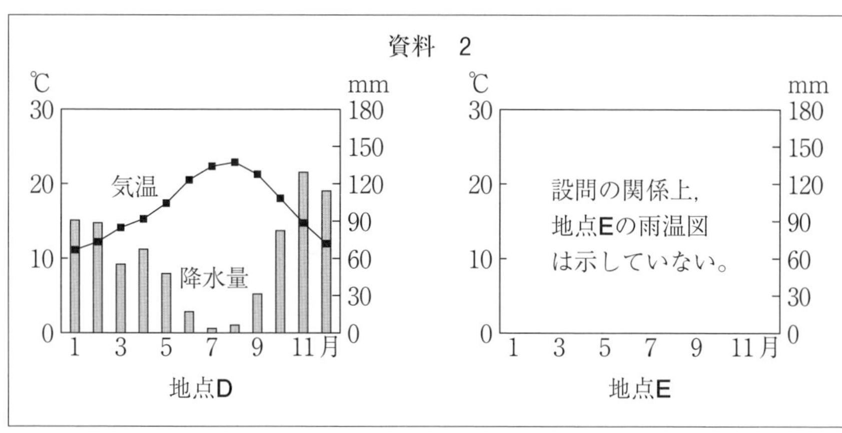

気象庁の資料により作成。

コハル　「地図帳で調べてみると，地点DとEはどちらも沿岸にあり，地点Eは地点Dからほぼ真南に約800km離れているようだね」

イズミ　「最暖月や最多雨月は，それぞれ両地点で現れる時期がほぼ同じだね」

ミツハ　「地点DとEが位置する緯度帯では，降水量が多い時期の雨は，主に（　サ　）という気圧帯の影響を強く受けていることを授業で習ったよ」

コ　ウ　「月降水量30mm以上の月が続く期間に注目すると，地点Eの方が地点Dよりも（　シ　）のは，この気圧帯の移動を反映していると考えられるね」

	①	②	③	④
サ	亜寒帯低圧帯 （高緯度低圧帯）	亜寒帯低圧帯 （高緯度低圧帯）	熱帯収束帯 （赤道低圧帯）	熱帯収束帯 （赤道低圧帯）
シ	長い	短い	長い	短い

問3　コハルさんたちはまとめとして，気候変動などに関連した世界各地の自然災害の原因について，各班で調べてカードに書き出した。次の**a**～**d**は，タカシさんの班とコハルさんの班のカードであり，次ページの会話文は，その内容について意見交換したときのものである。会話文中の空欄**タ**には**a**と**b**のいずれか，空欄**チ**には**c**と**d**のいずれか，空欄**ツ**には次ページの文**G**と**H**のいずれかが当てはまる。空欄**タ**と**チ**のそれぞれに当てはまるカードと，空欄**ツ**に当てはまる文との組合せとして最も適当なものを，次ページの①～⑧のうちから一つ選べ。 3

カード

【タカシさんの班が調べた災害】　タイで雨季に起こった大洪水

a	b
河川上流域での森林減少による水源涵養(かんよう)機能の喪失(そうしつ)	低緯度地域で発生した熱帯低気圧の襲来

【コハルさんの班が調べた災害】東アフリカで飢餓(きが)をもたらした大干ばつ

c	d
貯水・給水施設の不足や内戦に伴う農地の荒廃	ラニーニャ現象を一因とした大気の循環の変化

タカシ　「自然災害には複数の原因があり，“災害のきっかけ”と“災害に対する弱さ”に分けられそうだよ」

コハル　「なるほど。そうすると，“災害に対する弱さ”に対応するのは，タイの洪水についてはカード(　**タ**　)，東アフリカの大干ばつについてはカード(　**チ**　)だね」

タカシ　「被害を軽減するためには，“災害に対する弱さ”への対策を講じるとともに，“災害のきっかけ”が起こる状況を事前に知っておく必要がありそうだね」

コハル　「タイの洪水については，例えば，タイの雨季に降水量が多かった事例と(　**ツ**　)事例とで周辺の気圧配置や気流などを比較すると，タイでの“災害のきっかけ”を考えるヒントが得られそうだよ」

(　ツ　)に当てはまる文

G　雨季に降水量が少なかった

H　乾季に降水量が多かった

	①	②	③	④	⑤	⑥	⑦	⑧
タ	a	a	a	a	b	b	b	b
チ	c	c	d	d	c	c	d	d
ツ	G	H	G	H	G	H	G	H

B　地理の授業で，世界の代表的な山を教材に取りあげて，世界の自然環境やその変化を考えることにした。次の図１と下の図２を見て，下の問い（問４～６）に答えよ。

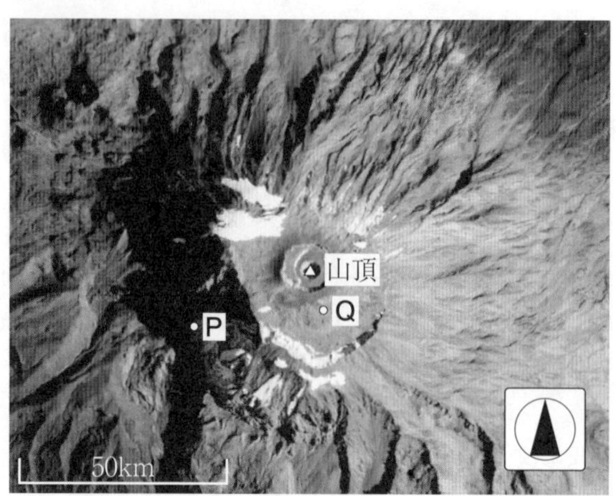

Google Earth により作成。

図　1

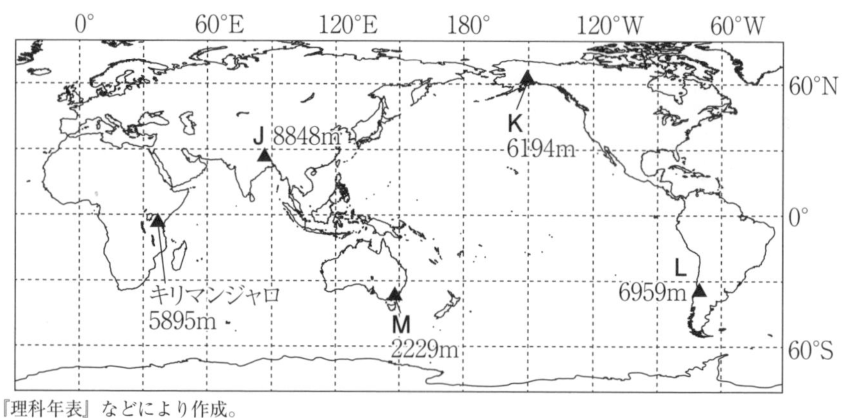

『理科年表』などにより作成。

図　2

問4　次の先生と生徒たちの会話文中の空欄**マ**と**ミ**に当てはまる正しい数字を，下の①～④のうちから一つずつ選べ。ただし，同じものを繰り返し選んでもよい。**マ** [4]・**ミ** [5]

先　生「学校の休みを利用して，図1に示したアフリカ大陸最高峰のキリマンジャロに登ってきました。キリマンジャロは，標高が5895mで，山頂付近には小規模な氷河がある火山です。図2はキリマンジャロと，ユーラシア，北アメリカ，南アメリカ，オーストラリアの各大陸における最高峰の山**J**～**M**の位置と標高を示しています。図1や図2からどのようなことが考えられるでしょうか」

アズサ「現在の変動帯に位置している山は，山**J**～**M**の中で(　**マ**　)つあります」

チヒロ「氷河が分布している山は，山**J**～**M**の中で(　**ミ**　)つあります」

先　生「なるほど。みなさん様々な視点から山をとらえることができていますね」

①　1　　②　2　　③　3　　④　4

問5　次の写真1は，図1中の地点PとQで先生が登山中に撮影したものであり，下の生徒たちの発言ヤとユは，写真1を見て両地点の自然環境を比較したものである。生徒たちの発言ヤとユの内容について**誤りを含むものをすべて**選び，その組合せとして正しいものを，下の①～④のうちから一つ選べ。
6

地点　P

地点　Q

写真　1

生徒たちの発言

ヤ「森林の有無は降水量のみで決まるので，地点Pの方が地点Qに比べて降水量が多いと考えられます」

ユ「標高が高くなるにつれて気温は下がるので，地点Pは地点Qよりも気温が高いと考えられます」

① ヤとユ
② ヤ
③ ユ
④ 誤りを含むものはない

問6　生徒たちは，世界の山岳氷河の中に，急激に縮小しているものがあることを教わった。そこで，氷河の縮小に伴って，氷河に覆われた流域から流出する水の構成要素やその変化，それが生活に与える影響を調べ，次の資料3に模式図としてまとめた。資料3中の空欄ラには下の図3中の f ～ h のいずれか，空欄リには下の文XとYのいずれかが当てはまる。空欄ラとリに当てはまる図と文との組合せとして最も適当なものを，下の①～⑥のうちから一つ選べ。 7

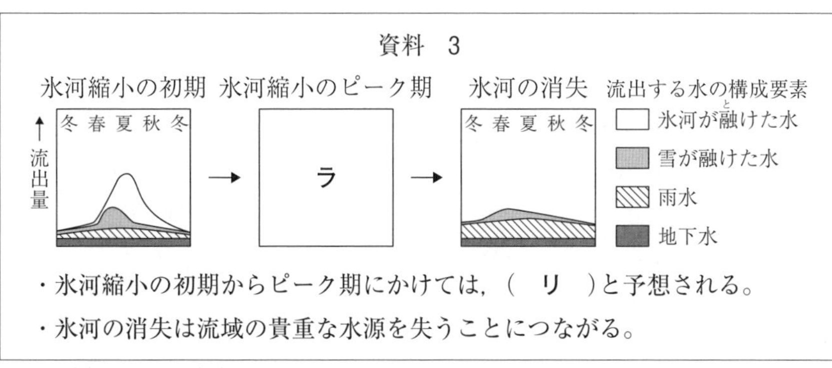

IPCC の資料などにより作成。

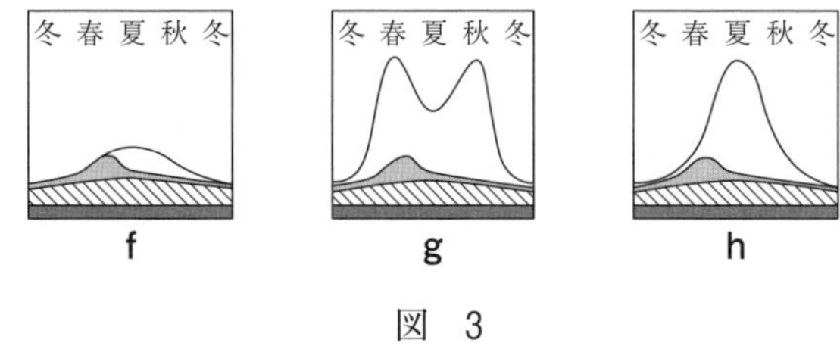

図　3

X　発電や農業などに利用できる水の量が一時的に増える

Y　氷河が融けた水によって発生する洪水の頻度が減少する

	①	②	③	④	⑤	⑥
ラ	f	f	g	g	h	h
リ	X	Y	X	Y	X	Y

第2問　産業に関する次の問い(問1～6)に答えよ。(配点 20)

問1　次の表1は，小麦の主要輸出国について，小麦の生産量，小麦の1ha当たり収量，国土面積に占める耕地の割合を示したものであり，**A**～**C**は，アメリカ合衆国，フランス，ロシアのいずれかである。また，下の文**ア**～**ウ**は，表1中の**A**～**C**のいずれかにおける小麦生産の特徴と背景について述べたものである。**A**～**C**と**ア**～**ウ**との組合せとして最も適当なものを，下の①～⑥のうちから一つ選べ。 8

表　1

	小麦の生産量 (百万トン)		小麦の1ha 当たり収量 (トン)	国土面積に 占める耕地 の割合(%)
	1997年	2017年		
A	67.5	47.4	3.1	17.5
B	44.3	86.0	3.1	7.5
C	33.8	38.7	7.3	35.5

統計年次は2017年。FAOSTATにより作成。

ア　生産活動の自由化が進められ，大規模な農業企業が増加した。

イ　農村振興のために，補助金を支払う政策が推進された。

ウ　バイオ燃料や植物油の原料となる他の穀物との競合が生じた。

	①	②	③	④	⑤	⑥
A	ア	ア	イ	イ	ウ	ウ
B	イ	ウ	ア	ウ	ア	イ
C	ウ	イ	ウ	ア	イ	ア

問2　次の図1中の**カ**と**キ**は，2000年と2017年のいずれかについて，漁獲量*と養殖業生産量の合計の上位8か国を示したものであり，凡例**E**と**F**は，漁獲量と養殖業生産量のいずれかである。2017年の図と養殖業生産量の凡例との正しい組合せを，下の①～④のうちから一つ選べ。 9

*養殖業生産量を含まない。

カ

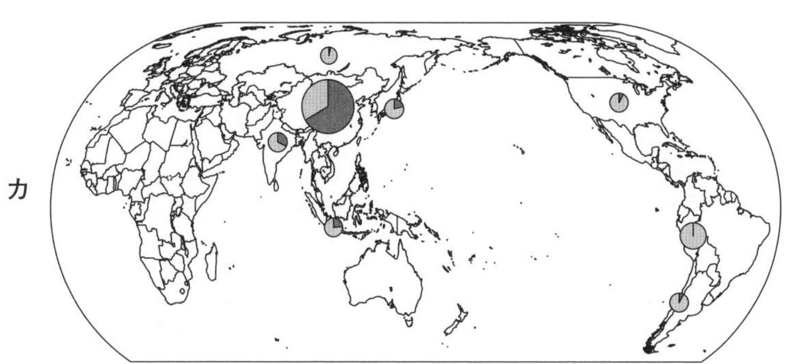

キ

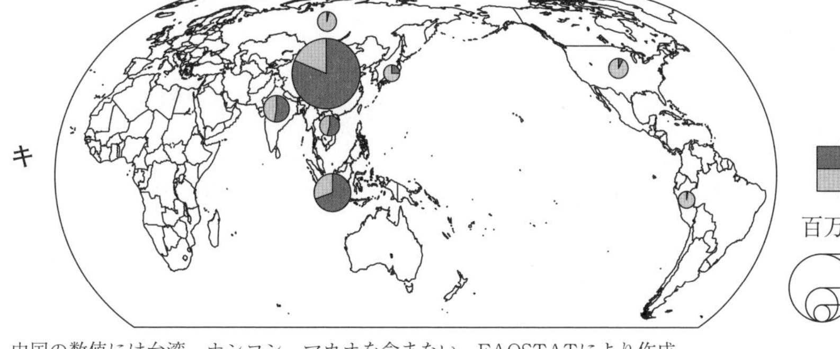

中国の数値には台湾，ホンコン，マカオを含まない。FAOSTATにより作成。

図　1

	①	②	③	④
2017年	カ	カ	キ	キ
養殖業生産量	E	F	E	F

問3　工場は，原料や製品の輸送費が小さくなる地点に理論上は立地するとされている。次の図2は，原料産地から工場までの原料の輸送費と，市場で販売する製品の輸送費を示した仮想の地域であり，下の条件を満たす。また，図2中の①～④の地点は，工場の建設候補地を示したものである。総輸送費が最小となる地点を，図2中の①～④のうちから一つ選べ。 10

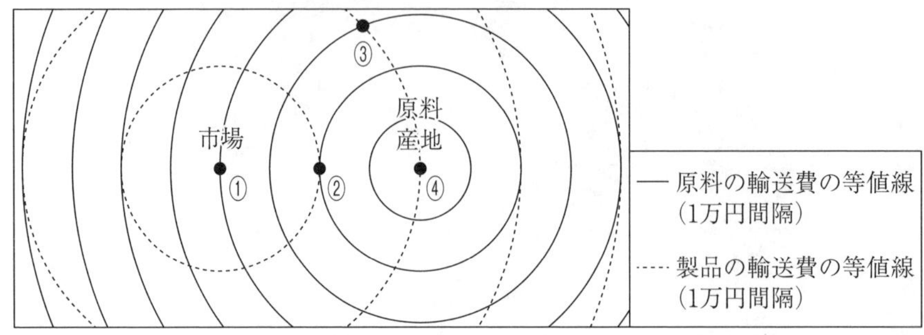

図 2

条　件

・使用する原料は１種類であり，原料産地から工場まで原料を輸送し，工場で生産した製品を市場まで輸送する。

・総輸送費は，製品１単位当たりの原料の輸送費と製品の輸送費の合計である。

・輸送費は距離に比例して増加し，距離当たり輸送費について，原料は製品の２倍の費用がかかる。

・市場や原料産地にも工場を建設できる。

問４　工業の立地には原料や製品の輸送費が影響し，主な原料が同じであっても製品の性質によって工場の立地パターンが異なる場合がある。次の文**サ**～**ス**は，飲用牛乳，バター，アイスクリーム＊のいずれかの輸送費について述べたものであり，下の表２中の**Ｊ**～**Ｌ**は，東日本に立地する工場数をそれぞれ地域別に示したものである。**サ**～**ス**と**Ｊ**～**Ｌ**との正しい組合せを，下の①～⑥のうちから一つ選べ。 11

＊乳脂肪分8％以上のもので，原料は生乳のほかクリーム，バター，脱脂粉乳など。

サ　製品に比べて原料の輸送費が多くかかる。

シ　原料と製品の輸送費はほとんど変化しない。

ス　原料に比べて製品の輸送費が多くかかる。

表　2

	J	K	L
北海道	51	29	4
東北	50	6	17
関東	60	11	26

年間生産量５万リットル未満のアイスクリーム工場は含まない。
統計年次は2018年。『牛乳乳製品統計調査』により作成。

	①	②	③	④	⑤	⑥
サ	J	J	K	K	L	L
シ	K	L	J	L	J	K
ス	L	K	L	J	K	J

問5　日本の企業は，経済のグローバル化に伴い，海外への直接投資を積極的に増やしてきた。次の図3は，日系海外現地法人の売上高のうち，製造業の売上高について主な国・地域別の構成比の推移を示したものであり，**タ**～**ツ**は，ASEAN*，アメリカ合衆国，中国 ** のいずれかである。国・地域名と**タ**～**ツ**との正しい組合せを，下の①～⑥のうちから一つ選べ。 12

* インドネシア，タイ，フィリピン，マレーシアの4か国の値。
** 台湾，ホンコン，マカオを含まない。

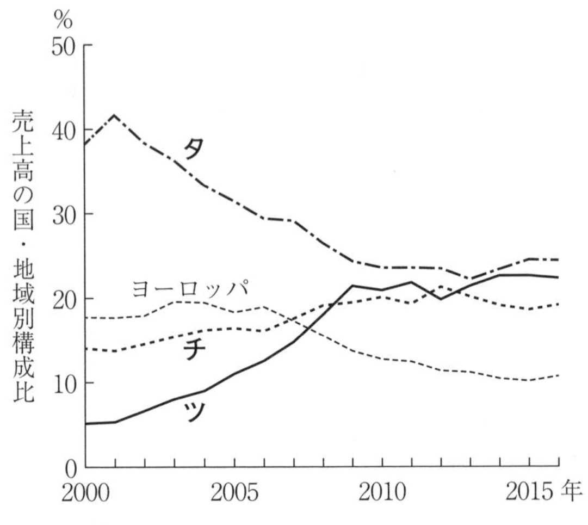

経済産業省の資料により作成。

図 3

	①	②	③	④	⑤	⑥
ASEAN	タ	タ	チ	チ	ツ	ツ
アメリカ合衆国	チ	ツ	タ	ツ	タ	チ
中国	ツ	チ	ツ	タ	チ	タ

問6　次の図4は，日本のいくつかの商業形態の店舗数について，立地する地区の特徴別の割合を示したものであり，**X**～**Z**は，大型総合スーパー*，コンビニエンスストア，百貨店のいずれかである。また，図4中の凡例**マ**と**ミ**は，住宅街とロードサイド**のいずれかである。コンビニエンスストアとロードサイドとの正しい組合せを，下の①～⑥のうちから一つ選べ。 13

* 衣食住にわたる各種商品を販売し，売場面積3,000m² 以上(特別区及び政令指定都市は6,000m² 以上)のもの。
** 国道など主要道路の沿線。

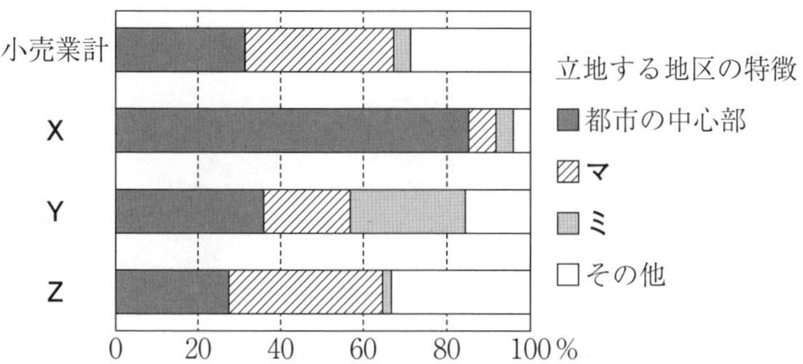

都市の中心部は，駅周辺と市街地の商業集積地区およびオフィス街地区。
統計年次は2014年。商業統計表により作成。

図　4

	①	②	③	④	⑤	⑥
コンビニエンスストア	X	X	Y	Y	Z	Z
ロードサイド	マ	ミ	マ	ミ	マ	ミ

第3問　都市と人口に関する次の問い（問1～6）に答えよ。（配点 20）

問1　都市は，社会・経済的条件だけでなく，様々な自然条件のもとで立地している。下の図2中の①～④は，図1中の**ア**～**エ**のいずれかの範囲における人口100万人以上の都市の分布を示したものである。**イ**に該当するものを，図2中の①～④のうちから一つ選べ。 14

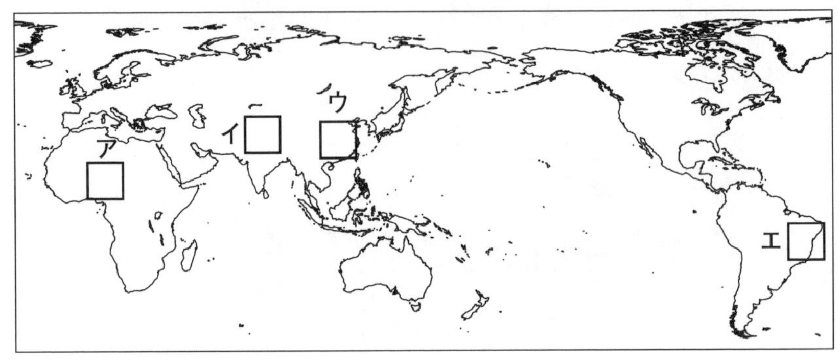

図　1

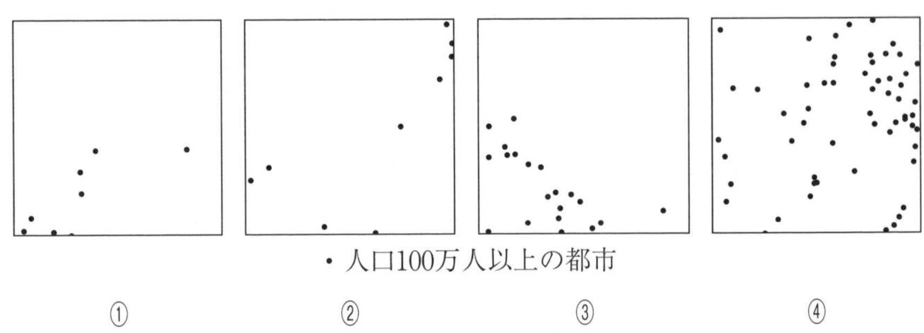

統計年次は2015年。*World Urbanization Prospects* により作成。

図　2

問2　次の図3中の**カ〜ク**は，オーストラリア，韓国，ケニアのいずれかの国における，国全体の人口および人口第1位の都市の人口に占める，0〜14歳，15〜64歳，65歳以上の人口の割合を示したものであり，**a**と**b**は，国全体あるいは人口第1位の都市のいずれかである。オーストラリアの人口第1位の都市に該当する正しい組合せを，下の①〜⑥のうちから一つ選べ。 15

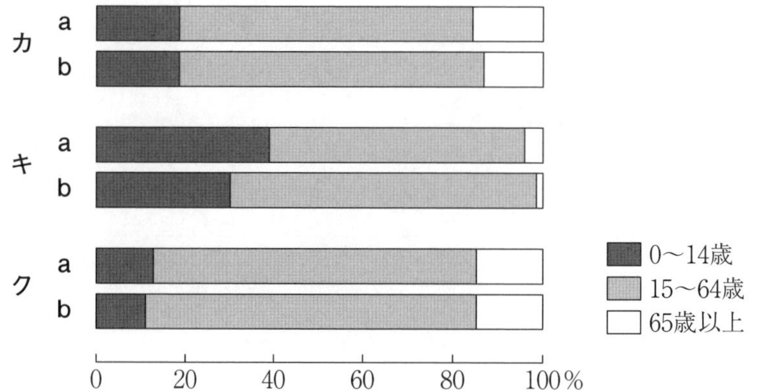

統計年次は，オーストラリアが2016年，韓国が2018年，ケニアが2019年。
Australian Bureau of Statistics の資料などにより作成。

図　3

① **カ**—**a**　　② **カ**—**b**　　③ **キ**—**a**
④ **キ**—**b**　　⑤ **ク**—**a**　　⑥ **ク**—**b**

問3　次の図4は，インド系住民＊の人口上位20か国とその国籍別の割合を示したものである。図4とそれに関連することがらについて述べた文として最も適当なものを，下の①～④のうちから一つ選べ。 16

＊インド国籍を有する者と，インド出身者またはその子孫で移住先の国籍を有する者との合計。

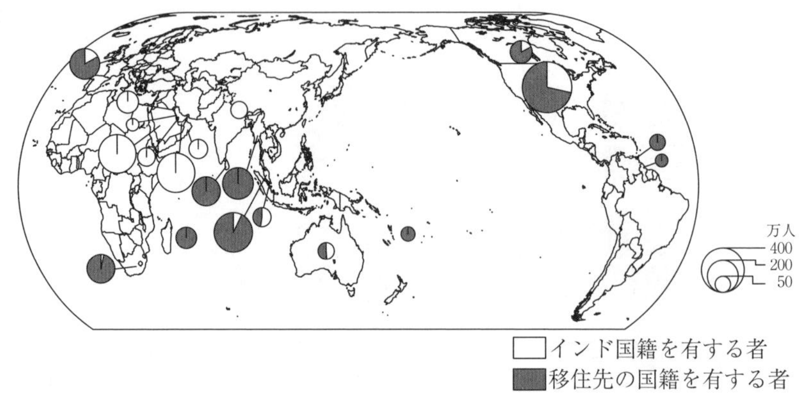

統計年次は2018年。インド政府の資料により作成。

図　4

① インド系住民のうち，移住先の国籍を有する者は，英語を公用語とする国やイギリスの植民地であった国に多く分布する。

② 東南アジアやラテンアメリカには，第二次世界大戦以前に，観光業に従事するために移住したインド出身者の子孫が多く居住している。

③ 1970年代のオイルショック以降に増加した西アジアのインド系住民の多くは，油田開発に従事する技術者である。

④ 1990年代以降，インド国内の情報通信技術産業の衰退に伴い，技術者のアメリカ合衆国への移住が増加している。

問4　大都市圏の内部では，人口分布の時系列変化に一定のパターンがみられる。次の図5は，島嶼(とうしょ)部を除く東京都における2010年の市区町村と1925年の人口密集地*を示したものである。また，下の表1中のサ～スは，図5中のA～Cのいずれかの市区町村における1925～1930年，1965～1970年，2005～2010年の人口増加率を示したものである。A～Cとサ～スとの正しい組合せを，下の①～⑥のうちから一つ選べ。 17

*1925年時点の市区町村のうち，人口密度が4,000人/km²以上のもの。

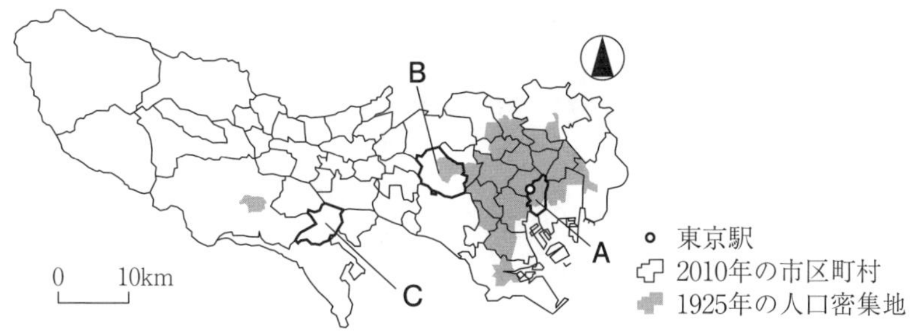

国勢調査などにより作成。

図　5

表　1

（単位：%）

	1925～1930年	1965～1970年	2005～2010年
サ	103.9	3.0	4.0
シ	6.3	−18.9	24.8
ス	2.6	65.3	1.2

国勢調査により作成。

	①	②	③	④	⑤	⑥
A	サ	サ	シ	シ	ス	ス
B	シ	ス	サ	ス	サ	シ
C	ス	シ	ス	サ	シ	サ

問5　近年，日本の都市や農村の多くで，居住者のいない住宅が増加している。次の図6は，日本のいくつかの市区町村について，居住者のいない住宅の割合とその内訳を，空き家*，賃貸用・売却用の住宅，別荘などの住宅に分けて示したものである。また，下の文**E**～**G**は，図6中の**タ**～**ツ**のいずれかの市区町村の特徴について述べた文である。**E**～**G**と**タ**～**ツ**との正しい組合せを，下の①～⑥のうちから一つ選べ。 18

* 人が長期間住んでいない住宅や取り壊すことになっている住宅。

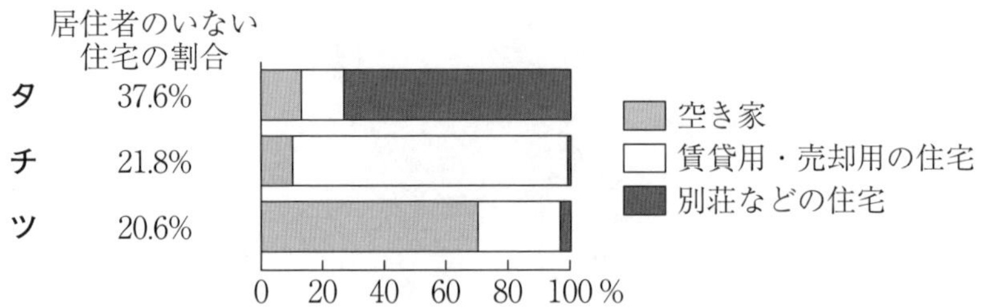

統計年次は2018年。住宅・土地統計調査により作成。

図　6

E　観光やレジャーのために多くの人々が来訪する。

F　高齢化や過疎化によって人口減少が進んでいる。

G　転出者や転入者の多い大都市圏に含まれる。

	①	②	③	④	⑤	⑥
E	タ	タ	チ	チ	ツ	ツ
F	チ	ツ	タ	ツ	タ	チ
G	ツ	チ	ツ	タ	チ	タ

問6　急速に経済発展した台湾のタイペイ(台北)では，交通網の再編成が政策上の課題になっている。次の図7は，タイペイのバス専用レーンの分布を設置時期別に示したものであり，図8は，地下鉄路線とバス路線の長さの推移について，1998年の値を100とした指数で示したものである。図7と図8に関連することがらについて述べた下の文章中の下線部xとyの正誤の組合せとして正しいものを，下の①～④のうちから一つ選べ。 19

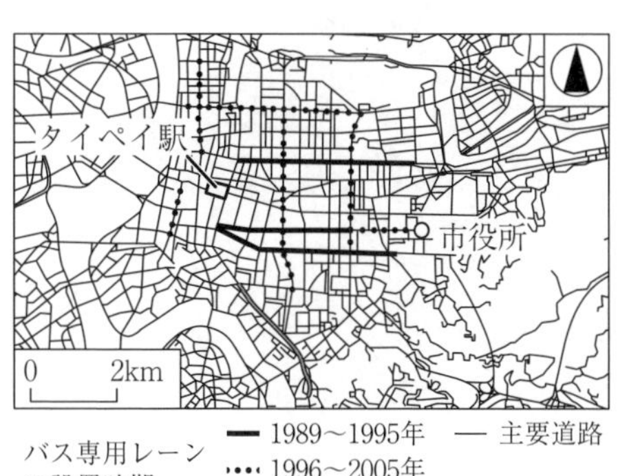

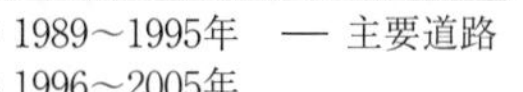

タイペイ市の資料などにより作成。

図 7

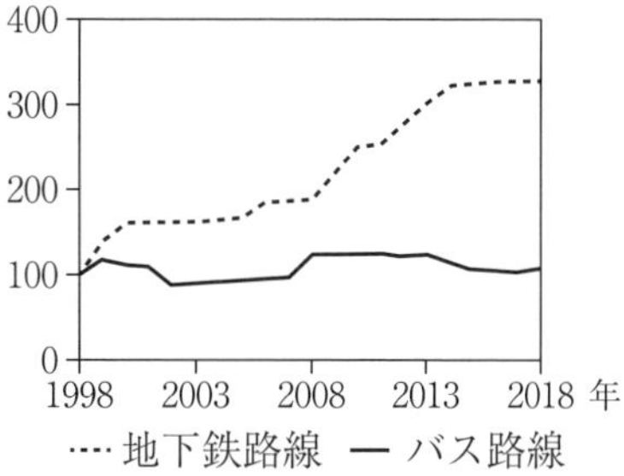

400
300
200
100
0
1998　2003　2008　2013　2018 年
地下鉄路線　バス路線

タイペイ市の資料により作成。

図 8

タイペイの従来の都心部はタイペイ駅周辺であり，市役所周辺にも副都心が計画的に整備された。都心部・副都心の周辺におけるバス専用レーンは，主に $_x$ <u>都心部・副都心と郊外を結ぶ道路から</u>順に整備されてきた。

市民の移動にかかる環境負荷が小さい都市交通体系への再編が求められるようになり，2000年代半ば以降，$_y$ <u>大量輸送の可能な地下鉄路線が拡充してきた</u>。

	①	②	③	④
x	正	正	誤	誤
y	正	誤	正	誤

第4問　アメリカ合衆国に関する次の問い(**A**・**B**)に答えよ。(配点 20)

A　次の図1を見て，アメリカ合衆国に関する下の問い(問1〜4)に答えよ。

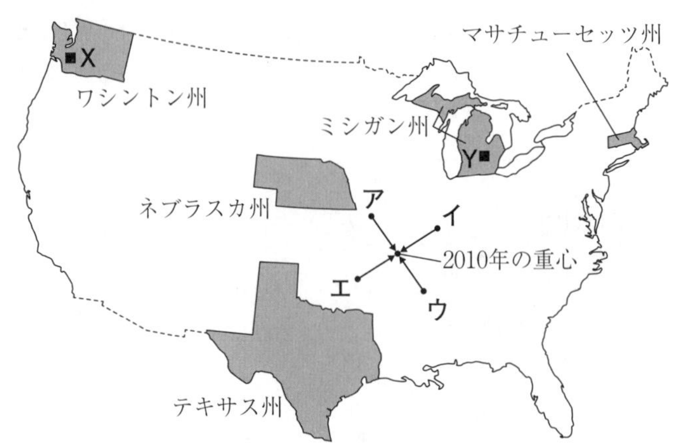

U.S. Census Bureauの資料などにより作成。

図　1

問1(1)　図1中の**ア**〜**エ**の地点と矢印のうち，1950年の人口分布の重心と2010年の重心への移動方向を示したものとして最も適当なものを，次の①〜④のうちから一つ選べ。 20

①　**ア**　　②　**イ**　　③　**ウ**　　④　**エ**

(2)　(1)で示された，1950年から2010年にかけての重心の移動が生じた要因として最も適当なものを，次の①〜④のうちから一つ選べ。 21

①　安価な労働力を指向した工場の進出と先端技術産業の成長
②　製鉄業や自動車産業の成長と雇用の増加
③　大陸横断鉄道の開通と開拓の進展
④　農村部から大都市圏への大規模な人口の移動

問2　次の表1は，図1中に示したいくつかの州における取水量の水源別の割合と使用目的別の割合を示したものであり，表1中の**カ**～**ク**は，テキサス州，ネブラスカ州，マサチューセッツ州のいずれかである。州名と**カ**～**ク**との正しい組合せを，下の①～⑥のうちから一つ選べ。 22

表　1

（単位：%）

	水源別の割合		使用目的別の割合		
	地下水	地表水	工業用水	生活用水	農業用水
カ	61.3	38.7	31.3	3.1	65.6
キ	27.0	73.0	40.8	48.5	10.6
ク	33.8	66.2	58.6	14.2	27.2

統計年次は2015年。USGSの資料により作成。

	①	②	③	④	⑤	⑥
テキサス州	**カ**	**カ**	**キ**	**キ**	**ク**	**ク**
ネブラスカ州	**キ**	**ク**	**カ**	**ク**	**カ**	**キ**
マサチューセッツ州	**ク**	**キ**	**ク**	**カ**	**キ**	**カ**

問3　図1中のミシガン州とワシントン州は，ほぼ同緯度に位置しており，面積もほぼ同じである。次の図2中の**サ**と**シ**は，図1中の**X**と**Y**のいずれかの地点における月平均気温と月降水量をハイサーグラフで示したものである。また，下の表2中の**G**と**H**は，ミシガン州とワシントン州のいずれかにおける小麦とテンサイの年間生産量を示したものである。地点**X**に該当するハイサーグラフとワシントン州に該当する作物の年間生産量との正しい組合せを，下の①～④のうちから一つ選べ。 23

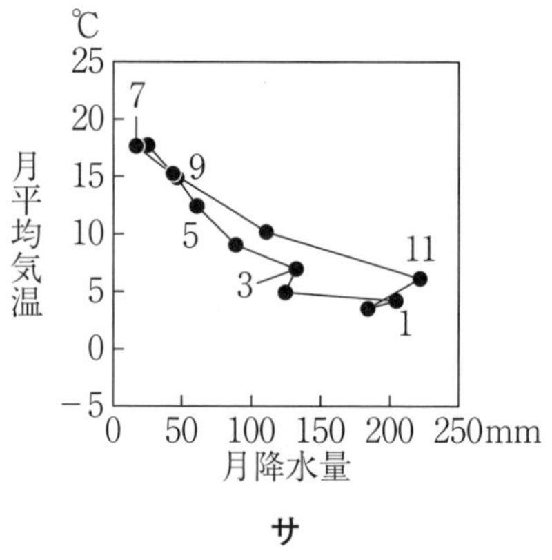

サ

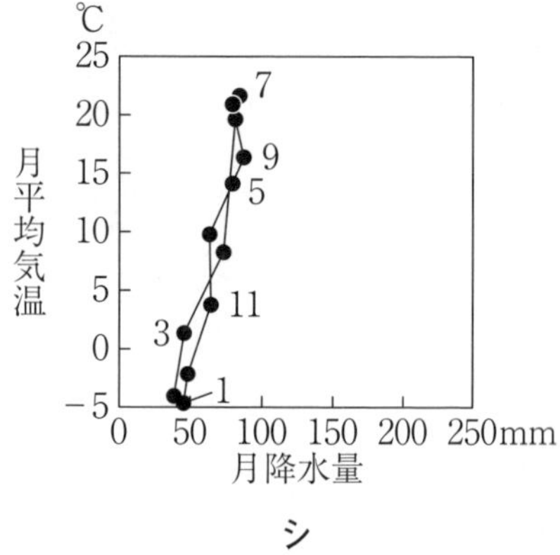

シ

気象庁の資料により作成。

図　2

表　2

	小麦(万ブッシェル)	テンサイ(千トン)
G	15,321	87
H	3,572	4,278

ブッシェルは穀物の計量単位で，1ブッシェルは約35リットルに相当する。
統計年次は2017年。USDAの資料により作成。

	①	②	③	④
ハイサーグラフ	**サ**	**サ**	**シ**	**シ**
作物の年間生産量	**G**	**H**	**G**	**H**

問４　次の図３は，ミシガン州とワシントン州の州全体，およびミシガン州とワシントン州の人口最大都市であるデトロイト市とシアトル市における，人種・民族別人口割合を示したものである。図３中の**タ**と**チ**は，ミシガン州とワシントン州のいずれか，**J**と**K**は，州全体と人口最大都市のいずれかである。ミシガン州の州全体に該当するものを，図３中の①～④のうちから一つ選べ。 24

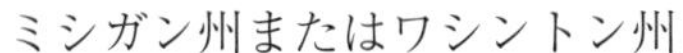

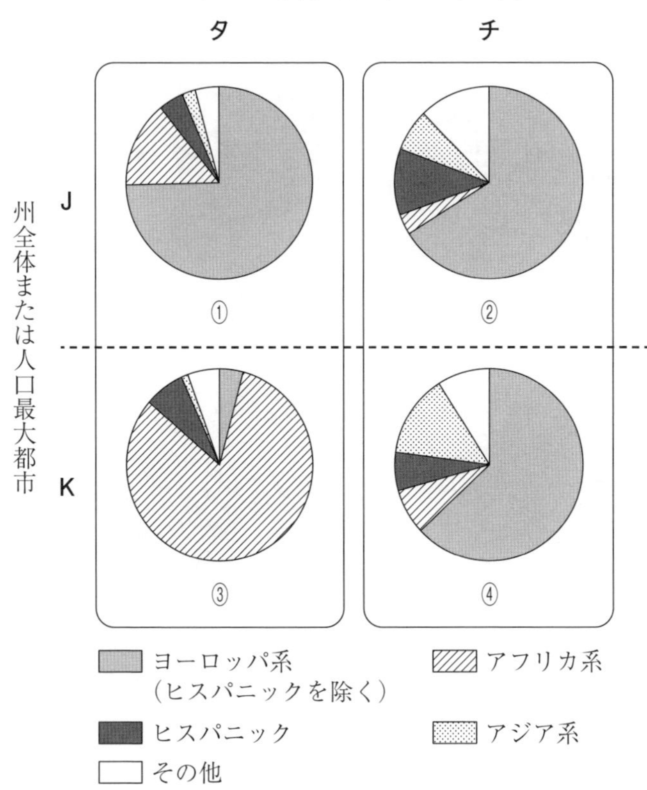

統計年次は2010年。U.S. Census Bureauの資料により作成。

図　３

B　アメリカ合衆国の社会と経済の多様性に関する次の問い(問5・6)に答えよ。

問5　次の図4は，アメリカ合衆国の各州＊における都市人口率と，社会経済にかかわるいくつかの指標を示したものであり，図4中の**マ**～**ム**は，外国生まれの人口の割合，貧困水準以下の収入の人口の割合，持ち家率のいずれかである。指標名と**マ**～**ム**との正しい組合せを，下の①～⑥のうちから一つ選べ。 25

＊コロンビア特別区(ワシントンD.C.)を含み，アラスカ州とハワイ州を除く。

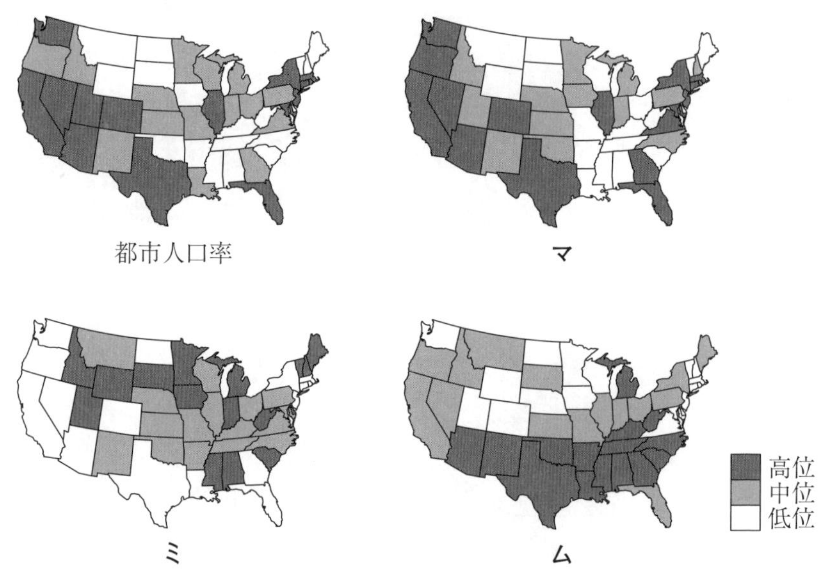

統計年次は，都市人口率が2010年，外国生まれの人口の割合，貧困水準以下の収入の人口の割合，持ち家率が2016年。
U.S. Census Bureauの資料などにより作成。

図　4

	①	②	③	④	⑤	⑥
外国生まれの人口の割合	マ	マ	ミ	ミ	ム	ム
貧困水準以下の収入の人口の割合	ミ	ム	マ	ム	マ	ミ
持ち家率	ム	ミ	ム	マ	ミ	マ

問6　次の図5は，2012年と2016年のアメリカ合衆国の大統領選挙における，各州*の選挙人**の数と選挙人を獲得した候補者の政党を示したものである。図5から読み取れることがらとその背景について述べた下の文章中の空欄**ラ**と**リ**に当てはまる語句の正しい組合せを，下の①～④のうちから一つ選べ。 26

* コロンビア特別区(ワシントンD.C.)を含み，アラスカ州とハワイ州を除く。
** 有権者が投票で大統領選挙人を選出し，この選挙人が大統領を選出する。一部の州を除いて，各州で最も得票の多い候補者が，その州のすべての選挙人を獲得する。

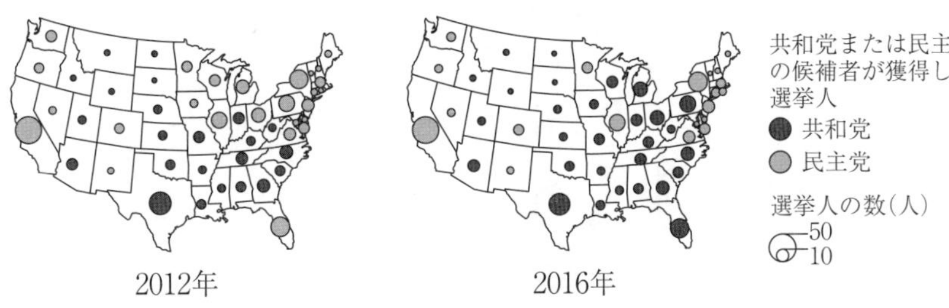

アメリカ合衆国連邦政府の資料などにより作成。

図　5

図5を見ると，両時点とも民主党の候補者が選挙人を獲得した州は(ラ)に多い。この要因として，地域の産業構造の特徴や有権者の社会経済的特性などがあげられる。五大湖沿岸の地域では，2012年の民主党に代わって，2016年には共和党の候補者が選挙人を獲得した州が多く分布する。これは，グローバル化の影響で衰退したこの地域の製造業について，共和党の候補者が(リ)政策を主張したことなどが大きく影響したと考えられている。

	①	②	③	④
ラ	南部や中西部	南部や中西部	ニューイングランドや西海岸	ニューイングランドや西海岸
リ	移民労働力を増やす	工場の海外移転を抑制する	移民労働力を増やす	工場の海外移転を抑制する

問題編
第1日程(2021)
予想問題・第1回
予想問題・第2回
予想問題・第3回

第5問　京都市に住む高校生のタロウさんは，京都府北部にある宮津市の地域調査を行った。次の図1を見て，この地域調査に関する下の問い(問1～6)に答えよ。(配点 20)

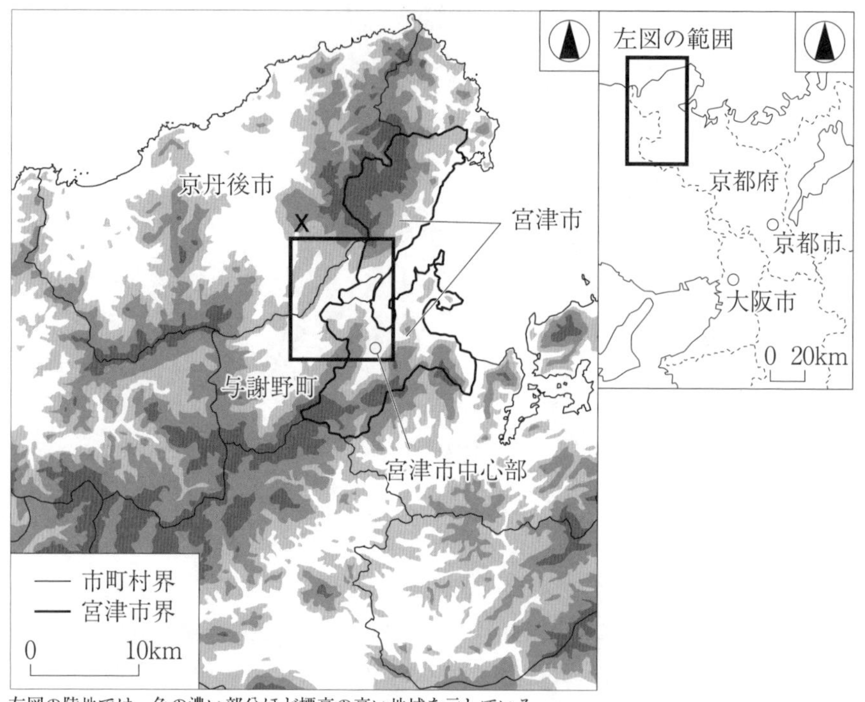

左図の陸地では，色の濃い部分ほど標高の高い地域を示している。
宮津市界の一部は水面上にある。
国土数値情報などにより作成。

図　1

問1　タロウさんは，京都府における人口変化の地域差と京都市との関係を調べるために，主題図を作成した。次の図2は，京都府の各市町村について，1990〜2015年の人口増減率と2015年の京都市への通勤率を示したものである。図2から読み取れることがらを述べた文として正しいものを，下の①〜④のうちから一つ選べ。 27

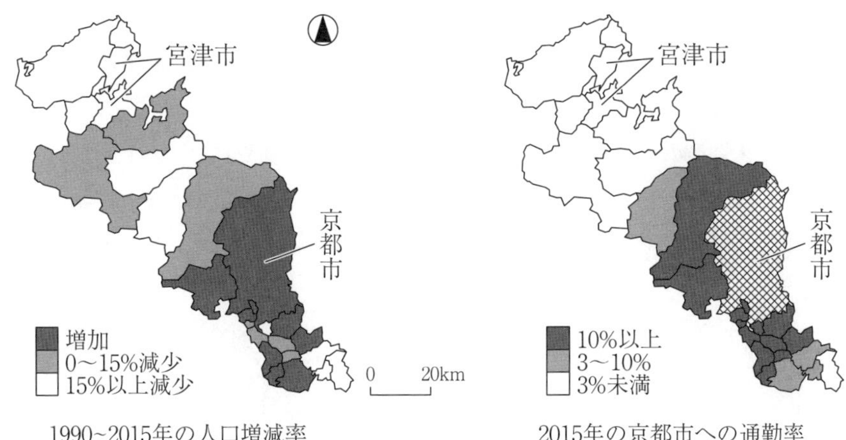

国勢調査により作成。

図　2

① 宮津市とその隣接市町村では，すべての市町村で人口が15%以上減少している。

② 京都市への通勤率が10%以上の市町村では，すべての市町村で人口が増加している。

③ 京都市への通勤率が3〜10%の市町村の中には，人口が増加している市町村がある。

④ 京都市への通勤率が3%未満の市町村の中には，人口が増加している市町村がある。

問2　タロウさんは，宮津市の中心部が城下町であったことに関心をもち，現在の地形図と江戸時代に描かれた絵図を比較して，地域の変化を調べることにした。次ページの図3中の**ア**は，宮津市中心部の現在の地形図であり，**イ**は，**ア**とほぼ同じ範囲の江戸時代に描かれた宮津城とその周辺の絵図を編集したものである。図3から読み取れることがらとして最も適当なものを，次の①～④のうちから一つ選べ。 28

① 新浜(しんはま)から本町(ほんまち)にかけての地区には，江戸時代は武家屋敷が広がっていた。

② 体育館の北側にある船着き場は，近代以降の埋立地に立地している。

③ 宮津駅から大手橋(おおてばし)までの道は，江戸時代から城下町の主要道であった。

④ 宮津城の本丸の跡地には，市役所を含む官公庁が立地している。

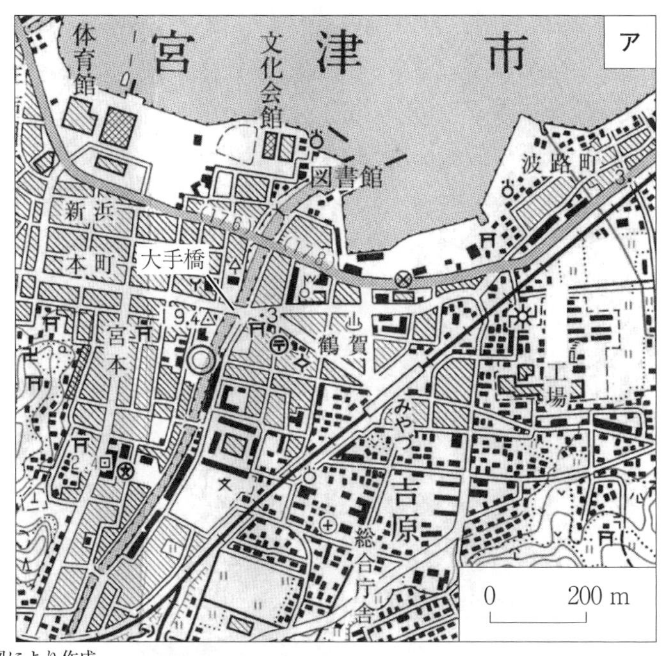

地理院地図により作成。

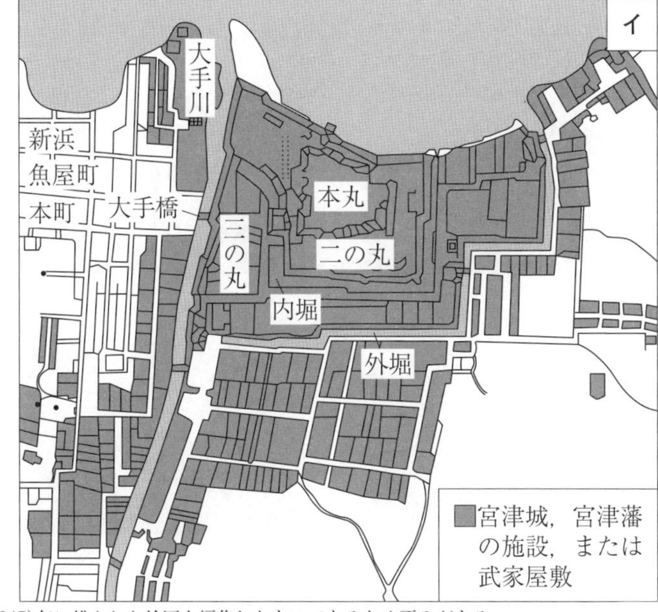

弘化２（1845）年に描かれた絵図を編集したものであるため歪みがある。
『宮津市史』をもとに作成。

問3　宮津湾と阿蘇(あそ)海の間にある砂州は天橋立(あまのはしだて)と呼ばれ，有名な観光地であることを知ったタロウさんは，様々な地点から天橋立の写真を撮影した。次の図4は，図1中のXの範囲を示したものであり，下の写真1は，図4中の地点A～Dのいずれかから矢印の方向に撮影したものである。地点Aに該当するものを，写真1中の①～④のうちから一つ選べ。 29

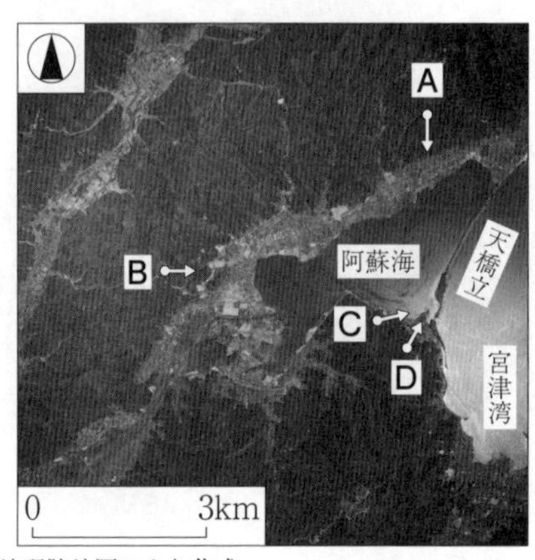

地理院地図により作成。

図　4

写真　1

問4　天橋立近くの土産物店で丹後(たんご)ちりめんの織物製品が数多く売られているのを見たタロウさんは，丹後ちりめんについて調べ，次の資料1にまとめた。資料1中の空欄**カ**～**ク**に当てはまる語の正しい組合せを，下の①～⑧のうちから一つ選べ。 30

資料　1

●丹後ちりめんの特徴

・生地に細かい凹凸のある絹織物。

・しわが寄りにくく，風合いや色合いに優れる。

・主要な産地は京都府の京丹後(きょうたんご)市と与謝野(よさの)町で，冬季の（　**カ**　）季節風が生産に適する。

（丹後織物工業組合）

●丹後ちりめんの動向

・1960～70年代：豊富な労働力や広い土地を求めた京都市の西陣織(にしじんおり)の業者から仕事を請け負い，生産量が多かった。

・1980～90年代：和服を着る機会が減少したことと（　**キ**　）な織物製品の輸入が急増したことで，生産が縮小した。

・2000年以降：洋服の生地や，スカーフ，インテリア用品などの商品開発を進めるとともに，（　**ク**　）により海外市場へ進出しつつある。

	カ	**キ**	**ク**
①	乾いた	安価	大量生産
②	乾いた	安価	ブランド化
③	乾いた	高価	大量生産
④	乾いた	高価	ブランド化
⑤	湿った	安価	大量生産
⑥	湿った	安価	ブランド化
⑦	湿った	高価	大量生産
⑧	湿った	高価	ブランド化

問５　タロウさんは，宮津市北部の山間部にある集落で調査を行った。次の資料２は，ある集落の住民に対してタロウさんが実施した聞き取り調査の結果を整理したものと，その内容から考察したことをまとめたものである。タロウさんの考察をまとめた文として**適当でないもの**を，資料２中の①～④のうちから一つ選べ。 31

資料　2

【聞き取り調査の結果】

●小学校（分校）の廃校

・かつては集落に子どもが多かったため，分校が設置されていた。

・廃校に伴い，集落の小学生は，遠くの学校に通うことになる。

●伝統的な文化や技術の継承

・春祭りで行われていた太刀振り（たちふ）神事が途絶えてしまった。

・集落にある植物を用いた織物や和紙がつくられてきた。

●都市と農村の交流

・NPOや地元企業などにより，棚田の保全が進められている。

・集落の周辺で，ブナ林や湿地などをめぐるツアーが行われている。

●移住者の増加

・米作りや狩猟を行うことを目的として移住してきた人がいる。

・移住者の中には，古民家を改修して居住する人がいる。

【考察】

①　小学校の廃校は，若年層の継続的な流出や少子化が背景にある。

②　住民の高齢化により，伝統的な文化や技術の担い手が減少している。

③　自然環境への関心の高まりにより，都市と農村の交流が進められている。

④　移住者の増加は，宮津市における人口の郊外化が背景にある。

問6　天橋立で多くの外国人を見かけたタロウさんは，外国人観光客の動向を調べることにした。次の図5は，2018年の外国人延べ宿泊者数＊と，その2013年に対する比を都道府県別に示したものである。また，下の文章は，図5から読み取れることがらとその背景について述べたものであり，空欄**サ**には大阪府と沖縄県のいずれか，空欄**シ**には下の文**F**と**G**のいずれかが当てはまる。空欄**サ**に当てはまる府県名と空欄**シ**に当てはまる文との組合せとして最も適当なものを，下の①～④のうちから一つ選べ。 32

＊宿泊者数×宿泊数。

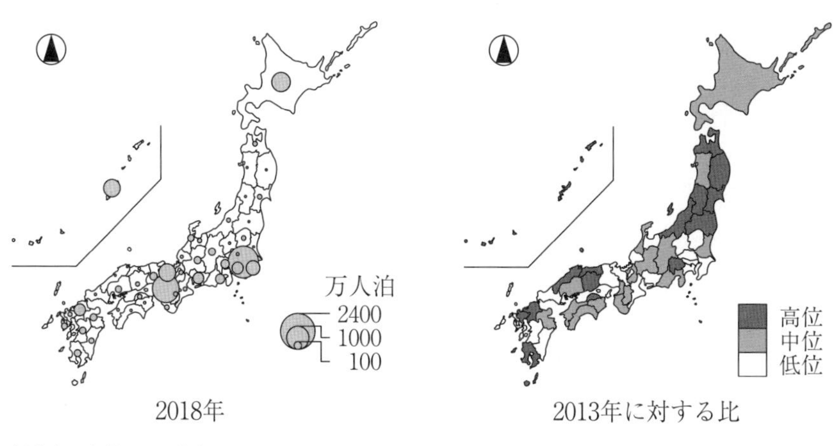

観光庁の資料により作成。

図　5

2018年の外国人延べ宿泊者数をみると，東京都が最多であり，次に多いのが（　**サ**　）である。また，2013年に対する比をみると，外国人延べ宿泊者数が少ない県で高位を示すところが多く，この背景として，（　**シ**　）外国人旅行者が増加し，外国人の宿泊地が多様化したことが考えられる。

F　温泉や農山漁村を訪れて体験型の観光を楽しむ

G　ショッピングや大型テーマパークを楽しむ

①　大阪府―**F**　②　大阪府―**G**　③　沖縄県―**F**　④　沖縄県―**G**

予想問題
第1回

100点／60分

第1問 次の図1を見て，世界の自然環境に関する下の問い(問1～6)に答えよ。

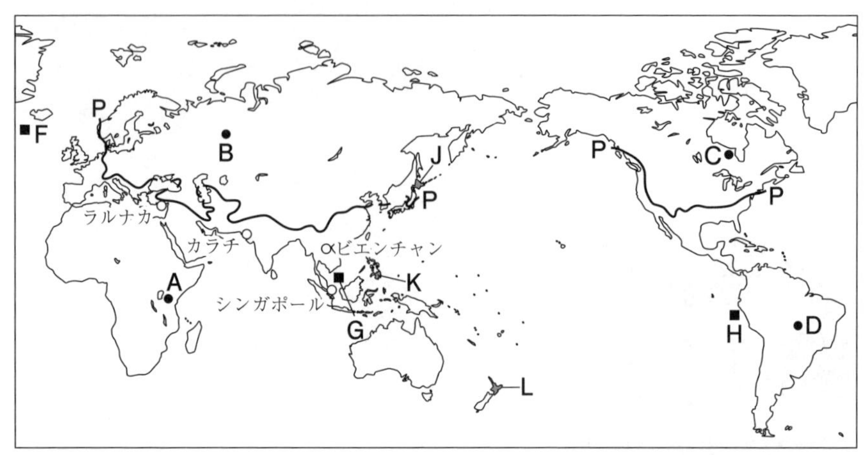

図 1

問1 図1中のA～D付近の地形について述べた文として**適当でないもの**を，次の①～④のうちから一つ選べ。 1

① A付近には，新期造山帯に属する高く険しい山脈がみられる。

② B付近には，古期造山帯に属する比較的なだらかな山脈がみられる。

③ C付近には，安定陸塊に属する大規模な平野が広がっている

④ D付近には，安定陸塊に属する比較的なだらかな高原が広がっている

問2　次の**ア**～**ウ**の文は，図1中の**F**～**H**のいずれかの地域にみられる海底地形について述べたものである。**ア**～**ウ**と**F**～**H**との正しい組合せを，下の①～⑥のうちから一つ選べ。 [2]

ア　プレートの広がる境界付近に位置し，海嶺がみられる。
イ　プレートの狭まる境界付近に位置し，海溝がみられる。
ウ　プレートの境界付近には位置せず，大陸棚がみられる。

	①	②	③	④	⑤	⑥
ア	F	F	G	G	H	H
イ	G	H	F	H	F	G
ウ	H	G	H	F	G	F

問3　図1中の等温線**P**に該当するものを，次の①～④のうちから一つ選べ。
[3]

①　1月0℃　　②　1月10℃　　③　7月20℃　　④　7月30℃

問4　次の図2中の①～④は，図1中のカラチ，シンガポール，ビエンチャン，ラルナカのいずれかの地点における月降水量を示したものである。ビエンチャンに該当するものを，図2中の①～④のうちから一つ選べ。 4

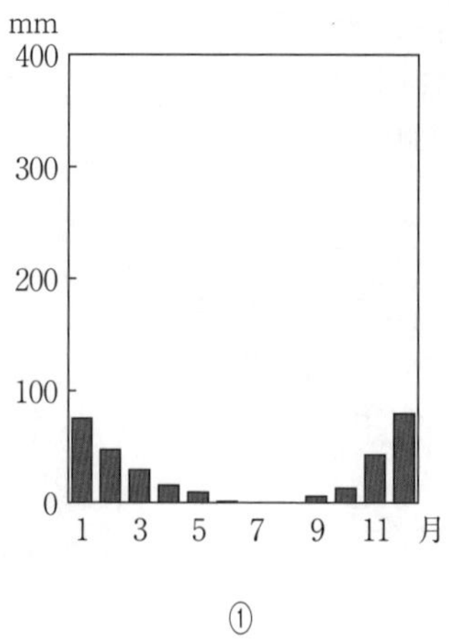

①

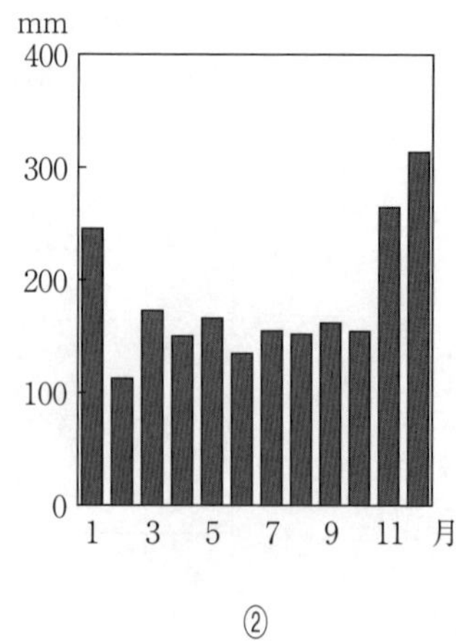

②

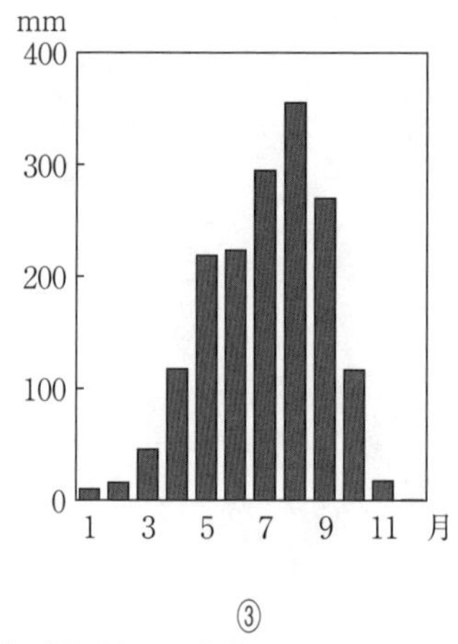

③

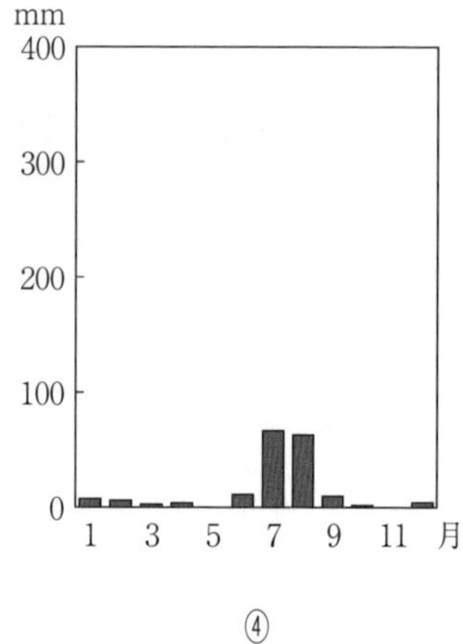

④

『理科年表』より作成。

図　2

問5　次の文章は，図1中のJ(北海道)，K(ミンダナオ島)，L(ニュージーランド北島)の島に分布する主たる成帯土壌に関して，それらの特徴について述べたものであり，文章中の空欄**カ**～**ク**には下の**X**～**Z**の文のいずれかが該当する。空欄**カ**～**ク**と**X**～**Z**との正しい組合せを，下の①～⑥のうちから一つ選べ。［ 5 ］

土壌のうち，気候や植生の影響を強く受けた性質をもつものを成帯土壌とよぶ。Jでは，［ カ ］ため，やせた灰白色の土壌が分布する。また，Kでも，［ キ ］ため，やせた赤色の土壌が分布する。逆に，Lでは，［ ク ］ため，比較的肥沃な褐色の土壌が分布する。

X　樹木の落葉などによる有機物から腐植層が生成される

Y　有機物の分解は進むが，多量の降水により養分が洗脱され金属分が多く残る

Z　有機物の分解が進みにくく酸性となり，降水が土壌中から諸成分を溶脱する

	①	②	③	④	⑤	⑥
カ	X	X	Y	Y	Z	Z
キ	Y	Z	X	Z	X	Y
ク	Z	Y	Z	X	Y	X

問6　日本において，都市開発にともなって生じるようになった豪雨による災害について述べた次の文章中の下線部a～cについて，正誤の組合せとして正しいものを，下の①～⑧のうちから一つ選べ。 6

第二次世界大戦後の日本では，産業発展にともない都市部への人口流入が顕著となり，自然環境を改変しながら都市開発が行なわれるようになった。そのため，これまではたんなる自然現象に過ぎなかった事象でも，災害となるケースが増えている。日本の多くの都市が立地している沖積平野は，a河川氾濫による堆積作用で形成された地形であり，とくに氾濫原や三角州で宅地化が進行すれば，いくら強固な河川堤防を建設しても，浸水被害の危険性は免れない。

現在の都市は，地表面がアスファルトやコンクリートなどでおおわれているため雨水が地中に浸透せず，豪雨の際にはb短時間に小河川や下水道に雨水が流入し，排水処理能力を上回れば浸水被害をもたらす。また，通常時より地中に多くの水分を含む海岸部に造成された埋立地では，豪雨の際にはc地盤が流動化して建物などが傾いたり砂が噴き出したりする液状化現象が生じることもある。

	①	②	③	④	⑤	⑥	⑦	⑧
a	正	正	正	正	誤	誤	誤	誤
b	正	正	誤	誤	正	正	誤	誤
c	正	誤	正	誤	正	誤	正	誤

第2問 予備校の夏期講習で地理の講義を受講して，世界の農林水産業に興味をもったカツヤさんは，農林水産業のさまざまな統計データを調べてみた。カツヤさんが調べたことに関する次の問い(問1～6)に答えよ。

問1 カツヤさんは，主要穀物生産国の生産量や輸出量などについて調べた。次の図1は，小麦，米，トウモロコシについて，世界総生産量，総輸出量，および世界の上位5か国の生産量とそのうちの輸出量を示したものである。図1から読み取れることがらを述べた次ページの**ア**～**ウ**の文中の下線部について，正誤の組合せとして正しいものを，次ページの①～⑧のうちから一つ選べ。 7

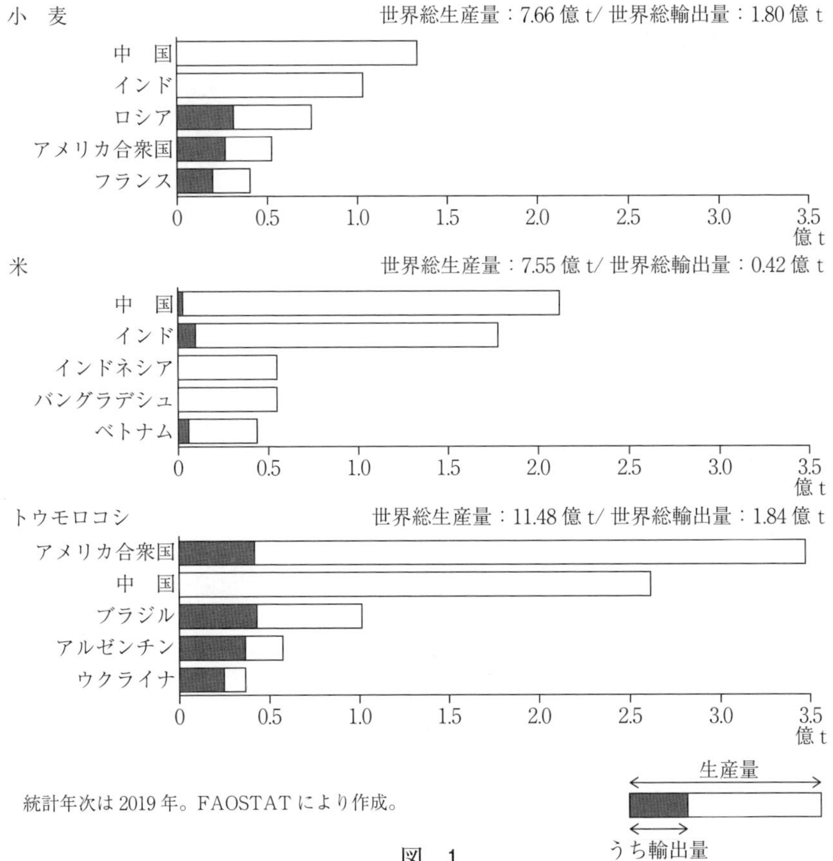

統計年次は 2019 年。FAOSTAT により作成。

図　1

ア　小麦は，中国やインドでは自給的な生産が中心であるが，これらの国々と比べてアメリカ合衆国やフランスなどでは商業的な生産がさかんである。

イ　米は，ほかの2つの穀物と比べて，世界全体でみると生産量に占める輸出量の割合が小さく，世界各地で広く生産されている。

ウ　トウモロコシは，生産量，輸出量ともに，アメリカ合衆国，ブラジル，アルゼンチンの新大陸地域3か国で，世界全体の8割を超えている。

	①	②	③	④	⑤	⑥	⑦	⑧
ア	正	正	正	正	誤	誤	誤	誤
イ	正	正	誤	誤	正	正	誤	誤
ウ	正	誤	正	誤	正	誤	正	誤

問2　カツヤさんは，嗜好品や工業原料となる農作物の輸入国について調べた。次の図2中の**カ**～**ク**は，コーヒー豆，茶，綿花のいずれかの輸入量について，世界の上位10か国とそれらが世界に占める割合を示したものである。**カ**～**ク**と農作物名との正しい組合せを，次ページの①～⑥のうちから一つ選べ。 8

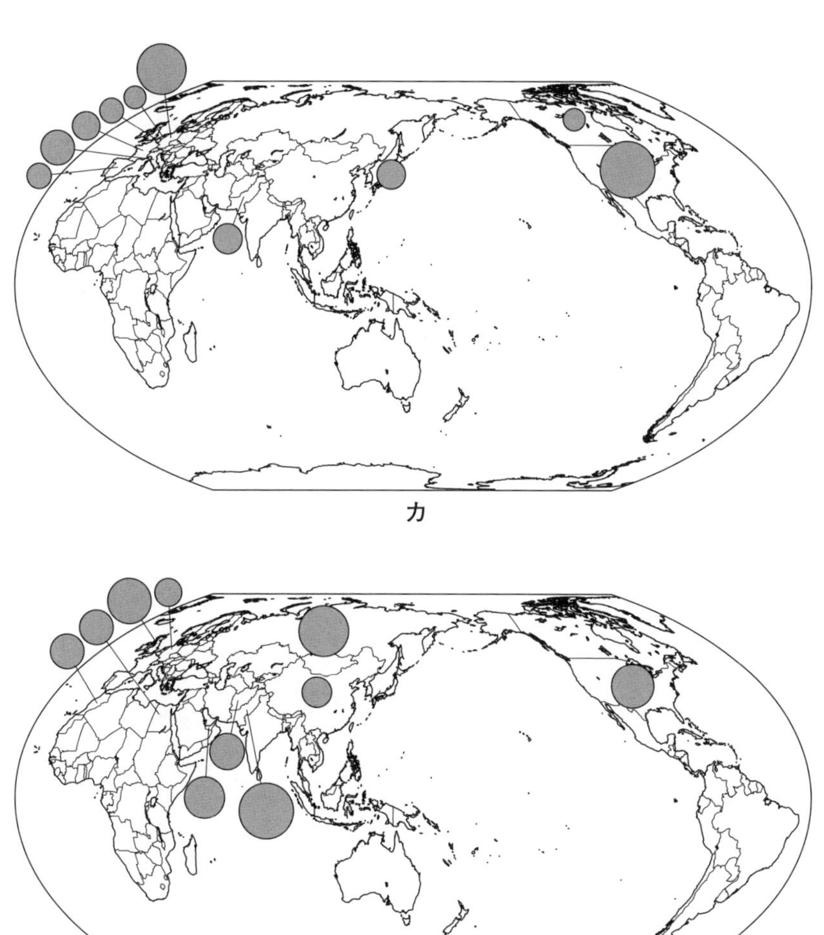

問題編

第1日程（2021）

予想問題・第1回

予想問題・第2回

予想問題・第3回

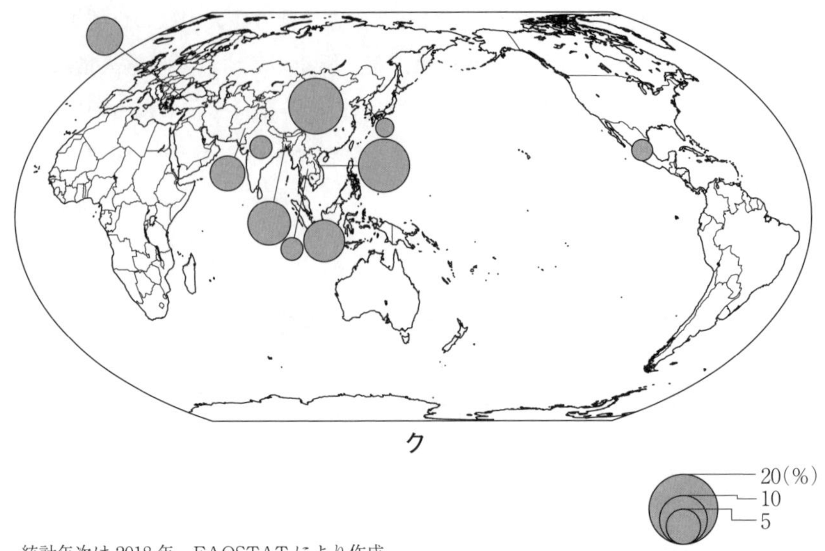

統計年次は 2018 年。FAOSTAT により作成。

図　2

	カ	キ	ク
①	コーヒー豆	茶	綿花
②	コーヒー豆	綿花	茶
③	茶	コーヒー豆	綿花
④	茶	綿花	コーヒー豆
⑤	綿花	コーヒー豆	茶
⑥	綿花	茶	コーヒー豆

問3　カツヤさんは，世界各国の農林水産業の就業者や農牧地について調べた。次の表1は，いくつかの国における農林水産業関連の諸指標を示したものであり，①～④はイギリス，ウルグアイ，カナダ，タイのいずれかである。イギリスに該当するものを，表1中の①～④のうちから一つ選べ。 9

表　1

	総就業人口に占める農林水産業就業人口の割合（%）	農業従事者1人あたりの農地面積（ha）	国土面積に占める耕地の割合（%）	国土面積に占める牧場・牧草地の割合（%）
①	32.1	1.8	41.7	1.6
②	8.4	103.4	14.1	68.6
③	1.5	200.2	4.3	2.2
④	1.1	45.9	25.3	46.9

統計年次は，総就業人口に占める農林水産業就業人口の割合が2019年，農業従事者1人あたりの農地面積が2017年，国土面積に占める耕地の割合，国土面積に占める牧場・牧草地の割合が2017年。
『世界国勢図会』，『データブック オブ・ザ・ワールド』により作成。

問4　カツヤさんは，世界各国の木材伐採高について調べた。次の図3は，いくつかの国における木材伐採高に占める用材の割合と針葉樹の割合を示したものであり，①～④は，ケニア，スウェーデン，中国，マレーシアのいずれかである。中国に該当するものを，図3中の①～④のうちから一つ選べ。 10

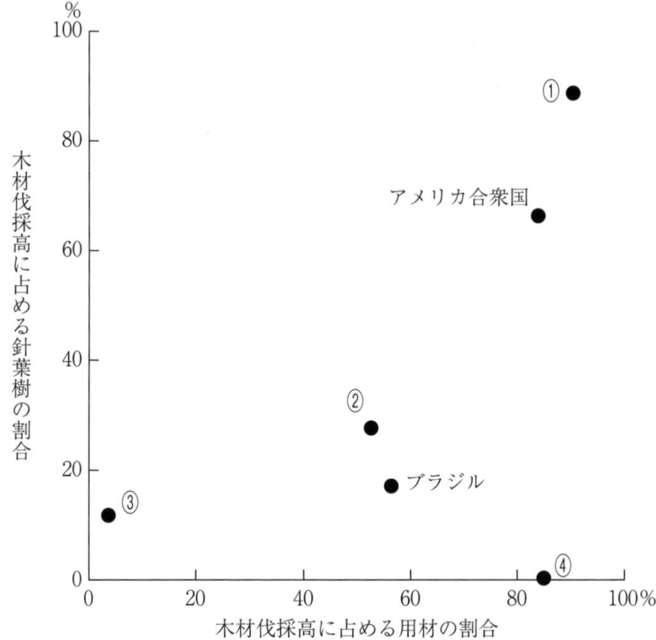

統計年次は2018年。
『世界国勢図会』により作成。

図　3

問5　カツヤさんは，世界の水産業の生産量や貿易額について調べた。次の表2は，漁業生産量，水産物の輸出額，輸入額について世界の上位5か国を示したものであり，**A**～**C**はアメリカ合衆国，中国，ペルーのいずれかである。また，下の**サ**～**ス**の文は，表2中の**A**～**C**のいずれかの国における水産業の特徴について述べたものである。**A**～**C**と**サ**～**ス**との正しい組合せを，下の①～⑥のうちから一つ選べ。 11

表　2

	漁業生産量 (万 t)		水産物の輸出額 (億ドル)		水産物の輸入額 (億ドル)	
第1位	A	1,417	A	219	C	239
第2位	インドネシア	753	ノルウェー	120	日　本	157
第3位	インド	548	ベトナム	89	A	147
第4位	ロシア	534	インド	69	スペイン	86
第5位	B	512	チリ	69	イタリア	71

統計年次は，漁業生産量(養殖業は含まない)が2019年，水産物の輸出額，輸入額が2018年。
『世界国勢図会』により作成。

サ　アンチョビー漁がさかんで，食用のほかフィッシュミール(魚粉)に加工して飼料や肥料としても利用される。

シ　海面漁業だけでなく，湖沼や河川で行われる内水面漁業も活発で，コイやウナギの養殖がさかんに行なわれている。

ス　スケトウダラやサケなどの漁獲が多いが，資源保全のために漁獲枠を設定するなどの規制も行なわれている。

	①	②	③	④	⑤	⑥
A	サ	サ	シ	シ	ス	ス
B	シ	ス	サ	ス	サ	シ
C	ス	シ	ス	サ	シ	サ

問6　カツヤさんは，先日の地理の講義で，インドでは宗教上の理由などから牛肉を食べない人々がとても多いということを知った。このことを客観的な数値で示すために，インドにおける１人１年あたりの牛肉供給量を概算することにした。この概算に必要とされるインドについての年次統計データとして**適当でないもの**を，次の①～⑤のうちから一つ選べ。 12

①　牛の飼育頭数

②　牛肉の生産量

③　牛肉の輸出量

④　牛肉の輸入量

⑤　人口

第3問　人口や都市についての課題の探求に関する次の問い(**A**・**B**)に答えよ。

A　2年B組では，地理の授業で学んだ人口分野について，放課後にグループに分かれてさらに調べることにした。世界と日本の人口に関する次の問い(問1～3)に答えよ。

問1　1班では，人口の多い国の分布を知るために，人口大国の位置を世界地図に示してみた。次の図1は，人口8,000万人を超える19か国を示したものである。図1から読み取れることがらやそれに関連することがらについて述べた文として最も適当なものを，次ページの①～④のうちから一つ選べ。
13

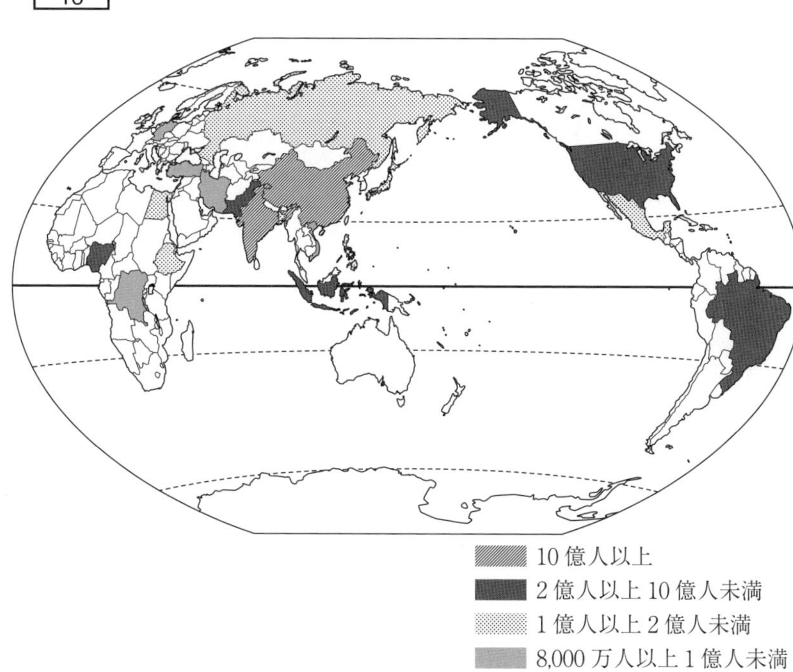

統計年次は2020年。
『データブック オブ・ザ・ワールド』により作成。

図　1

① 人口10億人以上の国はいずれも人口抑制策がとられたため，現在は人口が減少している。

② 人口2億人以上10億人未満の国はいずれも発展途上国であり，現在，人口が急増している。

③ 人口1億人以上2億人未満の国はいずれも，居住のための気候条件としては厳しい環境といえる乾燥帯や寒帯は，国内に分布していない。

④ 人口8,000万人以上の国は，オセアニアを除く，アジア，アフリカ，アングロアメリカ，ヨーロッパ，ラテンアメリカの各地域に存在する。

問2　2班では，世界各国の人口動態を知るために出生率と死亡率を調べてみた。次の図2は，いくつかの国における出生率と死亡率を示したものであり，①～④は，アメリカ合衆国・オーストラリア，イタリア・ドイツ，エチオピア・ガーナ，韓国・シンガポールのいずれかの国群である。韓国・シンガポールに該当するものを，①～④のうちから一つ選べ。 14

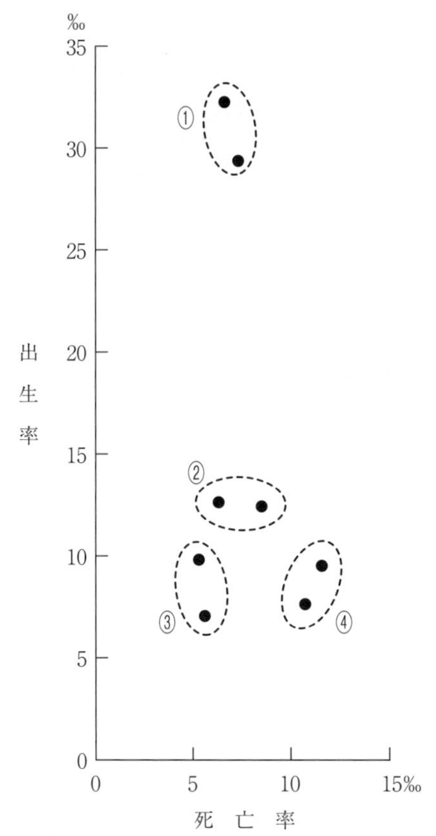

統計年次は2018年，2017年，2015年のいずれかのもの。
『世界国勢図会』により作成。

図 2

問3　3班では，日本の人口問題について考察するために，統計資料集で年齢階級別人口構成の変化を調べた。次の図3は，日本における1970年，1990年，2020年の年齢階級別人口構成を示したものである。図3を題材として日本の人口問題について話し合った下の会話文中の空欄**ア**と**イ**にあてはまる語句の正しい組合せを，次ページの①～④のうちから一つ選べ。 15

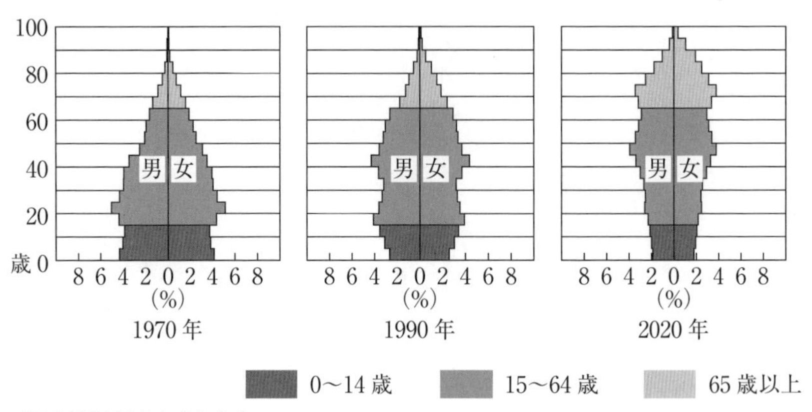

『日本国勢図会』により作成。

図　3

S先生　「おばんです。みなさん，とても勉強熱心ですね」

トシヒコ　「はははははははは」

イヅミ　「日本の年齢階級別人口構成の変化から，現在の人口問題について考えようと思っています」

S先生　「1970年代以降の年齢階級別人口構成には，どのような変化が読み取れますか」

ヒロノブ　「年少人口割合が低下し，老年人口割合が上昇したことがわかります」

S先生　「そうですね。いわゆる少子高齢化の進行ですね。また，ほかの先進諸国と比べて，日本は少子高齢化の進行が(　**ア**　)という特徴があります」

トシヒコ　「それは深刻な問題ですよね」

S先生　「では，高齢化の課題については，どのようなことが考えられるでしょうか」

イヅミ　「年金や介護保険など社会保障の費用が増大して国の財政を圧迫し，(イ)への経済的負担が大きくなることが考えられます」

ヒロノブ　「それに少子高齢化が進行すると，生産年齢人口も減少するので，労働力不足も課題になってくると思います」

トシヒコ　「今後は外国人労働者を受け入れる議論が必要ですね」

	①	②	③	④
ア	遅い	遅い	速い	速い
イ	生産年齢人口	老年人口	生産年齢人口	老年人口

B　今月の3年B組の地理の授業では，日本の村落・都市分野がテーマとして扱われた。日本の村落・都市に関する次の問い(問4～6)に答えよ。

問4　古い時代に成立した村落の立地には，地形条件が大きく関わっているということを授業で学んだユキノさんは，それをノートにまとめてみた。次の表1は，地形条件と村落の立地の関係を示したものである。表1中の①～⑤の地形条件のうち，居住に適する場所の条件と実際に村落が立地する場所の関係として**適当でないもの**を一つ選べ。 16

表　1

地形条件	居住に適する場所の条件	実際に村落が立地する場所
①　扇状地	生活用水が得られること	扇　端
②　台　地		崖　下
③　氾濫原	水害を避けられること	自然堤防
④　海岸平野		浜　堤
⑤　山間部	土砂災害を避けられること	南向き斜面

問題編

第1日程(2021)

予想問題・第1回

予想問題・第2回

予想問題・第3回

問5　高度経済成長期以降の日本では，経済・産業の発展にともない農村部から都市部への人口移動が顕著になり都市化が進展したことを授業で学んだマサルさんは，日本の大都市について人口関連のデータを，統計集などを使って調べてみた。次の図4中の**カ**～**ク**は，大阪市，札幌市，横浜市のいずれかにおける，それぞれが属する道府県人口に占める各都市の人口割合の推移を示したものである。**カ**～**ク**と都市名との正しい組合せを，下の①～⑥のうちから一つ選べ。 17

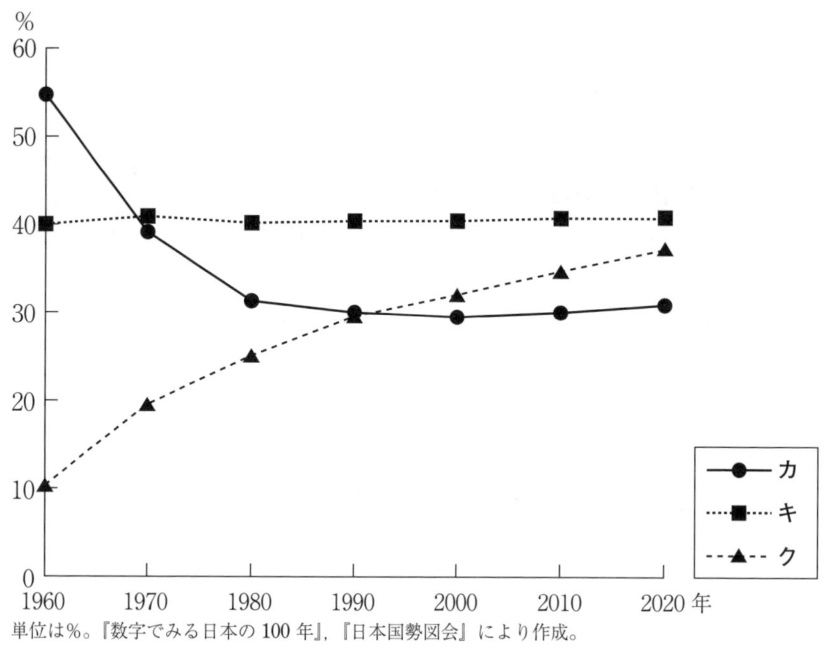

単位は%。『数字でみる日本の100年』，『日本国勢図会』により作成。

図　4

	カ	キ	ク
①	大阪市	札幌市	横浜市
②	大阪市	横浜市	札幌市
③	札幌市	大阪市	横浜市
④	札幌市	横浜市	大阪市
⑤	横浜市	大阪市	札幌市
⑥	横浜市	札幌市	大阪市

問6　レイコさんは，授業後の休憩時間に資料集を持参して職員室へ質問に行った。次の図5は，この資料集に掲載されている東京都の郊外を示した地形図である。図5のような地域の特徴について，下の会話文中の空欄**サ**と**シ**にあてはまる文の正しい組合せを，次ページの①～④のうちから一つ選べ。 18

地理院地図による。

図　5

レイコ　「この地形図中に広がる市街地は，高度経済成長期に計画されたニュータウンですか」

K先生　「そうだね。授業で話しましたが，このようなニュータウンの都市機能には，どのような特徴がありましたか」

レイコ「はい，［ サ ］の都市です」

K先生「このバカちんが！　それはイギリスの大ロンドン計画でのニュータウンの特徴じゃないか」

レイコ「あっ，そうでしたね。ちゃんと復習し直します」

K先生「そして授業で話しましたが，これらのニュータウンは，完成時に若年勤労者世帯が一斉に入居する場合が多いので居住世代に偏りがあって，現在になってさまざまな問題が生じるようになりました」

レイコ「そのひとつは［ シ ］が課題でしたね」

K先生「何ば考えとろうとかいな！　このようなニュータウンが開発されてから，もう40年以上も経過しているんだぞ」

レイコ「あっ，そうでしたね。ちゃんと復習し直します」

K先生「大学入学共通テストというのは，このような思考力が試されます。もちろん，人間は間違えることによって成長するので安心しなさい。人間っていうのは，人と人のあいだで生きています。わからないことがあれば何でも質問に来なさい！」

レイコ「はい，ちゃんと復習し直します」

P　工場や事務所などの職場と住宅の両機能を備えた職住近接型
Q　住宅機能を中心とした東京都心部への通勤が前提の職住分離型

X　小学校や中学校の不足
Y　建物のバリアフリー化

① サ－P　シ－X　　② サ－P　シ－Y
③ サ－Q　シ－X　　④ サ－Q　シ－Y

第4問 高校生のナオコさんは，東南アジアについての課題研究に取り組んだ。次の図1をみて，ナオコさんが調べたことに関する下の問い(問1～6)に答えよ。

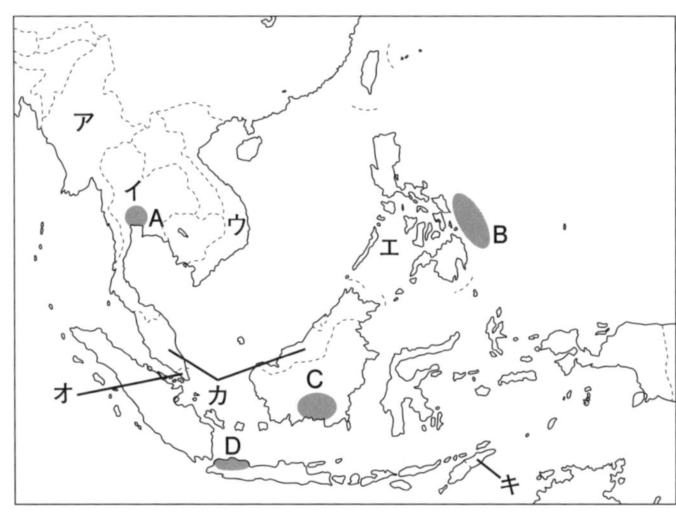

図 1

問1 ナオコさんは，東南アジア各地の自然環境について調べた。図1中のA～Dの地域の自然環境について述べた次の文①～④のうちから，最も適当なものを一つ選べ。 19

① Aの地域は，国際河川の河口部にあたりエスチュアリーがみられる。
② Bの地域は，水深200m未満の浅海が広がる大陸棚となっている。
③ Cの地域は，熱帯雨林が分布するが一部では森林破壊も進んでいる。
④ Dの地域は，季節風の影響を受けて6～8月前後の時期に雨季となる。

問題編

第1日程(2021)

予想問題・第1回

予想問題・第2回

予想問題・第3回

問2　ナオコさんは，東南アジア諸国では農林産物や鉱産資源の生産・産出が，重要な経済活動の一つであることを知った。これらの産品のうち4つのものについて，おもな生産国や世界における順位をまとめるために，次の図2を作成した。図2中の①～④は，東南アジア諸国における米，すず鉱，石炭，天然ゴムのいずれかの生産・産出について，世界生産量第1～5位，第6～10位に含まれる国を示したものである。天然ゴムに該当するものを，①～④のうちから一つ選べ。 20

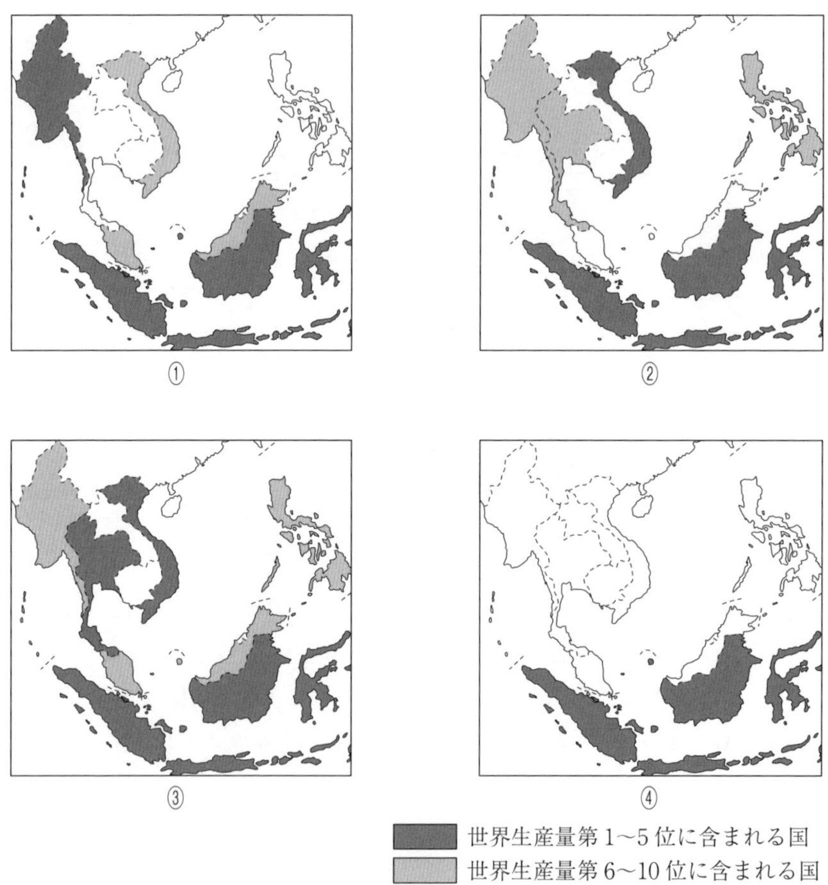

統計年次は2018年，2017年，2016年のいずれか。
『データブック オブ・ザ・ワールド』により作成。

図　2

問3　ナオコさんは，第二次世界大戦以前の東南アジアは，ほとんどの地域が欧米諸国の植民地であったことを知り，現在の各国の旧宗主国(かつて植民地として支配を行なっていた国)を調べた。東南アジア諸国と旧宗主国との組合せとして適当なものを，次の①～⑤のうちから一つ選べ。 21

① インドネシア — フランス　　② カンボジア — イタリア
③ タ　イ — アメリカ合衆国　　④ ブルネイ — イギリス
⑤ ラオス — オランダ

問4　ナオコさんは，東南アジアの文化の多様性について調べた。図1中の**イ**，**エ**，**オ**，**キ**の国における言語(民族)や宗教について述べた次の文①～④のうちから，最も適当なものを一つ選べ。 22

① **イ**の国では，シナ＝チベット語族に属する民族が多数を占め，中国から伝わった大乗仏教が広く信仰されている。
② **エ**の国では，フィリピノ語と英語が公用語で，植民地時代に広まったキリスト教のカトリックが広く信仰されている。
③ **オ**の国では，中国系，マレー系，インド系など複数の民族が居住し宗教も多様であるが，先住民のマレー系を優遇する政策がとられている。
④ **キ**の国では，古くからアラブ人との交易がさかんであったためイスラム教が伝わり，現在でも国民の多数が信仰している。

問5　ナオコさんは，東南アジアには近年経済発展の著しい国が多いことを知り，各国の経済や産業の政策について調べた。図1中の**ア**，**ウ**，**オ**，**カ**の国で実施された経済や産業の政策について述べた次の文①～④のうちから，**適当でないもの**を一つ選べ。［23］

① **ア**の国では，隣国との国境地帯にマキラドーラゾーン(保税輸出加工工業地域)を指定し，組立型工業の集積地が形成された。

② **ウ**の国では，社会主義を維持しながらも市場経済の導入による経済成長策がとられ，諸産業の成長につながった。

③ **オ**の国では，厳しい罰則規定を設けて街の美化や緑化を実施し，観光業や金融業の発展に貢献した。

④ **カ**の国では，日本をはじめ韓国などを模範とした工業化政策を推進し，東アジアなどから多くの外国資本が進出した。

問6　ナオコさんは，東南アジア諸国のほとんどがASEAN（東南アジア諸国連合)に加盟し，経済・政治両面での協力関係を強めていることを知り，世界の他地域の国家間協力機構と比較するために，次の表1を作成した。表1中の①～④は，ASEAN，EU（ヨーロッパ連合)，MERCOSUR（南米南部共同市場)，NAFTA（北米自由貿易協定)*のいずれかにおける人口密度，GDP（国内総生産)，貿易総額を示したものである。ASEANに該当するものを，①～④のうちから一つ選べ。［24］

*NAFTAに代わり，2020年にUSMCA（米国・メキシコ・カナダ協定)が発効した。

表　1

	人口密度 (人／km^2)	GDP (億ドル)	貿易総額 (億ドル)
①	146	29,715	28,527
②	117	187,758	117,410
③	22	235,162	60,829
④	22	27,356	6,667

ASEAN10か国，EU28か国，NAFTA 3か国，MERCOSUR 6か国の合計値。統計年次は2018年。
『世界国勢図会』により作成。

第5問　中学校で同級生だったジュンコさん，マサコさん，モモエさんの3人は，ひさびさに故郷である和歌山県新宮(しんぐう)市で集まることにした。次の図1を見て，この地域調査に関する次ページの問い(問1～6)に答えよ。

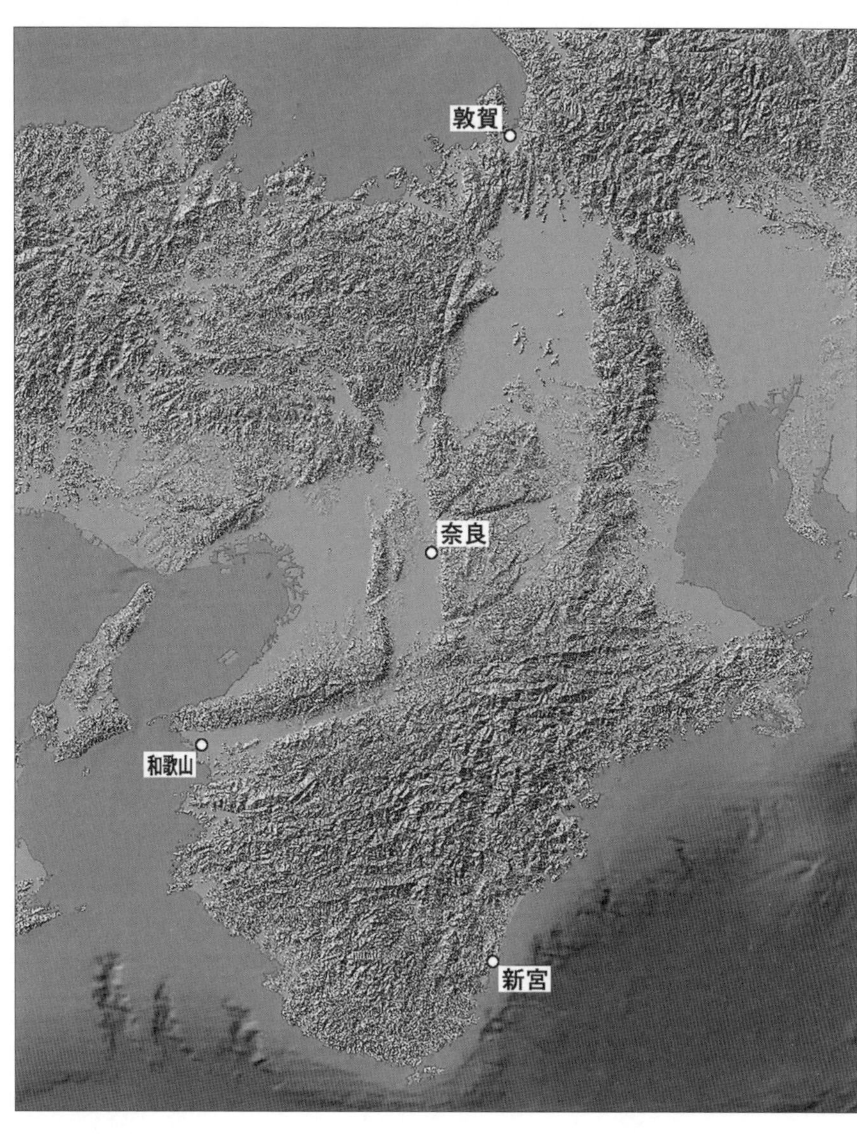

地理院地図による。

図　1

問1　新宮駅に集合することになった3人は，自宅からさまざまな交通機関を利用して異なる経路で新宮駅へ向かった。次の表1は，3人それぞれの自宅の所在地，利用した交通機関，途中の経由地で撮影した写真を，次ページの図2中のA～Cは，3人が新宮駅へ向かう経路上の地点を示したものである。また，次々ページのア～ウの文は，図2中のA～Cのいずれかの地点から新宮市の市街地へ向かう経路の様子について述べたものである。モモエさんが通った経路上の地点と経路の様子との正しい組合せを，次々ページの①～⑨のうちから一つ選べ。 25

表　1

	ジュンコ	マサコ	モモエ
自宅の所在地	奈良県奈良市	福井県敦賀(つるが)市	和歌山県和歌山市
利用した交通機関(順不同)	私鉄(民営鉄道)線と一般道のみを走る路線バス	JR線の新幹線と在来線	一般道と自動車専用道路を走る自家用車
途中の経由地で撮影した写真	 西南日本外帯にあたる山地の内陸部に位置する渓谷	 国内最多雨地域の一つに位置するリアス海岸	 本州最南端に位置する陸繋島と陸繋砂州(トンボロ)

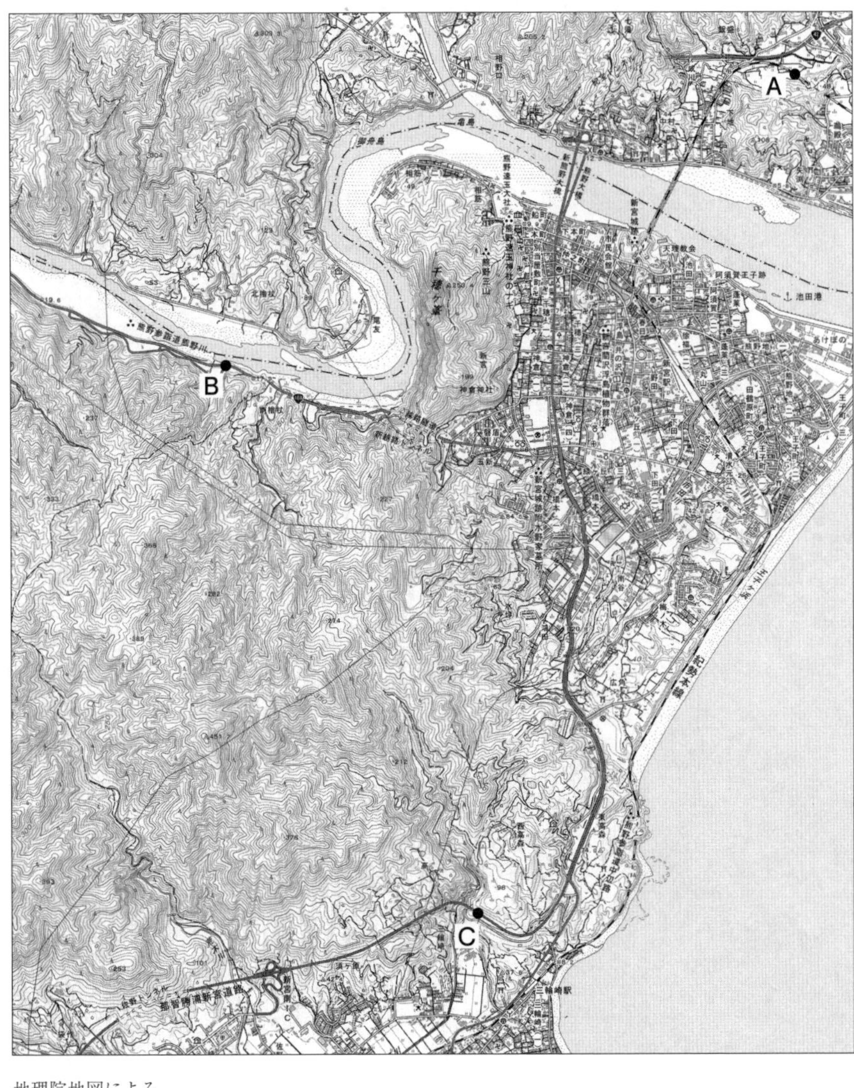

地理院地図による。

図　2

ア　海を進行方向右側に見ながら大きく左にカーブしたのち，丘陵地の間を通り抜けて，新宮市の市街地に入った。

イ　大きく左にカーブしたのち，小さな低地を通り過ぎ，河川を渡りトンネルを抜けて，新宮市の市街地に入った。

ウ　河川を進行方向左側に見ながら山地の間の谷沿いを進んだのち，トンネルを抜けて，新宮市の市街地に入った。

	①	②	③	④	⑤	⑥	⑦	⑧	⑨
経路上の地点	A	A	A	B	B	B	C	C	C
経路の様子	ア	イ	ウ	ア	イ	ウ	ア	イ	ウ

問２　３人は新宮駅に集まった。１月ではあるものの，比較的暖かく天気も快晴であった。駅前の寿司屋でさんま寿司を食べながら，新宮市とそれぞれ現在の自宅のある地域の冬の気候についての話題になった。次の表２は，新宮市と敦賀市，奈良市，和歌山市における１月の平均気温，日照時間，平均風速を示したものである。表２に関連して，冬の各地域の気候についての次ページの会話文中の下線部①～⑥のうちから，**適当でないもの**を二つ選べ。ただし，解答の順序は問わない。 26 ・ 27

表　2

	１月の平均気温（℃）	１月の日照時間（時間）	１月の平均風速（m/s）
新宮市	7.2	179.5	3.0
敦賀市	4.5	62.3	4.4
奈良市	3.9	116.7	1.7
和歌山市	6.0	134.8	4.3

気象庁の資料により作成。

ジュンコ　「新宮に来てみると，奈良にくらべたら少し暖かく感じるわ」

マサコ　「そうね，やっぱり①沿岸を暖流の黒潮が流れている影響が大きいんだと思うよ」

ジュンコ　「海の影響ってすごいね。奈良は②海から離れた内陸にあるから冬は冷え込むんだよね」

モモエ　「それに新宮は太平洋に面しているから，③温暖な小笠原気団におおわれることが多いからよ」

マサコ　「なるほどね。あと，今日もそうだけど，新宮の冬はお天気がよい日が多いよね」

モモエ　「冬は④季節風が北側の山を越えてくるから乾燥した風になるのよ。」

ジュンコ　「サンタモニカのことを思い出すわ」

マサコ　「冬の敦賀は曇天（どんてん）つづきで雪や雨の日ばかりだから，うらやましい気候だわ」

ジュンコ　「⑤沿岸を寒流の千島海流が流れている影響が大きいんだろうね。だから雪や雨の日が多くなるんじゃないのかしら」

マサコ　「それに冬の敦賀は風も強いのよ」

モモエ　「敦賀や和歌山のように，冬に海からの風が吹き込みやすい⑥海岸部では風が強く吹く傾向にあるのかな」

マサコ　「たしかに，海上は風をさえぎる障害物が何もないからね」

ジュンコ　「日本の気候っていうのは，海流，気団，風などが複雑にからみ合ってつくりだされているわけね」

モモエ　「それはともかく，早くさんま寿司を食べましょうよ」

問3　翌日，平日の昼間の時間帯に，3人はそれぞれ別々に新宮市の中心市街地を散策した。次ページの写真1中の**カ**～**ク**は，次の図3中の**E**～**G**の地点で撮影したものであり，次ページの文章は，各地点についての3人の説明である。文章中の下線部**a**～**c**について，正誤の組合せとして正しいものを，次々ページの①～⑧のうちから一つ選べ。 28

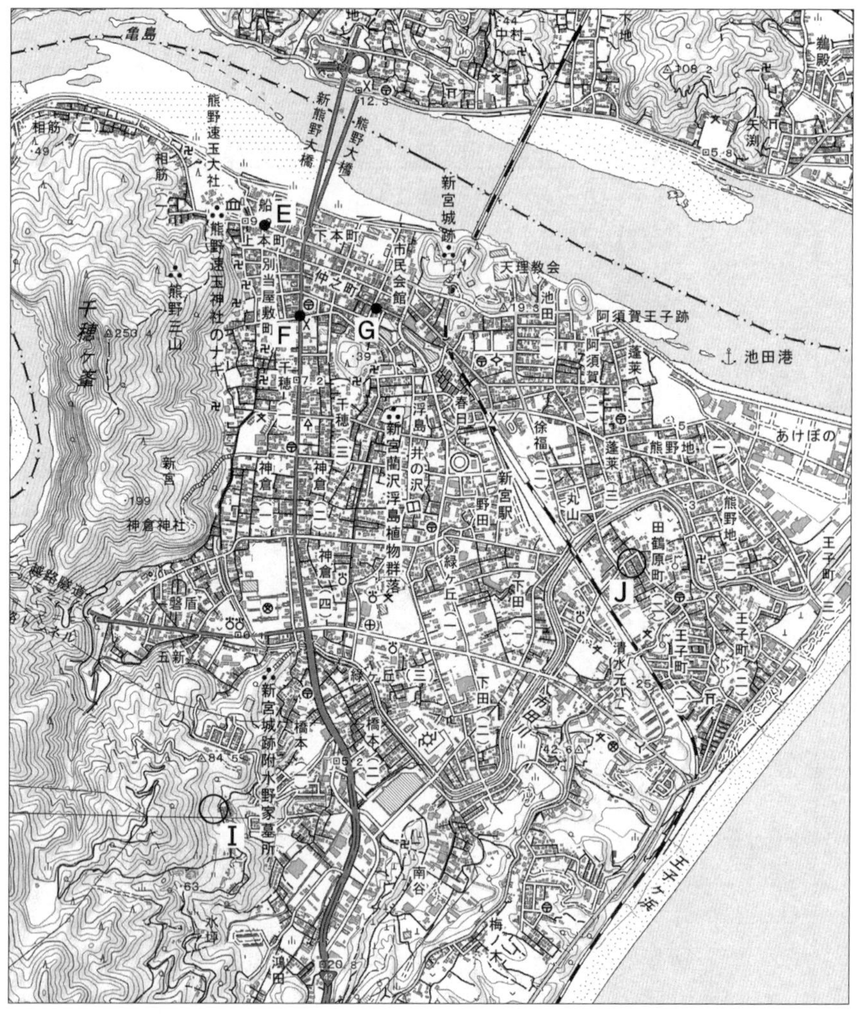

地理院地図による。

図　3

カ

キ

ク

写　真　1

ジュンコ　**カ**は**E**地点付近で撮影した写真で，世界遺産に登録されている a神社に向かう参道にあたる。年始などには多くの参詣者でにぎわうだろう。

マサコ　**キ**は**F**地点付近で撮影した写真で，b幹線道路の国道に面して郵便局，警察署，税務署のほか，商店や金融機関などが建ち並ぶ。駐車場が併設されている施設もあり，平日でも人の出入りが比較的多い。

モモエ　**ク**は**G**地点付近で撮影した写真で，街の中心商店街にあたる。アーケードが設置され，天候に関係なく快適に買い物ができ，c土・休日には多くの買い物客でにぎわうだろう。

	①	②	③	④	⑤	⑥	⑦	⑧
a	正	正	正	正	誤	誤	誤	誤
b	正	正	誤	誤	正	正	誤	誤
c	正	誤	正	誤	正	誤	正	誤

問4　その日の午後，ジュンコさんとモモエさんは，中学校の先輩で市役所の防災対策課に勤務するシンイチさんを訪ねた。2人の両親はそれぞれ高齢で，新宮市内の実家に暮らしており，災害時に被害が予測される範囲などを地図上に示したハザードマップ(防災地図)を見せてもらうことにした。図3中の**I**はジュンコさんの，**J**はモモエさんの実家のある地域を示している。**I**および**J**の地域で予測される災害による被害を，次の①～④のうちからそれぞれ**すべて**選び，**I**については 29 に，**J**については 30 に答えよ。

① 河川氾濫による浸水　　② 急傾斜地の崩壊
③ 津波による浸水　　④ 土石流

問5　その日の夕方，3人は，シンイチさんの友人で製材業関連の仕事に就いているトモカズさんを訪ねた。製材業は新宮市の主要産業のひとつで，紀伊山地の森林資源を背景に近世より熊野川を利用した原木の集散地となり，明治期以降に発達した。次の図4は，新宮市の製材業における材料となる原木(国産材，外材)の入荷量と工場数の推移を示したものである。3人は，図4を見ながらトモカズさんから聞いた新宮市の製材業について，3人がメモした次ページの文章中の下線部①～④のうちから，**適当でないもの**を一つ選べ。 31

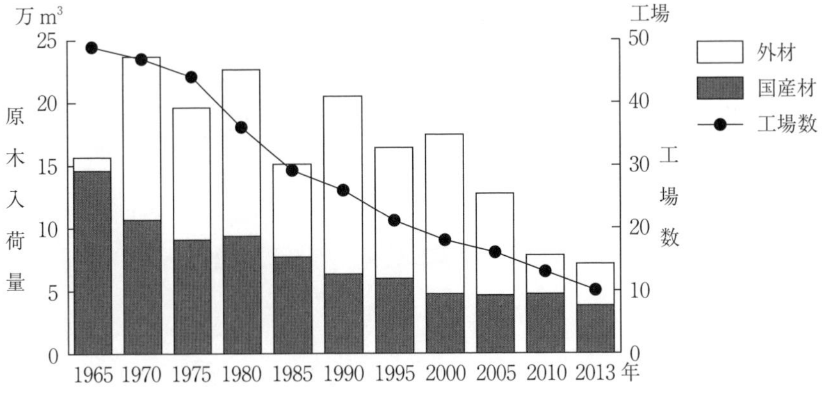

新宮木材協同組合の資料により作成。

図 4

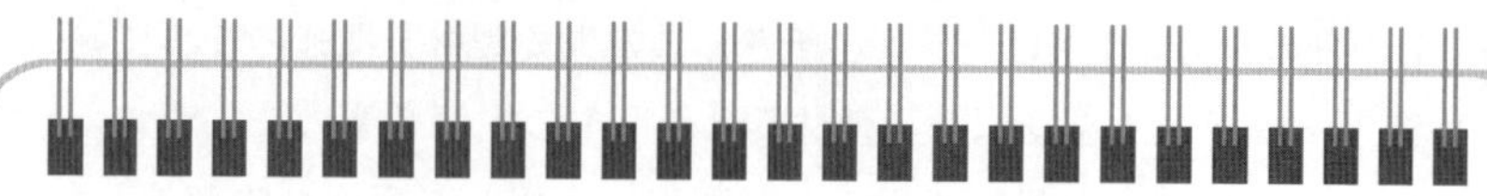

- 国産材の供給逼迫（ひっぱく）や木材の輸入自由化などによって，1960年代後半には①外材の入荷量が急激に増加している。
- 1970年からの30年間において，工場の大規模化が進展したことによって，②1工場あたりの原木入荷量は増加傾向となっている。
- 1980年代以降は，国内での木材需要の停滞・減少や海外からの木製品輸入の増加などによって，2013年現在③工場数は約半数に減少した。
- 2000年代以降は，輸出国での規制などによって外材の入荷量は減少傾向となり，2010年以降は④原木入荷量のうち国産材の割合のほうが大きくなっている。

問6　高校の先生であるマサコさんは，自宅にもどったあと，次ページの図5に示した定期試験の問題を作成した。図5の問題の正答を，図5中の①～④のうちから一つ選べ。 32

問　次の図は，和歌山県の市町村における人口，人口密度，労働力率，65歳以上人口の割合を，統計地図の一つである階級区分図で表現したものである。この階級区分図は，単位となる領域の面積に大小がある場合，面積が増加するとそれにともなって増加する性質のある指標に用いるのは不適当とされる。市町村別の階級区分図で表現する指標として**適当でないもの**を，次の①～④のうちから一つ選べ。

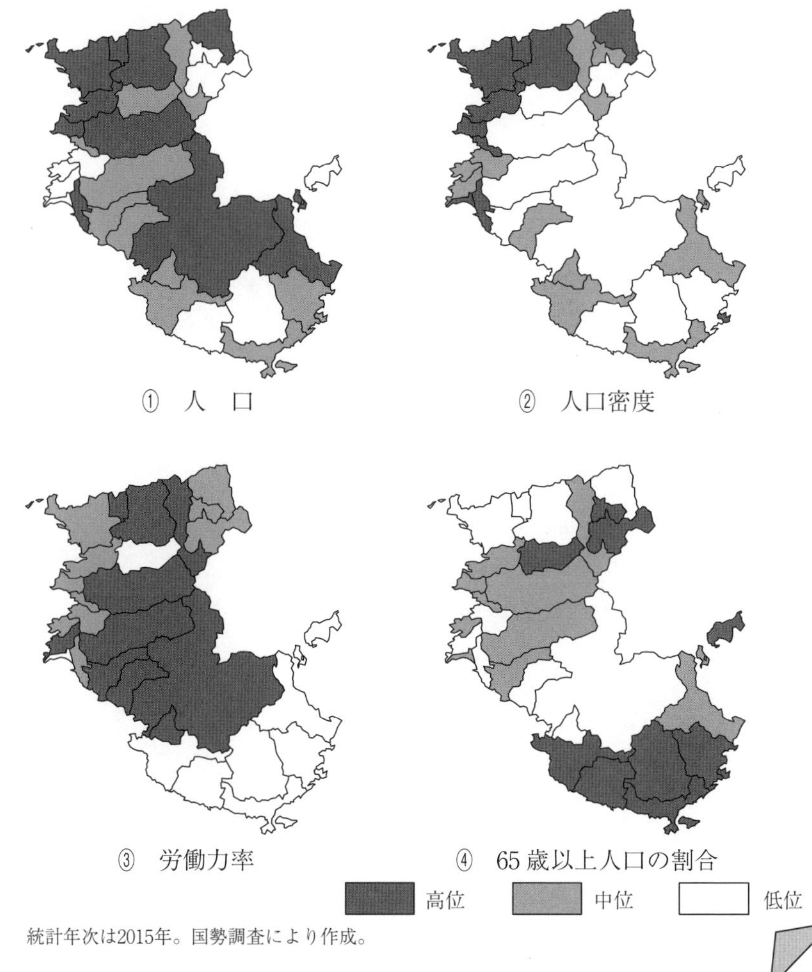

統計年次は2015年。国勢調査により作成。

図　5

予想問題
第2回

100点／60分

第1問 昨年度の大学入学試験の「地理B」で，満足できる得点がとれなかったトヨカズさんは，自然環境分野の対策として，自然環境の成因についての理解が不足していたことに気づいた。そのため，アフリカ大陸を題材として自然環境分野を再度学習し直すことにした。次の図1を見て，アフリカ大陸の自然環境に関する下の問い(問1～5)に答えよ。

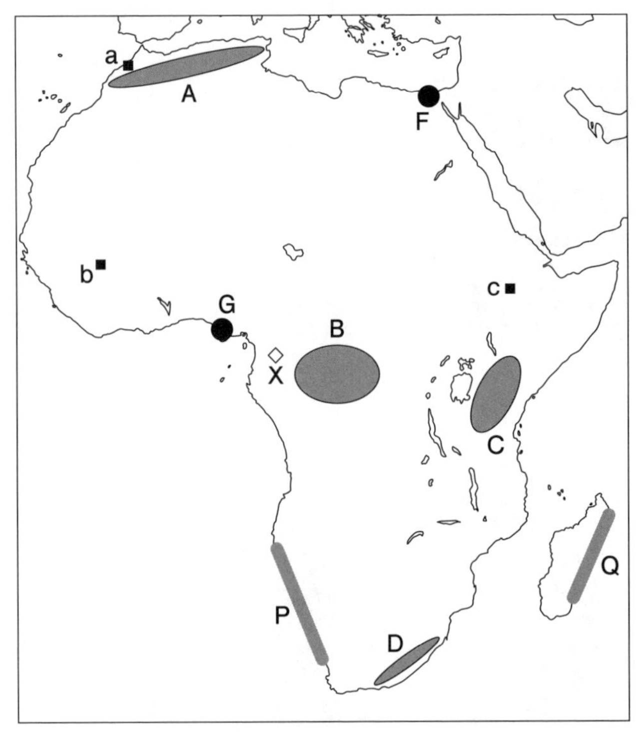

図 1

問1 トヨカズさんは，大地形の分野について，プレートテクトニクスと地体構造の面から地形の成因を再度学習し直した。図1中のA～Dの地域の地形とその成因について述べた文として**適当でないもの**を，次の①～④のうちから一つ選べ。 1

① Aの地域には，アルプス山脈やヒマラヤ山脈の形成と同時期の造山運動によってつくられた褶曲山地がみられる。

② Bの地域には，ゆるやかな沈降運動によってつくられた安定陸塊に属する盆地がみられる。

③ Cの地域は，プレートの広がる境界付近にあたり，その影響でつくられた火山が分布する高原がみられる。

④ Dの地域は，プレートの狭まる境界付近にあたり，その影響でつくられた古期造山帯に属する褶曲山地がみられる。

問2 トヨカズさんは，小地形の分野について，それらの成因と世界での代表的な事例を再度学習し直した。図1中のFとGに共通してみられる地形について，その成因を述べた次の文ア，イと，下の図2中に示したその代表的な事例がみられる場所カ〜クとの正しい組合せを，下の①〜⑥のうちから一つ選べ。 2

ア 河口周辺付近の低地に海水が侵入して入り江となった。

イ 河口周辺付近に砂泥が堆積して低平な平野となった。

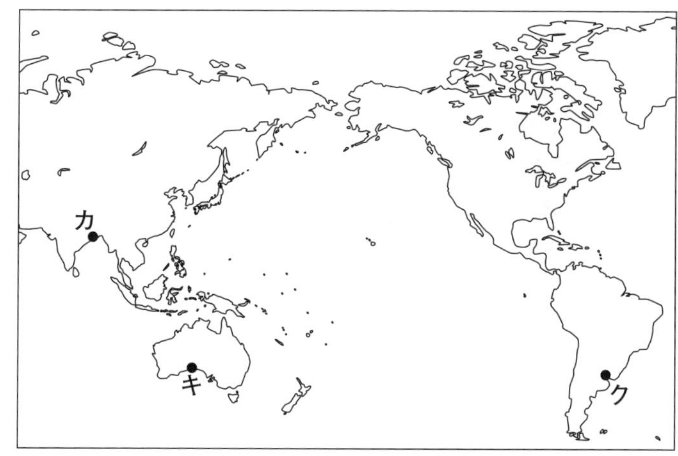

図 2

	①	②	③	④	⑤	⑥
成　因	ア	ア	ア	イ	イ	イ
代表的な事例がみられる場所	カ	キ	ク	カ	キ	ク

問題編
第1日程（2021）
予想問題・第1回
予想問題・第2回
予想問題・第3回

問3　トヨカズさんは，気候の分野について，各地の気温や降水量の季節変化とそれらに影響を与える気候因子との関係を再度学習し直した。次の図3中のサ～スは，図1中のa～cのいずれかの地点の月平均気温と月降水量を示したものである。図3中のサ～スについて述べた下の文中の下線部について，正誤の組合せとして正しいものを，下の①～⑧のうちから一つ選べ。 3

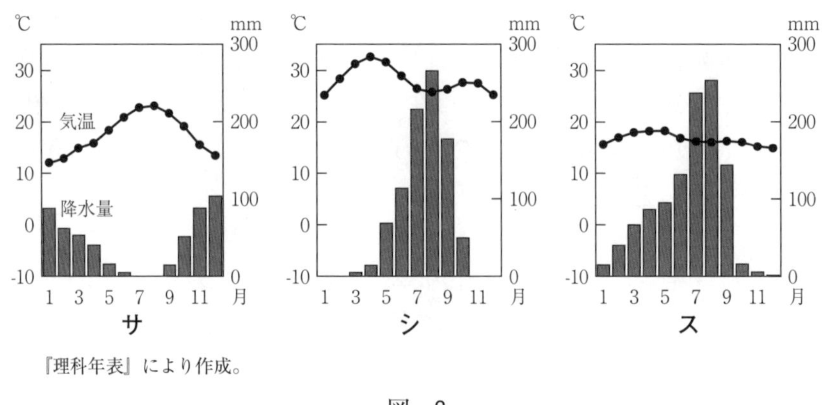

『理科年表』により作成。

図 3

サ　1月前後に湿潤，7月前後に乾燥となっていることから，1月前後に海洋からの偏西風の，7月前後に亜熱帯高圧帯の影響を受ける地点aだろう。

シ　1月前後に乾燥，7月前後に多雨となっていることから，1月前後に亜熱帯高圧帯の，7月前後に海洋からの偏西風の影響を受ける地点bだろう。

ス　年間を通して気温が15～20℃程度で年較差が小さいことから，標高が高く比較的低緯度に位置する地点cだろう。

	①	②	③	④	⑤	⑥	⑦	⑧
サ	正	正	正	正	誤	誤	誤	誤
シ	正	正	誤	誤	正	正	誤	誤
ス	正	誤	正	誤	正	誤	正	誤

問4　トヨカズさんは，気候の分野について，年間を通して降水量が多い地域や少ない地域とそれらの成因を再度学習し直した。図1中のPおよびQの地域の降水量の特徴とその成因について述べた文として最も適当なものを，次の①～⑧のうちからそれぞれ一つずつ選び，Pについては［4］に，Qについては［5］に答えよ。

① 沖合を寒流が流れ大気が安定するため，年中降水量が少ない。
② 沖合を寒流が流れ大気が不安定となるため，年中降水量が多い。
③ 沖合を暖流が流れ大気が安定するため，年中降水量が少ない。
④ 沖合を暖流が流れ大気が不安定となるため，年中降水量が多い。
⑤ 海洋からの貿易風の風下側にあたるため，年中降水量が少ない。
⑥ 海洋からの貿易風の風上側にあたるため，年中降水量が多い。
⑦ 海洋からの偏西風の風下側にあたるため，年中降水量が少ない。
⑧ 海洋からの偏西風の風上側にあたるため，年中降水量が多い。

問5　トヨカズさんは，植生の分野について，森林や草原の形成と気候との関係を再度学習し直した。図1中のX地点とその周辺にみられる植生と気候との関係について述べた次の文章中の空欄タとチに該当する語の正しい組合せを，下の①～④のうちから一つ選べ。［6］

植物の生育には，温度，水，太陽光などが影響し，森林や草原といった植生は気候条件と密接にかかわっている。X地点とその周辺は，年間を通して気温が高く降水量も多いため，植物の生育にとって有利な環境であるといえ，多種類の(　タ　)広葉樹からなる森林が形成されている。なかには50m以上にも達する高木もみられ，高さの異なる樹木の樹冠が層をなしており，地表面(林床)には直射日光が(　チ　)ため，下草は多く生えない。

	①	②	③	④
タ	常　緑	常　緑	落　葉	落　葉
チ	強烈にあたる	届きにくい	強烈にあたる	届きにくい

第2問　第2次産業，第3次産業に関する次の問い（問1～6）に答えよ。

問1　次の表1は，石炭と原油について，産出量，輸出量，輸入量の世界上位5か国と世界合計を示したものであり，次ページのA～Cは，表1からの読み取りを，e～gはそれに関連することがらを述べた文である。表の読み取りとして最も適当なものと，それに関連することがらとの正しい組合せを，次ページの①～⑨のうちから一つ選べ。 7

表　1

	石　炭(万t)			原　油(万t)		
	産出量	輸出量	輸入量	産出量	輸出量	輸入量
1位	中　国 352,356	インドネシア 38,954	中　国 27,093	ロシア 51,454	サウジアラビア 34,732	中　国 41,946
2位	インド 67,540	オーストラリア 37,894	インド 20,827	サウジアラビア 49,642	ロシア 25,217	アメリカ合衆国 39,327
3位	インドネシア 46,100	ロシア 18,102	日　本 18,696	アメリカ合衆国 46,127	イラク 18,677	インド 22,043
4位	オーストラリア 41,572	コロンビア 10,269	韓　国 12,911	カナダ 22,763	カナダ 17,222	日　本 15,587
5位	アメリカ合衆国 32,023	アメリカ合衆国 8,012	ドイツ 5,049	イラク 22,440	アラブ首長国 11,846	韓　国 15,061
世界合計	644,544	133,461	128,768	395,048	223,971	231,903

統計年次は2017年。
『世界国勢図会』により作成。

【表の読み取り】

A　石炭の供給量は中国が世界最大である。

B　原油の供給量はロシアが世界最大である。

C　石炭と比べ原油は産出国で消費される傾向が強い。

【関連することがら】

e　石油危機後，石炭エネルギーの見直しが行なわれた。

f　世界の原油産出量に占める中東地域の割合が低下した。

g　エネルギー革命を経ずに今日にいたった。

	①	②	③	④	⑤	⑥	⑦	⑧	⑨
表の読み取り	A	A	A	B	B	B	C	C	C
関連することがら	e	f	g	e	f	g	e	f	g

問2　次の図1中の①～④は，アラブ首長国連邦，ノルウェー，ブラジル，フランスのいずれかにおけるエネルギー源別発電量を示したものである。ブラジルに該当するものを，図1中の①～④のうちから一つ選べ。 8

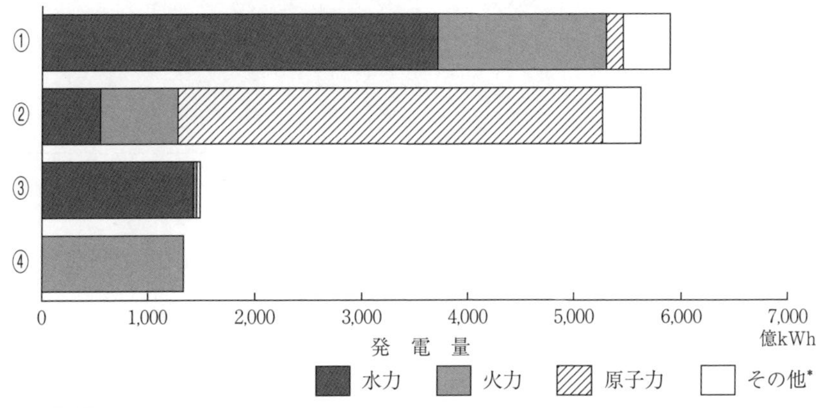

*地熱・太陽光・風力などによる発電量。
『世界国勢図会』により作成。統計年次は2017年。

図　1

問3　次の文ア～ウは，鉄鉱，銅鉱，ボーキサイトのいずれかの原料資源について述べたものである。また，下の図2中のI～Kは，これらの原料資源の主産地を示したものである。ア～ウとI～Kとの正しい組合せを，下の①～⑥のうちから一つ選べ。

9

ア　精錬に多くの電力を必要とし，その素材は航空機産業や建設業などで利用される。

イ　かつては日本でも多く産出され，電気関連産業の発展とともに需要が拡大した。

ウ　「産業の米」とよばれる基礎素材となるもので，重工業の発展には欠かせない。

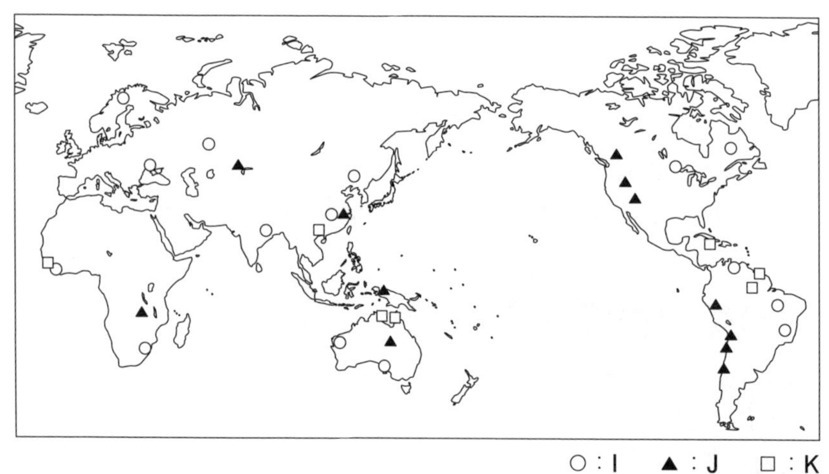

○：I　▲：J　□：K

図　2

	①	②	③	④	⑤	⑥
ア	I	I	J	J	K	K
イ	J	K	I	K	I	J
ウ	K	J	K	I	J	I

問4　ウェーバーの工業立地論について述べた次の文章中の下線部**カ**と**キ**について正誤の組合せとして正しいものを，下の①～④のうちから一つ選べ。

10

ドイツの経済学者ウェーバーは，各種工場はその業種の特色によって，生産費のなかでもとりわけ**カ**原料や製品の輸送費が最小となる場所に立地するという工業立地論を体系化した。たとえば，原料が特定の場所にしかし存在しない場合で，原料の重量に比べて製品の重量が大きくなるような業種では，工場は**キ**消費市場に立地するほうが有利になると考えた。

	①	②	③	④
カ	正	正	誤	誤
キ	正	誤	正	誤

問5　工業(製造業)の国際化とそれに関連することがらについて述べた文として最も適当なものを，次の①～④のうちから一つ選べ。 11

①　アメリカ合衆国では，製造業の空洞化の進展により，知的財産権の使用料などの国際取引では受取額より支払額のほうが大きくなっている。

②　中国では，豊富な労働力と成長する消費市場を求めて，先進国の多国籍企業の本社や研究開発部門が集積している。

③　日本では，国内の労働力不足や原油の安定供給などを理由に，石油化学工業において製造拠点の中東諸国への移転が加速している。

④　EU（ヨーロッパ連合）では，航空機産業において域内各国の企業が参画し，部品生産から最終組み立てまで国際分業が行なわれている。

問6　下の表2は，日本を訪れる外国人の延べ宿泊者数と，その上位8か国について宿泊先上位5都道府県の割合を示したものである。表2から読み取れるデータと，日本を訪れる外国人の訪問先の傾向についての仮説として**最も適当でないもの**を，下の①～④のうちから一つ選べ。 12

表　2

	延べ宿泊者数（万人泊）	上位5都道府県（%）									
中　国	2,984.8	東京都	23.6	大阪府	20.8	京都府	8.2	北海道	7.3	千葉県	6.3
台　湾	1,347.1	東京都	15.9	沖縄県	13.3	大阪府	11.3	北海道	10.5	京都府	6.2
韓　国	971.5	大阪府	18.0	東京都	17.7	福岡県	13.7	北海道	11.4	沖縄県	9.8
アメリカ合衆国	727.8	東京都	47.2	京都府	13.5	大阪府	7.9	神奈川県	6.1	千葉県	4.8
ホンコン	698.2	東京都	18.8	大阪府	17.6	北海道	10.5	沖縄県	8.7	福岡県	6.6
タ　イ	360.4	東京都	24.8	北海道	15.3	大阪府	14.7	千葉県	8.8	愛知県	5.4
オーストラリア	306.6	東京都	40.0	京都府	14.7	大阪府	11.4	北海道	7.5	千葉県	4.8
シンガポール	245.5	東京都	36.3	北海道	14.9	大阪府	13.8	京都府	7.4	千葉県	4.3
外国人合計	10,130.6	東京都	27.6	大阪府	15.7	京都府	8.8	北海道	7.9	沖縄県	5.4

統計年次は2019年。従業者数9人以下の宿泊施設。
観光庁『宿泊旅行統計調査』により作成。

① オーストラリアやアメリカ合衆国のデータから，自国とは異なった文化環境の地域への訪問が相対的に多い傾向があるという仮説を立てることができる。

② 中国やホンコンのデータから，自国とは異なった地形環境の地域への訪問が相対的に多い傾向があるという仮説を立てることができる。

③ シンガポールやタイのデータから，自国とは異なった気候環境の地域への訪問が相対的に多い傾向があるという仮説を立てることができる。

④ 台湾や韓国のデータから，自国の近隣地域への訪問が相対的に多い傾向があるという仮説を立てることができる。

第3問　現代世界の諸課題や国際関係，世界各国の国民生活に関する次の問い(問1～6)に答えよ。

問1　次の図1中のA～Dの地域で発生した環境問題について述べた文として**最も適当でないもの**を，下の①～④のうちから一つ選べ。 13

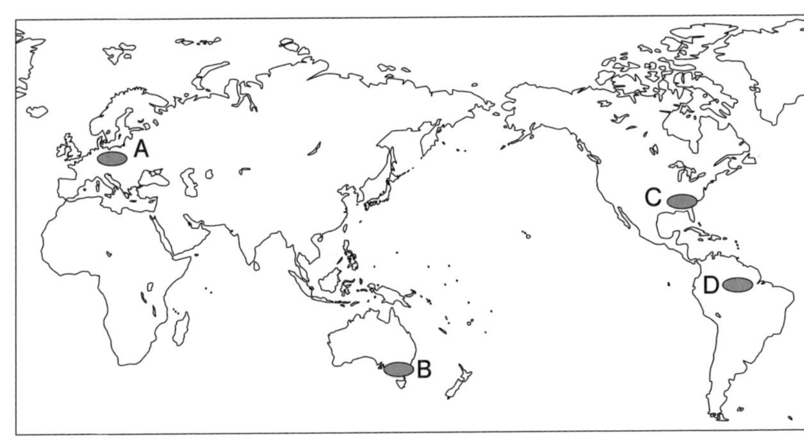

図　1

①　Aの地域では，石炭エネルギーへの依存度が高いことなどから，酸性度の強い降水によって森林被害がみられた。

②　Bの地域では，とくに春季から夏季にかけて紫外線量が増加し，サングラスの着用など紫外線対策が必要とされた。

③　Cの地域では，排水設備を整えずに耕地への過剰な灌漑が行なわれたため，表土の塩性化が起こった。

④　Dの地域では，牧場開発をはじめとする農牧地の拡大などで，森林の破壊が顕著となった。

問2　世界の都市における都市内交通について述べた文として適当なものを，次の①～④のうちから一つ選べ。 14

① アムステルダムでは，レンタル自転車や自転車専用道の整備によって，自転車が都市内の重要な交通手段の一つとして機能している。

② カイロでは，市内中心部に乗り入れる自動車から課徴金を徴収し，新たな道路建設の財源にあてるロードプライシング制度を導入している。

③ ソウルでは，ハブ＝アンド＝スポーク方式によって，都市の中心部から放射状に路面電車(トラム)の路線が敷設され，都市内移動の利便性がはかられている。

④ ニューヨークでは，通勤時の鉄道の混雑を緩和するため，郊外の駅で鉄道からバスに乗り換えて市内中心部へ向かうパークアンドライド方式を推奨している。

問3　世界では宗教を背景とした民族間の対立が発生している。次の図2中の**P**～**R**は，2つの異なった宗教の対立がおもな原因となった民族紛争の発生地点を示したものであり，次ページの表1中の**ア**～**ウ**は，それらいずれかの対立する2つの宗教を示したものである。**P**～**R**と**ア**～**ウ**との正しい組合せを，次ページの①～⑥のうちから一つ選べ。 15

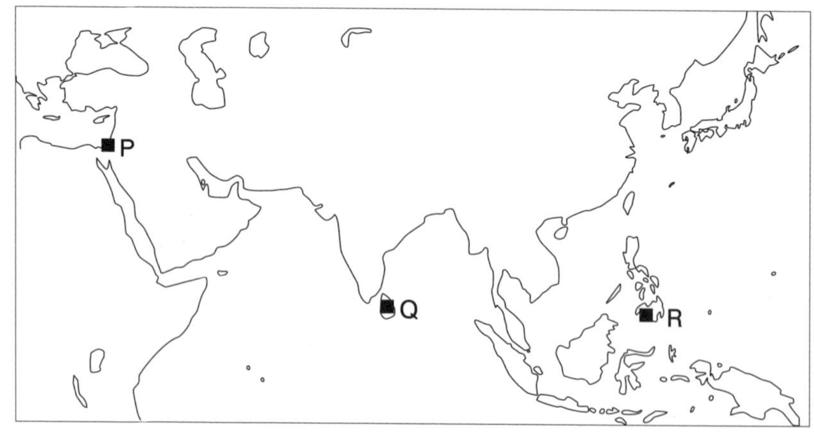

図　2

表 1

	対立する2つの宗教	
ア	イスラム教	キリスト教
イ	イスラム教	ユダヤ教
ウ	ヒンドゥー教	仏　教

	①	②	③	④	⑤	⑥
P	ア	ア	イ	イ	ウ	ウ
Q	イ	ウ	ア	ウ	ア	イ
R	ウ	イ	ウ	ア	イ	ア

問4　次の表2中の①～⑤は，アメリカ合衆国，インド，シンガポール，中国，ドイツのいずれかの国における貿易依存度*，日本への輸出額，日本からの輸入額を示したものである。インドに該当するものを，表2中の①～⑤のうちから一つ選べ。 16

* GDP（国内総生産）に対する輸出額および輸入額の割合。

表 2

	貿易依存度（%）		日本への輸出額（億円）	日本からの輸入額（億円）
	輸　出	輸　入		
①	105.0	96.5	9,143	18,876
②	38.6	35.0	22,660	18,752
③	17.4	14.4	174,931	150,819
④	11.2	16.6	5,046	9,710
⑤	7.7	11.7	74,369	126,122

統計年次は，貿易依存度が2019年，日本への輸出額，日本からの輸入額が2020年。
『世界国勢図会』，『日本国勢図会』により作成。

問5　先進国から発展途上国への経済的援助の一つにODA（政府開発援助）がある。次の図3中の①～④は，アルジェリア，フィジー，ベネズエラ，ミャンマーのいずれかの国における経済協力実績額上位3か国とその割合を示したものである。フィジーに該当するものを，図3中の①～④のうちから一つ選べ。 17

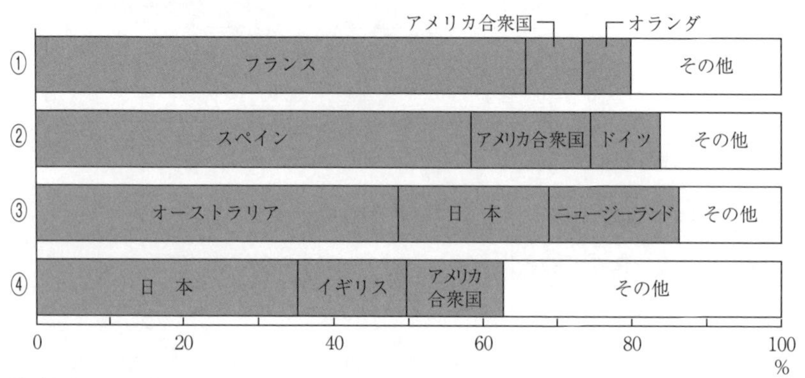

統計年次は2017年。
『政府開発援助（ODA）国別データブック』により作成。

図　3

問6　次の表3は，アメリカ合衆国，イギリス，韓国，南アフリカ共和国における家計の目的別消費支出の割合を示したものである。韓国に該当するものを，表3中の①～④のうちから一つ選べ。 18

表　3

	食　料	医療・保健	娯楽・文化	教　育	その他
①	26.6	8.3	4.2	3.0	57.9
②	16.5	5.2	7.0	6.2	65.1
③	12.5	1.6	12.4	1.4	72.1
④	9.0	19.0	9.0	2.6	60.4

単位は%。統計年次は，韓国，南アフリカ共和国が2007年，アメリカ合衆国が2006年，イギリスが2005年。『データブック オブ・ザ・ワールド』により作成。

第4問　次の図1を見て，オーストラリア・ニュージーランドに関する下の問い(問1～6)に答えよ。

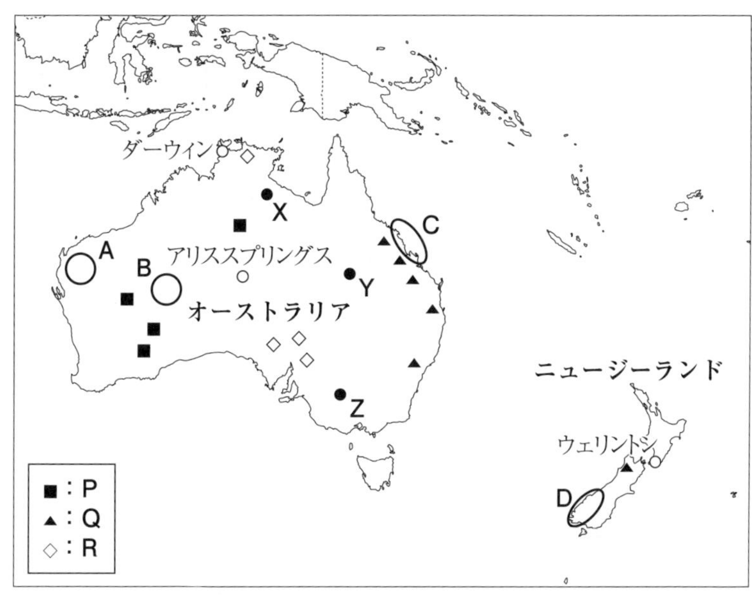

図　1

問1　図1中のA～D付近の地形について述べた文として最も適当なものを，次の①～④のうちから一つ選べ。 19

① A付近には，現在でも活動が活発な多くの火山がみられる。
② B付近には，多くの野生生物が分布する広大な堆積平野がみられる。
③ C付近には，沿岸に水深の浅い大陸棚がひろがり珊瑚礁がみられる。
④ D付近には，陸地の沈降で形成されたリアス海岸や塩湖がみられる。

問2　次ページの図2中のア～ウは，図1中のアリススプリングス，ウェリントン，ダーウィンのいずれかの地点における気温の年較差と最少雨月降水量・最多雨月降水量を示したものである。ア～ウと3つの地点との正しい組合せを，次ページの①～⑥のうちから一つ選べ。 20

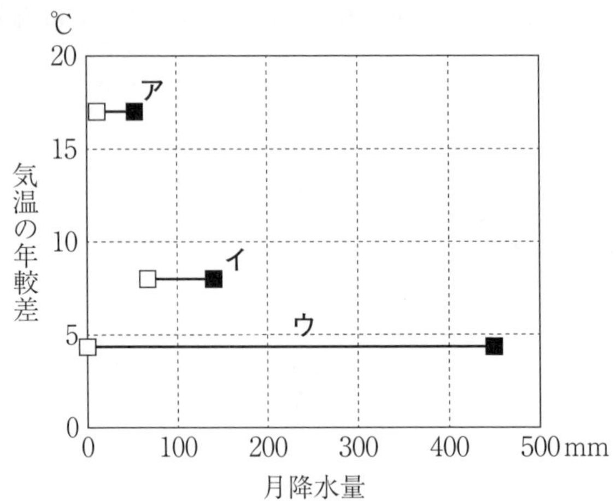

図　2

	ア	イ	ウ
①	アリススプリングス	ウェリントン	ダーウィン
②	アリススプリングス	ダーウィン	ウェリントン
③	ウェリントン	アリススプリングス	ダーウィン
④	ウェリントン	ダーウィン	アリススプリングス
⑤	ダーウィン	アリススプリングス	ウェリントン
⑥	ダーウィン	ウェリントン	アリススプリングス

問3　図1中の**P**～**R**は，オーストラリア大陸における3つの鉱産資源のおもな産地を示したものである。また，次ページの表1中の**カ**～**ク**は，これらの3つの鉱産資源の産出量上位5か国を示したものである。**カ**～**ク**と**P**～**R**との正しい組合せを，次ページの①～⑥のうちから一つ選べ。［21］

表 1

カ	キ	ク
中　国 オーストラリア ロシア アメリカ合衆国 カナダ	カザフスタン カナダ オーストラリア ナミビア ウズベキスタン	中　国 インド インドネシア オーストラリア ロシア

統計年次は2018年，2019年のいずれか。
『世界国勢図会』により作成。

	①	②	③	④	⑤	⑥
カ	P	P	Q	Q	R	R
キ	Q	R	P	R	P	Q
ク	R	Q	R	P	Q	P

問４　次の**サ**～**ス**の文は，図１中の**X**～**Z**付近のいずれかの地域で行われている農牧業について述べたものである。**サ**～**ス**と**X**～**Z**との正しい組合せを，下の①～⑥のうちから一つ選べ。［22］

サ　広大な草原を利用して，粗放的な肉牛の飼育が行われている。
シ　被圧地下水を利用して，おもに羊の飼育が行われている。
ス　おもに河川水による灌漑で，小麦の栽培が行われている。

	①	②	③	④	⑤	⑥
サ	X	X	Y	Y	Z	Z
シ	Y	Z	X	Z	X	Y
ス	Z	Y	Z	X	Y	X

問5　オーストラリアとニュージーランドの人種・民族や言語について述べた文として**適当でないもの**を，次の①～④のうちから一つ選べ。 23

① オーストラリアの先住民はアボリジニーとよばれ，イギリス系住民が入植する以前から狩猟・採集生活を行っていた。

② オーストラリアでは，白人以外の移民を原則禁止する人種・民族政策がとられていたが，20 世紀の後半には廃止された。

③ ニュージーランドの先住民はメラネシアから移住してきた人々で，現在では雇用，教育などあらゆる分野で優先権が与えられている。

④ ニュージーランドでは，英語に加えて，マオリ語とニュージーランド手話が公用語に定められている。

問6　次の表2は，オーストラリアの貿易相手国の変化を示したものである。表2中の**タ**～**ツ**に該当する国の正しい組合せを，次ページの①～⑥のうちから一つ選べ。 24

表 2

		第1位	第2位	第3位
1965年	輸　出	**タ**	**チ**	アメリカ合衆国
	輸　入	**タ**	アメリカ合衆国	**チ**
1975年	輸　出	**チ**	アメリカ合衆国	**タ**
	輸　入	アメリカ合衆国	**チ**	**タ**
1998年	輸　出	**チ**	アメリカ合衆国	韓　国
	輸　入	アメリカ合衆国	**チ**	**ツ**
2019年	輸　出	**ツ**	**チ**	韓　国
	輸　入	**ツ**	アメリカ合衆国	**チ**

『世界国勢図会』により作成。

	タ	**チ**	**ツ**
①	イギリス	中　国	日　本
②	イギリス	日　本	中　国
③	中　国	イギリス	日　本
④	中　国	日　本	イギリス
⑤	日　本	イギリス	中　国
⑥	日　本	中　国	イギリス

第5問　定時制高校に通うケンさんは，地理の授業の課題に出された地域調査に取り組むことになり，福岡県福岡市近郊を調査地域に選んだ。次の図1を見て，この地域調査に関する次ページの問い(問1～6)に答えよ。

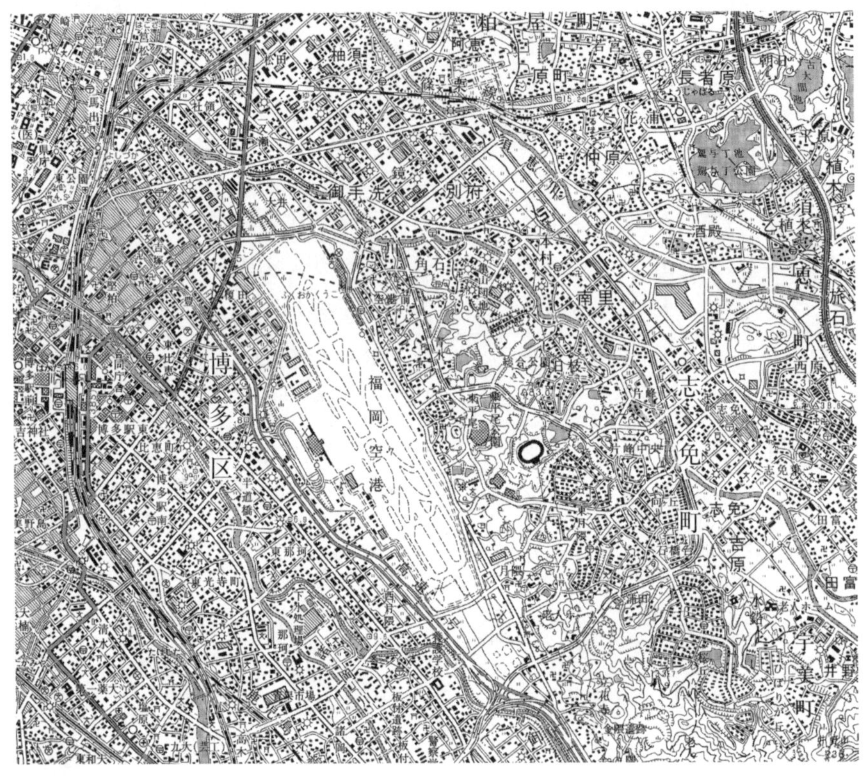

地理院地図による。

図　1

問1　ケンさんは，調査の準備として過去に発行された地形図を入手することにした。そこで入手先にその方法を電話で問い合わせた。次の電話での会話文中の空欄**ア**と**イ**にあてはまる語句の正しい組合せを，下の①～④のうちから一つ選べ。 25

担当者　「はい，（　**ア**　）国土地理院九州地方測量部でございます」
ケン　　「あの，お忙しいところすみません。自分は，○○ケンと申します」
担当者　「どのようなご用件でしょうか」
ケン　　「はい，旧版地形図の抄本を交付していただきたいのですが」
担当者　「地形図でしたら，縮尺２万５千分の１と５万分の１のものは，日本全国すべての地域のものがございます」
ケン　　「比較的（　**イ**　）に表現したものがよいのですが」
担当者　「それなら，縮尺２万５千分の１のものがよいと思います」
ケン　　「ご親切に，ありがとうございます」
担当者　「それでは，当庁舎の交付窓口までお越しいただき，抄本交付申請書などのご記入と，手数料の収入印紙のご準備をお願いします」
ケン　　「承知しました。ありがとうございました。失礼します」

	①	②	③	④
ア	国土交通省	国土交通省	文部科学省	文部科学省
イ	せまい範囲を詳細	広い範囲を概略的	せまい範囲を詳細	広い範囲を概略的

問2　ケンさんは，予備調査として図書館へ行き，書籍や各種資料，統計書などを使って文献調査を行なった。郷土資料の記述から，福岡市の中心市街地がある「博多区」の東側に隣接する「志免町（しめまち）」は，古くから石炭の産地であることがわかった。また，統計書で「志免町」の人口推移も調べてみた。次の図2は，文献調査からケンさんが作成したレポートの一部である。図2中の空欄**カ**と**キ**にあてはまる町の人口増減に影響を及ぼしたと考えられる最も大きな社会的背景として適当なものを，下の①～⑥のうちからそれぞれ選び，**カ**については［26］に，**キ**については［27］に答えよ。

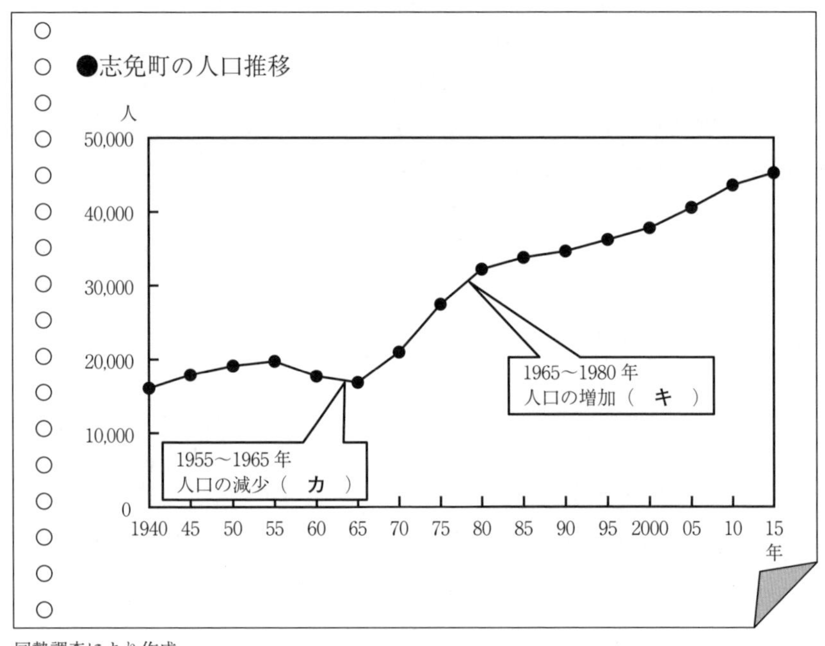

国勢調査により作成。

図　2

①　ベビーブームによる出生数の増加

②　急激な高齢化進展による死亡数の増加

③　福岡大都市圏の地価下落

④　人口の過密化による住環境の悪化

⑤　福岡市のベッドタウンとしての住宅開発

⑥　町の主要産業の衰退

問３　ケンさんは，予備調査として図１中の「志免町」の一部にあたる地域の変化について，新旧の地図で比較することにした。次ページの図４は，1952年に発行された２万５千分の１地形図と，これとほぼ同じ範囲の2019年の地理院地図である。また，次の図３は，図４から読み取ったこの地域の変化についてケンさんが作成したレポートの一部である。図３中の文の下線部①～⑥のうちから，**適当でないもの**を二つ選べ。ただし，解答の順序は問わない。［28］・［29］

●志免町の地形改変や土地利用などの変化について

- 南西部の丘陵地は①地形が改変され，住宅地となった。
- 河川改修が行なわれ，②一部は流路が変化し護岸工事も実施された。
- 養蚕業の衰退で，③桑畑がすべて田に変わった。
- 「志免鉱業所」付近の住宅の一部は，④新たに建てかえられた。
- 町役場は⑤北方へ移転し，場所が変わった。
- 「酒殿駅（さかど）」の南側では，⑥森林が伐採されて老人ホームが建設された。

図　3

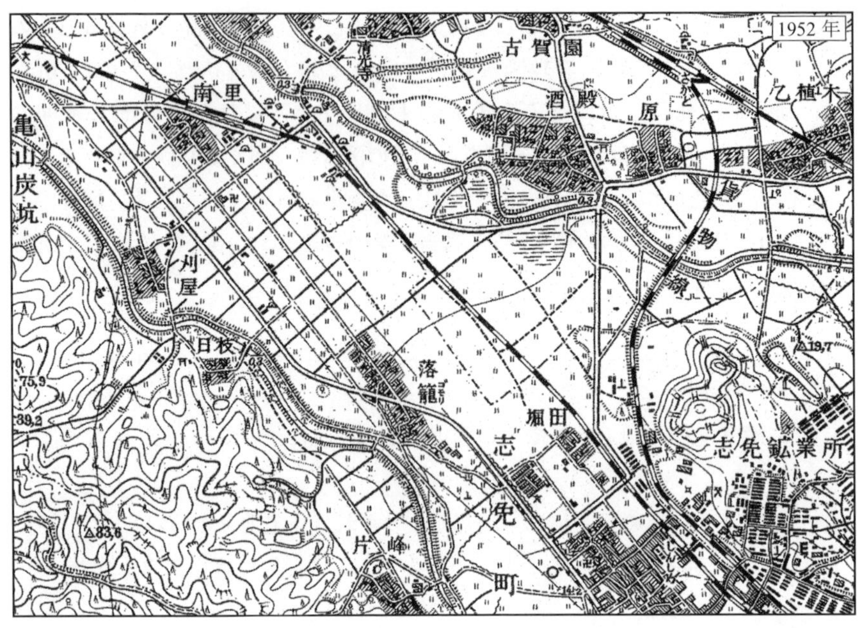
1952年
古賀園
酒殿
原
乙植木
南里
亀山炭坑
刈屋
日枝
落籠
堀田
志免
町
片峰
志免鉱業所

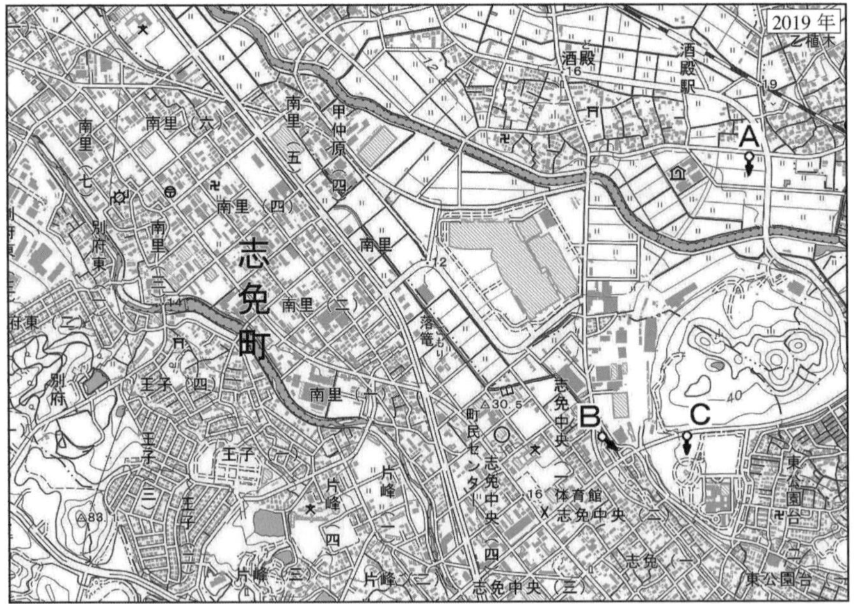
2019年
乙植木
酒殿
酒殿駅
A
南里（六）
南里（七）
南里（五）
甲仲原（四）
南里（四）
別府東
南里（三）
志免町
南里
南里（二）
府東（二）
別府
王子（四）
南里（一）
落竃
志免中央
B
C
町民センター
王子（三）
王子（二）
片峰（四）
片峰（一）
体育館
志免中央（二）
志免中央（四）
東公園台
片峰（三）
片峰（二）
志免中央（三）
志免（一）
東公園台

地理院地図による。

図 4

問4　ケンさんは，図4の「志免町」の一部にあたる地域へ現地調査に出かけた。無口で不器用な性格のケンさんは，聞き取り調査は苦手なため，その代わりに汗を流せばよいと考え，観察調査として街を歩き回り石炭産業に関する事物を探して写真撮影を行なった。次の写真1中の**サ**～**ス**は，図4中の**A**～**C**のいずれかの地点において矢印の方向を撮影したものである。**サ**～**ス**と**A**～**C**との正しい組合せを，下の①～⑥のうちから一つ選べ。 30

サ　石炭を採掘するための坑口(こうぐち)の跡

シ　石炭を運搬するための鉄道の跡

ス　石炭を採掘する際(さい)に出る質の悪い石炭や石などを積み上げた山

写真　1

	①	②	③	④	⑤	⑥
サ	A	A	B	B	C	C
シ	B	C	A	C	A	B
ス	C	B	C	A	B	A

問5　現地調査を終えたケンさんは，街角の食堂に入り，オレンジジュースとしょうゆラーメン，カツ丼を注文した。次の文章は，食堂の店員から聞いた食料供給と食の安全性についての話題を示したものである。文中の下線部**タ**～**ツ**の正誤の組合せとして正しいものを，下の①～⑧のうちから一つ選べ。 31

うちの店では，なるべく地元で採れた農畜産物を食材にした料理を出すようにしています。お客さんが今召し上がっている料理も，福岡県産の大麦，小麦，豚肉などを使っています。これを**タ**地産地消とよぶそうです。農畜産物の生産者と消費者の結びつきが強まり，食の安全性の面で**チ**トレーサビリティも明確になるばかりか，**ツ**フードマイレージの低減にも有効であるといわれています。

	①	②	③	④	⑤	⑥	⑦	⑧
タ	正	正	正	正	誤	誤	誤	誤
チ	正	正	誤	誤	正	正	誤	誤
ツ	正	誤	正	誤	正	誤	正	誤

問6　ケンさんは，調査結果をまとめるためにGIS（地理情報システム）ソフトとパソコンを使って，地形景観を3D化する技能を試してみた。少年時代を過ごしたなじみある福岡県の筑豊地方の地図データをダウンロードし，「志免町」の現地調査でも見られたボタ山(石炭を採掘する際に出る質の悪い石炭や石などを積み上げた山)の3D画像を作成した。次ページの図6中の①～④は，次の図5の2万5千分の1地形図中の**X**で示したボタ山を，**ナ**～**ネ**のいずれかの方向から見た3D画像である。**ナ**の方向に該当するものを，次ページの図6中の①～④のうちから一つ選べ。 32

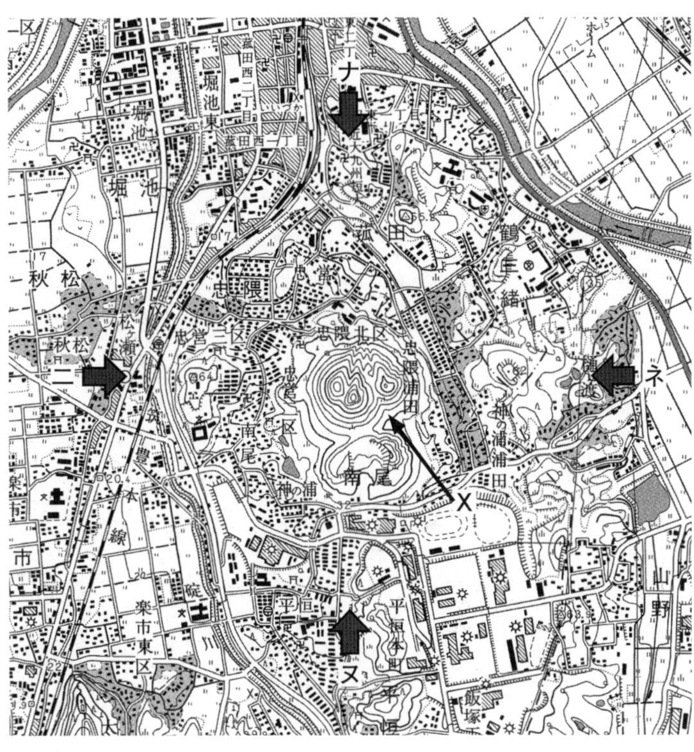

地理院地図による。

図　5

①

②

③

④

図　6

予想問題
第3回

100点／60分

第1問　4月から大学受験予備校の高卒生科に通い始めたレイコさんは，今年度は計画的に学習対策を進めようと，「共通テスト対策地理B」講座の受講を開始した。4月の講義内容は，共通テスト最重要分野の「自然環境と災害」である。世界の自然環境と災害に関する次の問い(問1～6)に答えよ。　(配点20)

問1　レイコさんは，地理に関してはこれまで高校の定期テストの対策しか行なったことがなかったため，初回の予備校の講義に備えて予習することにした。次ページの図1は，レイコさんが予習の際(さい)に文章の空欄補充を行なったテキストの一部である。図1中の文A～Cについて，空欄部分ア～ウの正誤の組合せとして適当なものを，次ページの①～⑧のうちから一つ選べ。 [1]

プレート境界の事例

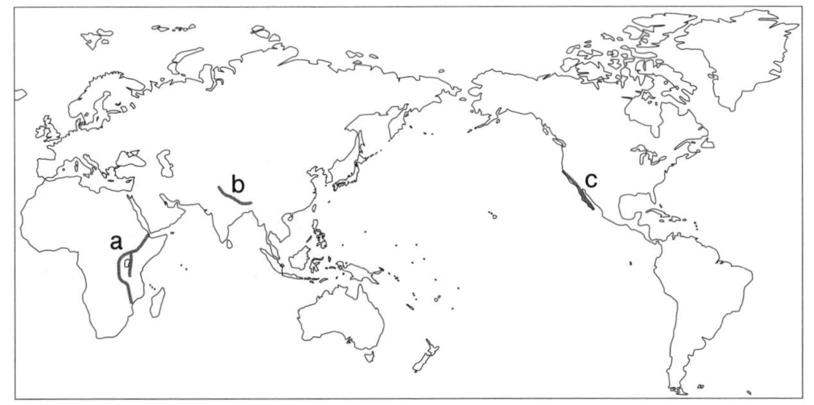

A：a付近はプレートの広がる境界にあたり，地溝が形成されている。同種のプレートの境界としては大西洋北方の[ア グリーンランド]島を縦断する地域があげられる。

B：b付近はプレートの狭まる境界にあたり，世界最大級の大規模な[イ 褶曲山脈]が形成されているが，周辺地域では火山活動はみられない。

C：c付近はプレートのずれる境界にあたり，サンアンドレアス断層とよばれる大規模な断層に沿った地域では[ウ 地震活動]が活発である。

図 1

	①	②	③	④	⑤	⑥	⑦	⑧
ア	正	正	正	正	誤	誤	誤	誤
イ	正	正	誤	誤	正	正	誤	誤
ウ	正	誤	正	誤	正	誤	正	誤

問２　初回の講義に出席したレイコさんは，大地形分野の新期造山帯について説明する講師の解説を聴き，次の図２に示した板書をとりながら，世界の新期造山帯の分布について考えてみた。レイコさんが考えたことがらについて述べた文として**適当でないもの**を，下の①～④のうちから一つ選べ。

［ 2 ］

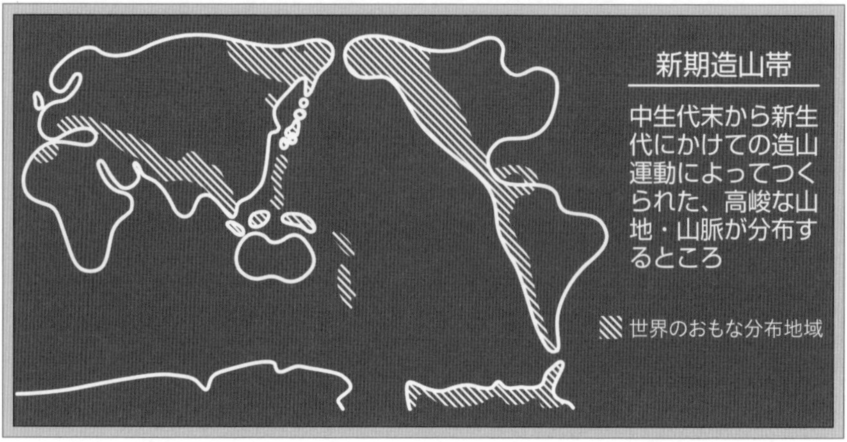

図　2

①　新期造山帯は，オーストラリア大陸以外のすべての大陸に分布しているんだなあ。

②　新期造山帯は，アルプス＝ヒマラヤ造山帯と環太平洋造山帯の大きく２系統に区分できるんだなあ。

③　新期造山帯は，おもに大陸の縁辺部に分布しているけれど，島嶼部にもみられるんだなあ。

④　新期造山帯は，形成時期が新しく侵食が進んでいないから，これが分布する大陸ではその最高峰が位置しているんだなあ。

問3　3回目の講義では，季節風(モンスーン)についての内容が扱われた。講義終了後の休憩時間に，レイコさんは，テキストに掲載された次の図3の資料を見ながら，季節風が吹く要因や降水量との関係などについて，友達のヤエコさんと話した。次ページの会話文中の下線部 **e** ～ **g** の正誤の組合せとして適当なものを，次ページの①～⑧のうちから一つ選べ。 3

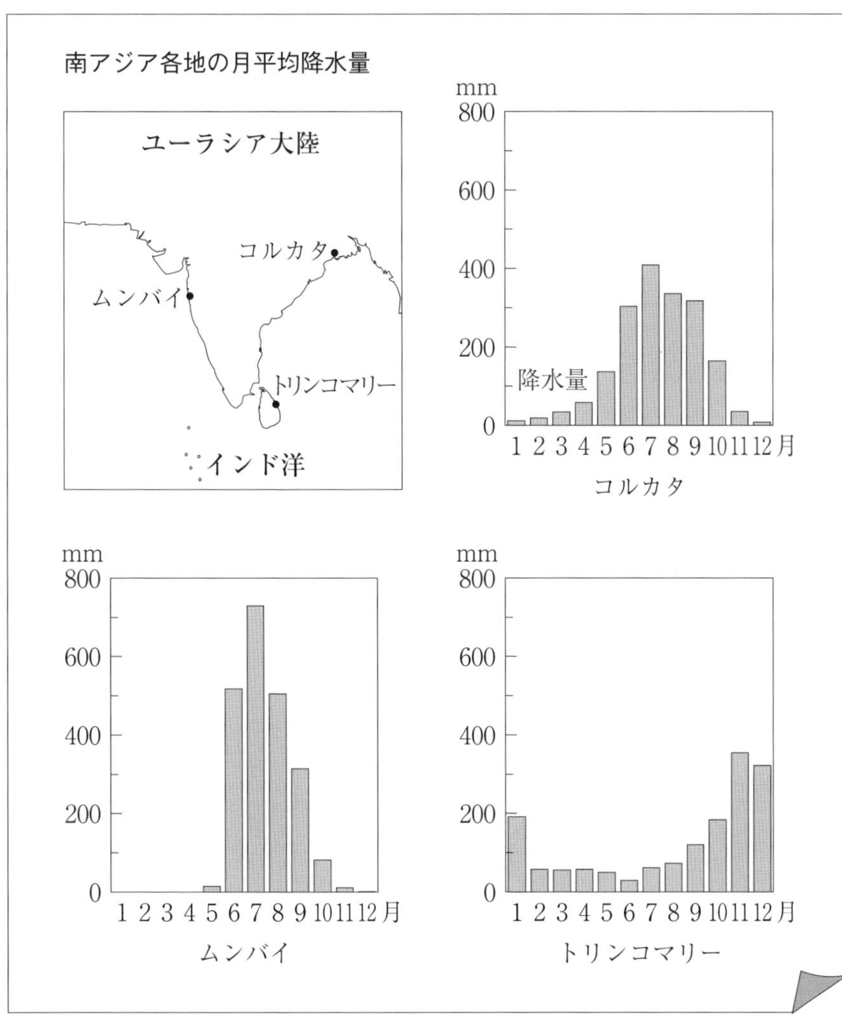

気象庁の資料により作成。

図　3

レイコ「南アジア地域では季節風が気候に大きく影響を与えていると，授業で習ったよね」

ヤエコ「そう，季節風は時期によって風向が変化するから，海から風が吹いてくる場合と陸から風が吹いてくる場合とでは，とくに降水量に大きなちがいが出るんだったよね」

ヤエコ「南アジアでは，6～8月ごろの高日季には，e ユーラシア大陸側に低圧部が，インド洋側に高圧部が生じやすくなるので，おおむねインド洋側から湿潤な季節風が吹くんだよ」

レイコ「だから，ムンバイとコルカタでは，この時期に降水量が多く雨季になっているのね」

ヤエコ「トリンコマリーでは，反対に11～1月ごろが雨季になっているけど，f この時期は，6～8月ごろとは風向が反対になることがその大きな要因と考えられるね」

レイコ「……ムンバイとコルカタでは，雨季の降水量に2倍弱ものちがいがあるけれど，これはなぜなのかな」

ヤエコ「う～ん……コルカタは周辺が低平地だけれど，ムンバイは陸地側に山地があることが関係しているんじゃないかな」

レイコ「あっ，わかった。地形性降雨ってやつね。雨季のムンバイでは地形性降雨がみられるんだね」

ヤエコ「そうそう，海から吹いてくる湿潤な季節風が陸地側の g 山地斜面に沿って上昇気流をつくるから，風上側にあたるムンバイではとても降水量が多くなると考えられるね」

	①	②	③	④	⑤	⑥	⑦	⑧
e	正	正	正	正	誤	誤	誤	誤
f	正	正	誤	誤	正	正	誤	誤
g	正	誤	正	誤	正	誤	正	誤

問4　4回目の講義終了後，レイコさんは，遅刻してきた男友達のユウヤさんに昼食をおごってもらう約束をしたうえで，地理の講義ノートを見せてあげることにした。次の図4は，レイコさんの講義ノートで，世界の海洋を流れる海流(表層流)を模式的にまとめたものであるが，誤って板書を写している部分を友達のユウヤさんに2か所指摘された。図4中のJ～Mのうち，海流の性質(暖流・寒流)や流れる方向が**誤っているもの**の組合せとして適当なものを，下の①～⑥のうちから一つ選べ。 4

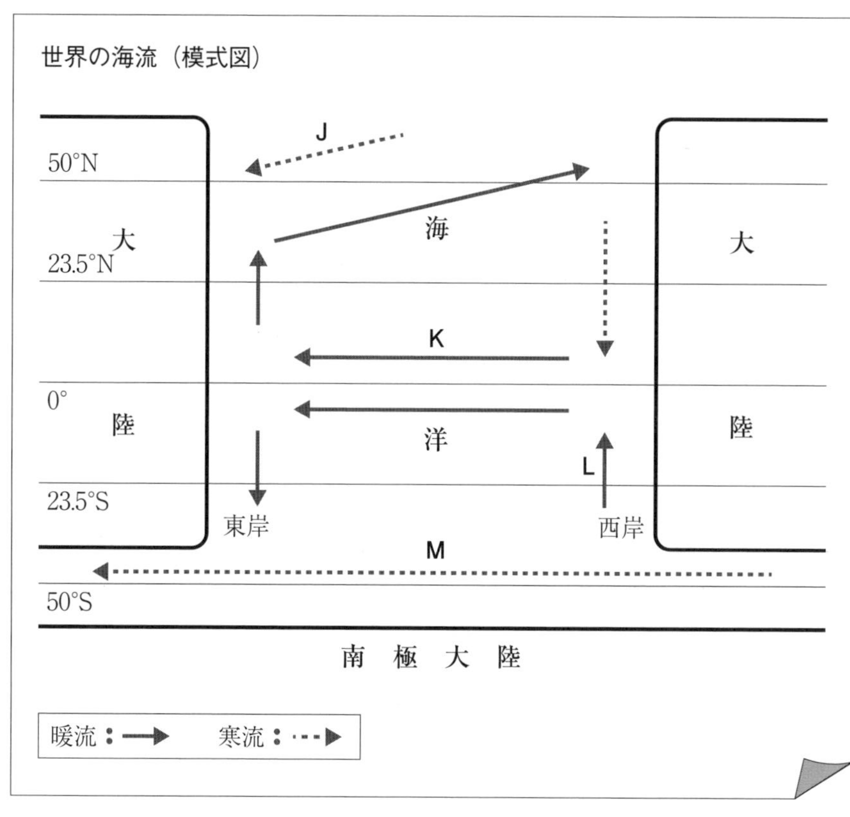

図　4

①　JとK	②　JとL	③　JとM
④　KとL	⑤　KとM	⑥　LとM

問5　昼食後，レイコさんは，次の図5に示した2回目の講義での疑問を書き出したノートと，下の図6に示した白地図を持参して講師室へ質問に行った。図5・図6に関するレイコさんと講師との次ページの会話文中の空欄PとQにあてはまる語句の正しい組合せを，次々ページの①～④のうちから一つ選べ。 5

●フィヨルド

○形　状：どのような形をしているのか
　　　　　平面では？　断面では？

○成　因：どのようにしてつくられるのか
　　　　　侵食？　運搬？　堆積？　離水？　沈水？
　　　　　これらの組合せ？

○分　布：どのような場所にみられるのか
　　　　　共通点や傾向は？

陸地
海洋
入り江

図　5

図　6

レイコ「海岸地形のフィヨルドについて質問してもいいですか」

講　師「う～ん！　よく来てくれましたねぇ！　きみは学習意欲が高いから，きっと成績が伸びるよ！」

レイコ「図5のようなフィヨルドはどのようにつくられるのでしょうか」

講　師「いい質問ですねぇ！　そう，共通テスト対策として，おもな地形については形成要因にまで踏み込んで理解しておくことが大切なんだよ。フィヨルドは，氷河によって侵食されてできた深い谷が，海に沈んでつくられるのさ」

レイコ「ということは，谷の横断面は(　P　)となるのですね」

講　師「う～ん！　いい間違いですねぇ！　氷河は河川より侵食作用が大きいから，谷壁が高く切り立った形状になるんだったよね」

レイコ「あっ，そうでしたね。(　P　)となるのは，河川によって侵食されてできた谷が，海に沈水してつくられるリアス海岸でしたね。よくわかりました。ちゃんと復習し直します」

講　師「きみならできる！　がんばれ！」

レイコ「次の質問，いいですか。フィヨルドはどのような場所にみられるのでしょうか」

講　師「いい質問ですねぇ！　そう，共通テスト対策として，おもな地形については代表的事例の地図上での位置を確認しておくことが大切なんだよ。フィヨルドの形成には氷河がかかわってるから，かつて氷河に覆われていた海岸部に分布しているのさ」

レイコ「ということは，図6ではかつて海岸部にまで氷河が発達していた(　Q　)にみられるわけですね」

講　師「う～ん！　いい間違いですねぇ！　その地域は降雪量が少なかったから，氷河はあまり発達していなかったよね」

レイコ「あっ，そうでしたね。なるほど，フィヨルドは，(　Q　)のような降雪量が少ない場所にはつくられないんですね。よくわかりました。ちゃんと復習し直します」

講　師「きみならできる！　がんばれ！　今後も，わからないことがあったらどんどん質問にきてくださいね」

	①	②	③	④
P Q	U字型 カ付近	U字型 キ付近	V字型 カ付近	V字型 キ付近

問6　予備校の講師に励まされたレイコさんは，すっかり地理好きになり，帰宅後，インターネットを使って世界の自然災害について調べてみた。次の図7は，1990年から2019年のあいだに世界で発生した自然災害*の発生件数，被災者数，被害額について地域別の割合を示したものであり，図7中の①～④は，アジア，アフリカ，南北アメリカ，ヨーロッパのいずれかである。アフリカに該当するものを，①～④のうちから一つ選べ。 6

*自然現象に起因する災害で，10名以上の死者，100名以上の被災者，非常事態宣言の発令，国際援助の要請のいずれかに該当するもの。

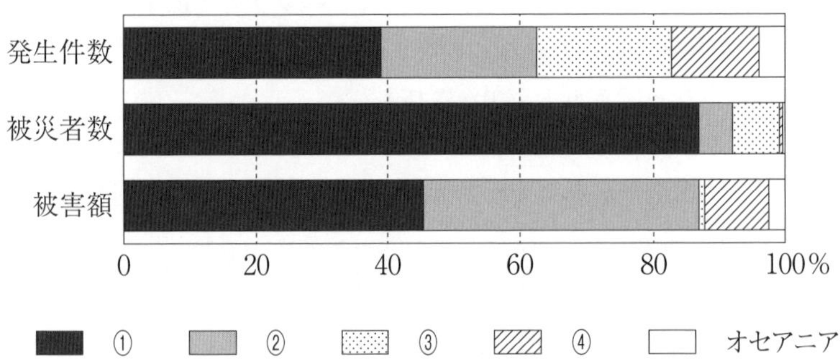

Natural Disasters Data Book 2019により作成。

図　7

第2問　産業に関する次の問い(問1～6)に答えよ。　(配点 20)

問1　次の図1は，世界の6つの地域(アジア，アフリカ，アングロアメリカ，オセアニア，ヨーロッパ，ラテンアメリカ)のそれぞれ人口上位2か国について，1人あたりGNI（国民総所得)と産業別人口構成の関係を示したものである。図1中の**A**～**C**の指標は第1次産業人口割合，第2次産業人口割合，第3次産業人口割合のいずれか，**ア**・**イ**はアングロアメリカ，ヨーロッパのいずれかである。第2次産業人口割合とアングロアメリカにあてはまるものの正しい組合せを，下の①～⑥のうちから一つ選べ。 7

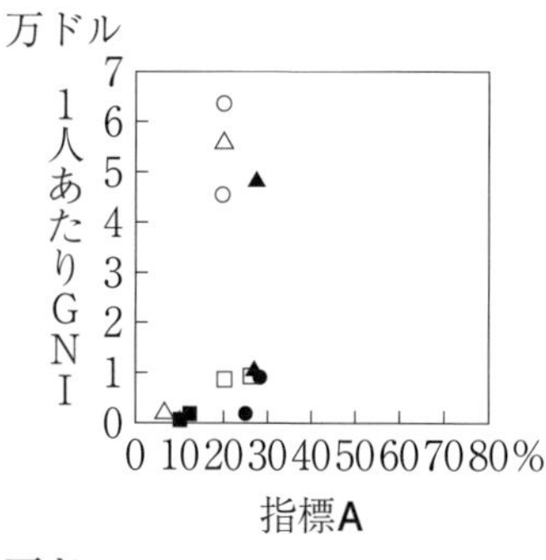

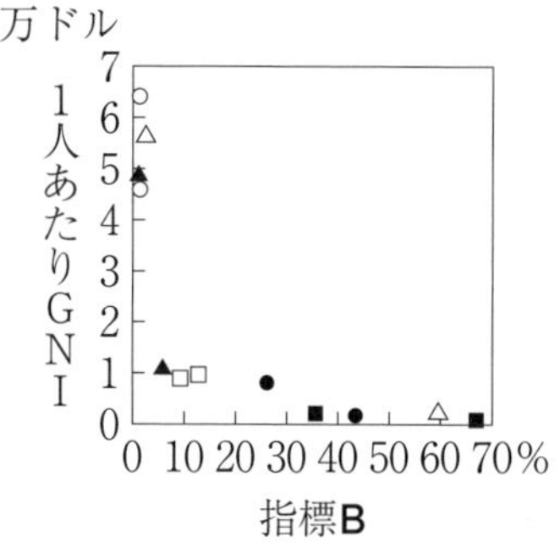

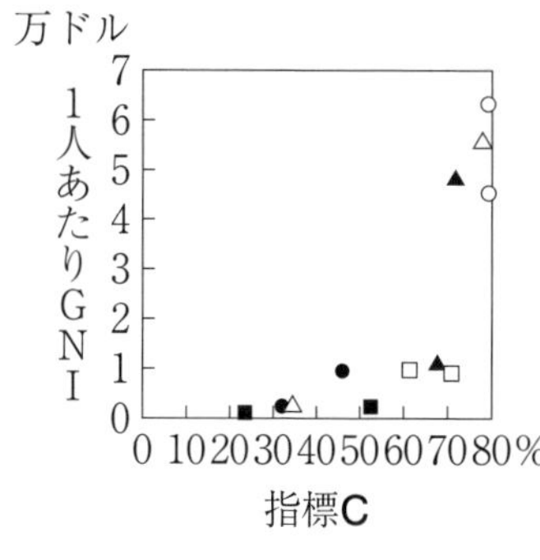

● ：アジア
■ ：アフリカ
△ ：オセアニア
□ ：ラテンアメリカ
○ ：**ア**
▲ ：**イ**

統計年次は2018年。
『世界国勢図会』『データブック オブ・ザ・ワールド』により作成。

図　1

	①	②	③	④	⑤	⑥
第2次産業	**A**	**A**	**B**	**B**	**C**	**C**
アングロアメリカ	**ア**	**イ**	**ア**	**イ**	**ア**	**イ**

問2　農業の生産性や集約度などの特徴は，国や地域によって異なっている。次の表1は，仮想の4か国における，ある1種類の穀物生産に関する4つの統計指標を示したものであり，下の**条件**をみたすものとする。表1から読み取れることがらについて述べた文として**適当でないもの**を，下の①～④のうちから一つ選べ。 8

表　1

国	生産量（万 t）	作付面積（万 ha）	従事者数（万人）	肥料消費量（万 t）
E	40,000	20,000	100	2,000
F	20,000	10,000	10,000	500
G	5,000	1,000	50	200
H	1,000	200	100	50

条　件

・4つの統計指標は，対象の穀物生産を行なう農業のみのデータである。

・いずれの国でも，対象の穀物生産は一期作のみ行なわれる。

・従事者の年間労働時間，作業技術や効率などは，いずれの国も同じである。

① E国では，H国と比べた場合，粗放的な経営が行なわれているといえる。

② F国では，G国と比べた場合，労働生産性が高いといえる。

③ G国では，E国と比べた場合，集約的な経営が行なわれているといえる。

④ H国では，F国と比べた場合，土地生産性が高いといえる。

問3　一次エネルギーの供給の特徴は，国によって異なっており，経済発展や資源開発，政策などによっても変化がみられる。次の表2は，一次エネルギーの1人あたり供給量と自給率の変化を示したものであり，**J**～**L**は，インド，ブラジル，フランスのいずれかである。また，下の文**カ**～**ク**は，表2中の**J**～**L**のいずれかにおける一次エネルギー供給構成の特徴について述べたものである。**J**～**L**と**カ**～**ク**との正しい組合せを，下の①～⑥のうちから一つ選べ。 9

表　2

	一次エネルギーの1人あたり供給量(t)*			一次エネルギーの自給率(%)		
	1990年	2005年	2018年	1990年	2005年	2018年
J	3.84	4.40	3.66	50	50	55
K	0.94	1.12	1.37	74	90	103
L	0.35	0.49	0.68	92	78	62

*石油換算。『世界国勢図会』による。

カ　自然エネルギーによる発電や植物由来のバイオマスエネルギーの利用など，再生可能エネルギーの割合が比較的高い。

キ　伝統的に動物由来のバイオマスエネルギーの利用も行われるが，化石燃料への依存度が非常に高い。

ク　発電量の約7割で二酸化炭素を直接排出しない方式がとられ，近年は再生可能エネルギーの導入にも注力している。

	①	②	③	④	⑤	⑥
J	**カ**	**カ**	**キ**	**キ**	**ク**	**ク**
K	**キ**	**ク**	**カ**	**ク**	**カ**	**キ**
L	**ク**	**キ**	**ク**	**カ**	**キ**	**カ**

問4　工業の立地は，業種によって国の社会環境の変容とともに変化していく。次の図2は，仮想の国の工業立地を模式的に示したものであり，下の**条件**をみたすものとする。図2中の①～⑤は，アルミニウム精錬業，出版・印刷業，石油化学工業，電気機械工業，ビール工業のいずれかである。また，次ページの図3は，図2を0年次とした場合に，10年後・30年後・50年後の工業立地を模式的に示したものである。アルミニウム精錬業と電気機械工業にあてはまるものを，図2中の①～⑤のうちから一つずつ選び，アルミニウム精錬業については［ 10 ］に，電気機械工業については［ 11 ］に答えよ。ただし，図2や下の**条件**に示されていない自然環境や社会環境は条件として考慮しない。

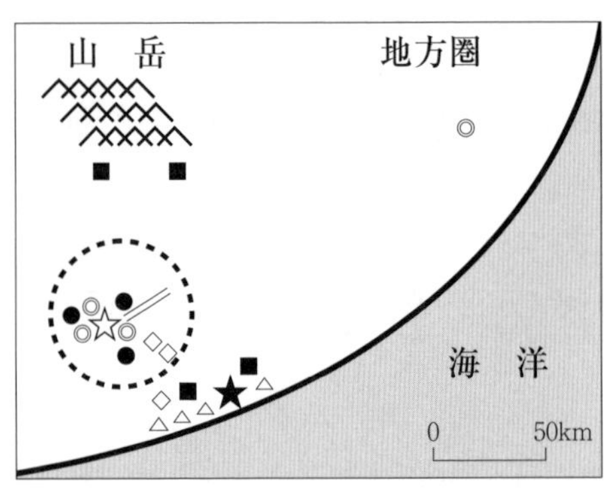

凡　例
☆：国内人口が最大の都市
（点線の円）：国内人口が最大の都市の大都市圏
★：大きな貿易港をもつ都市
＝＝＝：高速道路

◎：①　●：②　△：③
■：④　◇：⑤

図　2

条　件

・アルミニウム精錬業の主原料はボーキサイト，石油化学工業の主原料は原油である。また，それぞれの輸入依存度は100%であり，それぞれの製品の輸出割合は約50%である。

・電気機械工業で使用する部品の海外調達割合は約50%，完成品の輸出割合は約50%である。

・印刷・出版業とビール工業で使用する原料はすべて国内で生産され，製品はすべて国内で消費される。

・国内全域にわたり，年平均降水量は1,500mm程度である。

・地方圏の労働賃金や土地代などの水準は，国内人口が最大の都市の約75%である。

・下の表3は，この仮想の国における各年次の1人あたりGNI（国民総所得），電力料金の指数，缶容器ビールの生産割合を示している。

・表3の缶容器ビールの生産割合は，缶，瓶，樽・タンクの容器別生産量のうち，缶の割合を示す。

表　3

年次	1人あたり GNI （ドル）	業務用の 電力料金の 指数＊	缶容器ビールの 生産割合 （%）
0年	2,000	100	5
10年後	10,000	150	10
20年後	25,000	550	15
30年後	40,000	400	60
40年後	45,000	400	70
50年後	40,000	450	75

＊年次0年の値を100とした指数。

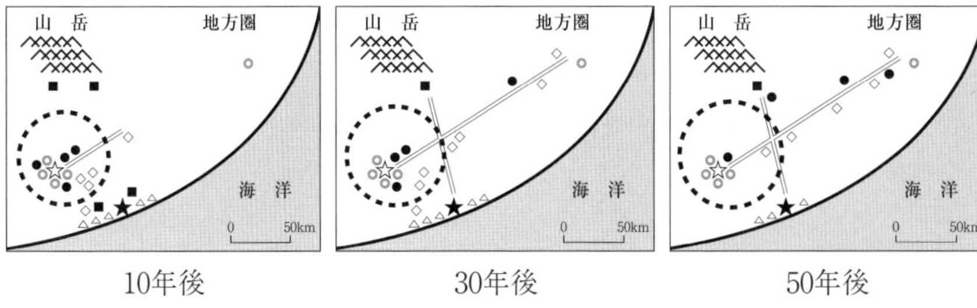

10年後　30年後　50年後

図　3

問5　商業のうち，最終消費者に対して商品を販売するものを小売業といい，さまざまな業態がみられる。次の表4は，日本の3つの小売業の業態について，店舗数，従業者数，年間商品販売額，売場面積を示したものであり，**P**～**R**は，大型総合スーパー*，コンビニエンスストア，百貨店のいずれかである。また，下の文**サ**～**ス**は，表4中の**P**～**R**のいずれかにおける小売業の業態の特徴について述べたものである。**P**～**R**と**サ**～**ス**との正しい組合せを，下の①～⑥のうちから一つ選べ。 12

*衣食住にわたる各種商品を販売し，売場面積3,000m^{2}以上（特別区および政令指定都市は6,000m^{2}以上）のもの。

表　4

	店舗数 （店舗）	従業者数 （千人）	年間商品販売額 （億円）	売場面積 （万 m^2）
P	35,096	538	64,805	434
Q	1,165	244	54,346	1,198
R	195	67	49,226	476

商業統計表により作成。

サ　店舗あたり，および従業者あたりの商品販売額が大きい。おもに高級品が扱われ，商圏も広く，地価の高い都心付近に立地する傾向が強い。

シ　売場面積あたりの商品販売額が大きい。せまい店舗で多様な品ぞろえによる長時間営業を行なうため利便性が高く，さまざまな場所への立地がみられる。

ス　売場面積あたりの商品販売額が小さい。モータリゼーションの進展によって，売場以外に広い駐車場を備えた店舗が，地価の安い都市郊外に立地する事例が増えた。

	①	②	③	④	⑤	⑥
P	サ	サ	シ	シ	ス	ス
Q	シ	ス	サ	ス	サ	シ
R	ス	シ	ス	サ	シ	サ

問6　現代の先進国では産業構造に占めるサービス業の割合が高まっており，その現象はサービス経済化とよばれる。次の図4中の**タ**～**ツ**は，日本における冠婚葬祭業，機械設計業，広告業のいずれかのサービス業について，年間売上高上位6都道府県とそれらが全国に占める割合を示したものである。業種名と**タ**～**ツ**との正しい組合せを，下の①～⑥のうちから一つ選べ。　13

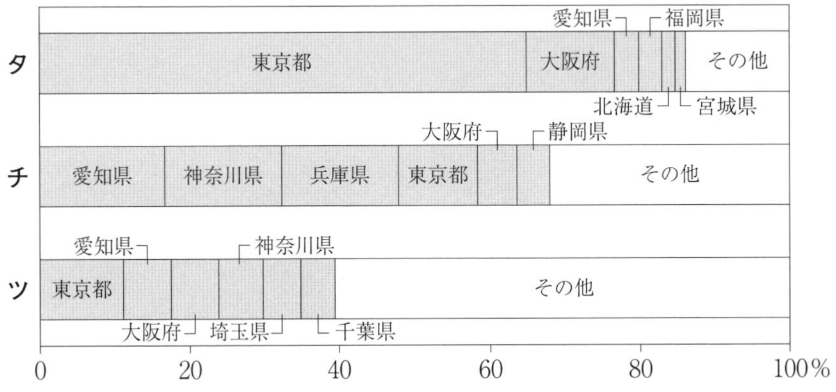

統計年次は2018年。『データでみる県勢』により作成。

図　4

	①	②	③	④	⑤	⑥
冠婚葬祭業	タ	タ	チ	チ	ツ	ツ
機械設計業	チ	ツ	タ	ツ	タ	チ
広告業	ツ	チ	ツ	タ	チ	タ

第3問　都市と人口，生活文化に関する次の問い(A・B)に答えよ。　(配点 20)

A　都市と人口に関する次の問い(問1～3)に答えよ。

問1　下のア～ウの文は，次の図1中のD～Fのいずれかの都市における発展とその背景について述べたものである。ア～ウとD～Fとの正しい組合せを，下の①～⑥のうちから一つ選べ。 14

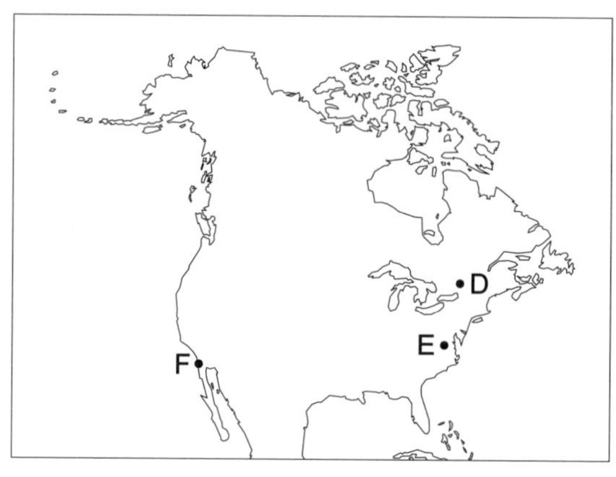

図　1

ア　台地と平野の境界付近にあたり，河川交通の結節点となることなどから，交易の要衝として発展した。
イ　異なる言語的文化をもつ国民の居住域の境界付近にあたり，対立回避のため首都に選定され発展した。
ウ　外国資本の企業が進出し，製造業の隣国への輸出拠点として雇用機会が増え発展した。

	①	②	③	④	⑤	⑥
ア	D	D	E	E	F	F
イ	E	F	D	F	D	E
ウ	F	E	F	D	E	D

問2　次の図2中の**カ**～**ク**は，沖縄県，神奈川県，宮城県のいずれかの県における，県全体の人口および県庁所在都市の人口に占める，0～14歳，15～64歳，65歳以上の人口の割合を示したものであり，**a**と**b**は，県全体あるいは県庁所在都市のいずれかである。宮城県の県全体にあてはまる正しい組合せを，下の①～⑥のうちから一つ選べ。 15

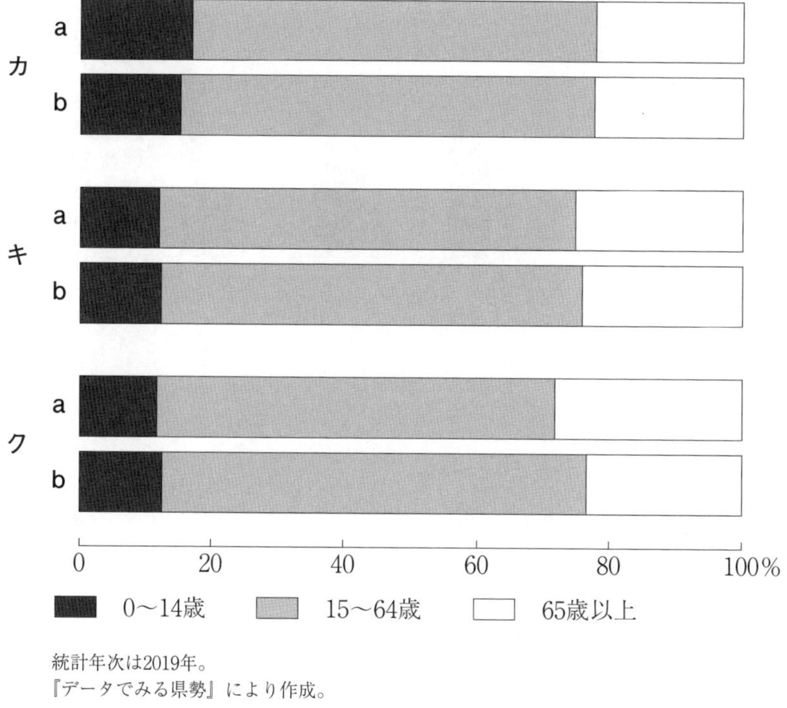

統計年次は2019年。
『データでみる県勢』により作成。

図　2

①　**カ**―**a**	②　**カ**―**b**	③　**キ**―**a**
④　**キ**―**b**	⑤　**ク**―**a**	⑥　**ク**―**b**

問３　次の図３中の①～④は，アメリカ合衆国，イギリス，タイ，ナイジェリアのいずれかの国における最大都市＊の人口推移を示したものである。イギリスにあてはまるものを，①～④のうちから一つ選べ。 16

＊現在，都市圏人口が国内最大である都市。都市圏人口とは，国際連合事務局経済社会局人口部による都市的集積地域をさす。

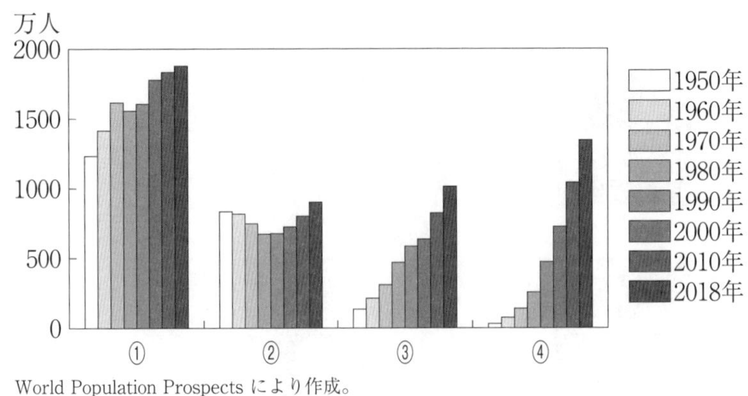

World Population Prospects により作成。

図　３

B　次の図４をみて，世界の衣食住に関する次の問い（問４～６）に答えよ。

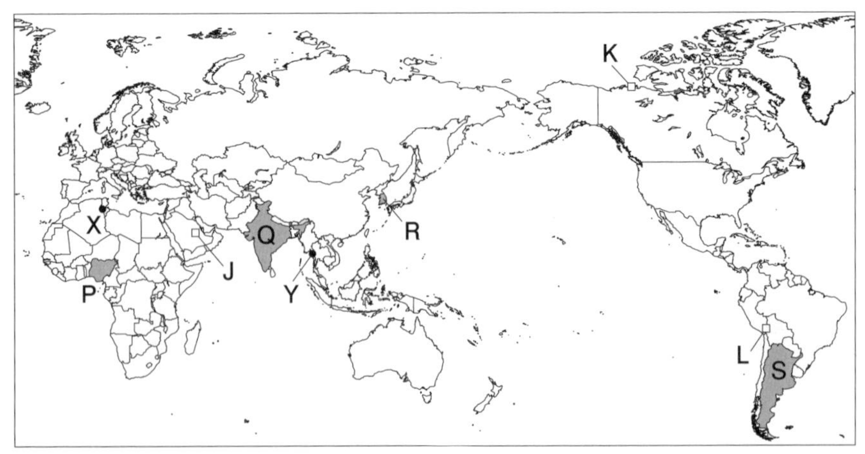

図　４

問4　図4中のJ～Lの地点とその周辺地域における伝統的な衣服について述べた次の文章中の下線部d～fの正誤の組合せとして適当なものを，下の①～⑧のうちから一つ選べ。 17

　J地点とその周辺地域は乾燥気候下にあるため，人々は，日中の高温と強い日差し，砂嵐による砂ぼこりから身を守るため，頭は布で覆い，d裾が長く身体にきっちり密着する長袖の衣服をまとう。素材には，通気性と吸湿性にすぐれた木綿などを使用することが多い。

　K地点とその周辺地域は非常に気温が低いため，厳しい寒さから身を守るため，動物の毛皮や皮を素材にしたフードつきの上衣やブーツが着用される。毛皮や皮はe狩猟で捕獲したカリブーやアザラシのものが用いられ，保温性と断熱性にすぐれる。

　L地点とその周辺地域は，低緯度で標高が高く，昼夜の気温差が大きいうえ紫外線も強いため，人々はf保温性があり着脱しやすい貫頭衣や肩掛けなどを重ね着し，つばのついた帽子や頭巾をかぶる。素材には，この地域で飼育されるアルパカの毛を使った毛織物が広く利用される。

	①	②	③	④	⑤	⑥	⑦	⑧
d	正	正	正	正	誤	誤	誤	誤
e	正	正	誤	誤	正	正	誤	誤
f	正	誤	正	誤	正	誤	正	誤

問5　次ページの図5中の①～④は，図4中のP～Sのいずれかの国における1人1日あたり食料供給量を示したものである。Sに該当するものを，次ページの①～④のうちから一つ選べ。 18

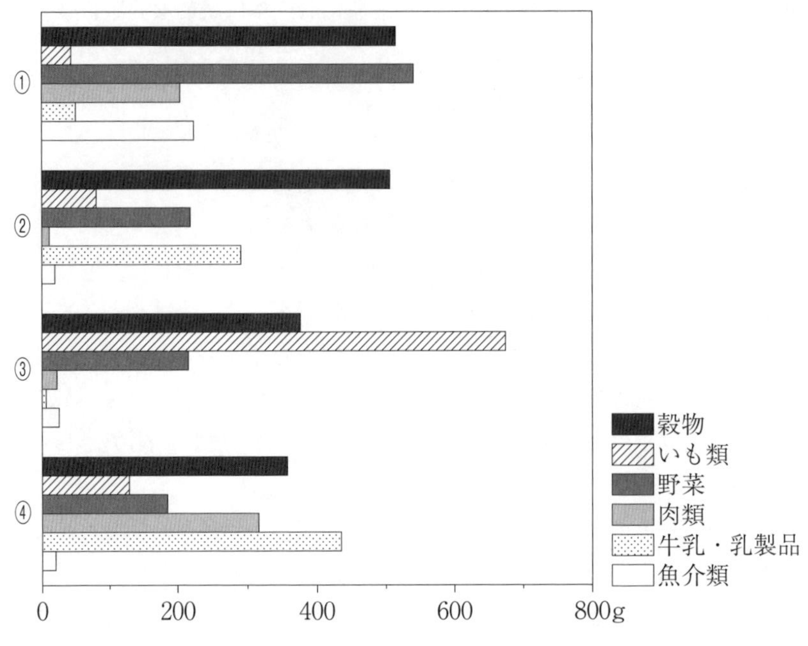

統計年次は2017 年。『世界国勢図会』による。

図 5

問6　次ページの写真1のhおよびiは，図4中の地点XおよびY付近のいずれかによくみられる伝統的な住居を撮影したものである。また，下の文章は，写真1のhおよびiについて述べたものであり，文章中の空欄サには文jとkのいずれか，空欄シには文mとnのいずれかがあてはまる。hがみられる地点と，空欄サ・シにあてはまる文との正しい組合せを，次ページの①～⑧のうちから一つ選べ。 19

h

i

写真　1

hの住居は，植生に恵まれた地域であることから，木材をはじめ葉や草などを建材としてつくられている。高床式の構造をとることによって(　サ　)効果がある。

iの住居は，植生の乏しい地域であることから，土や日干しレンガなどを建材としてつくられている。窓などの開口部をできるだけ小さくすることによって(　シ　)効果がある。

(　サ　)にあてはまる文

j　直射日光をさえぎり，室内の温度の上昇を抑制する

k　通気性を高めて，室内の湿度の上昇を抑制する

(　シ　)にあてはまる文

m　外気の侵入をさえぎり，室内の温度を一定に保つ

n　密閉性を高めて，室内の湿度を一定に保つ

	①	②	③	④	⑤	⑥	⑦	⑧
hがみられる地点	X	X	X	X	Y	Y	Y	Y
サ	j	j	k	k	j	j	k	k
シ	m	n	m	n	m	n	m	n

第4問　ヨーロッパに関する次の問い(問1～6)に答えよ。　(配点 20)

問1　ヨーロッパ諸国では，第二次世界大戦後から20世紀の終わりごろまで，資本主義の西欧諸国と社会主義の東欧諸国とのあいだで対立がみられた。社会主義体制がとられていた東欧諸国(かつてのソビエト連邦地域を除く)にあてはまるものを，次の図1中の①～④のうちから一つ選べ。 20

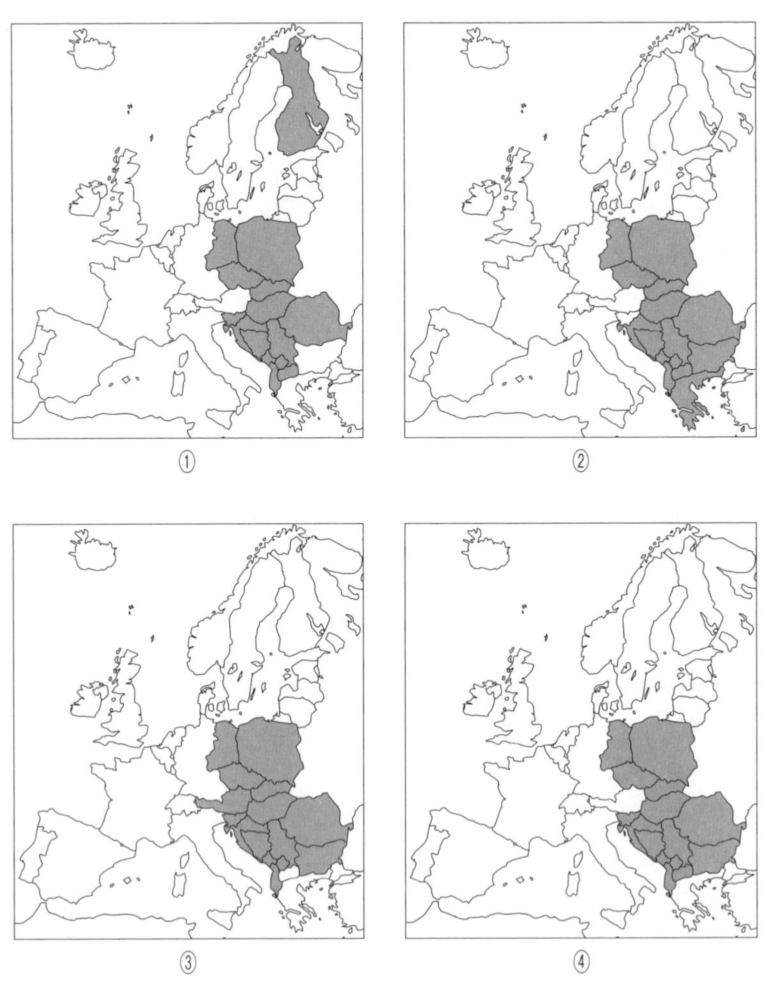

図　1

問2　下の①～④の文は，次の図2中のA～Dのいずれかの国における地形環境について述べたものである。Dに該当するものを，①～④のうちから一つ選べ。 21

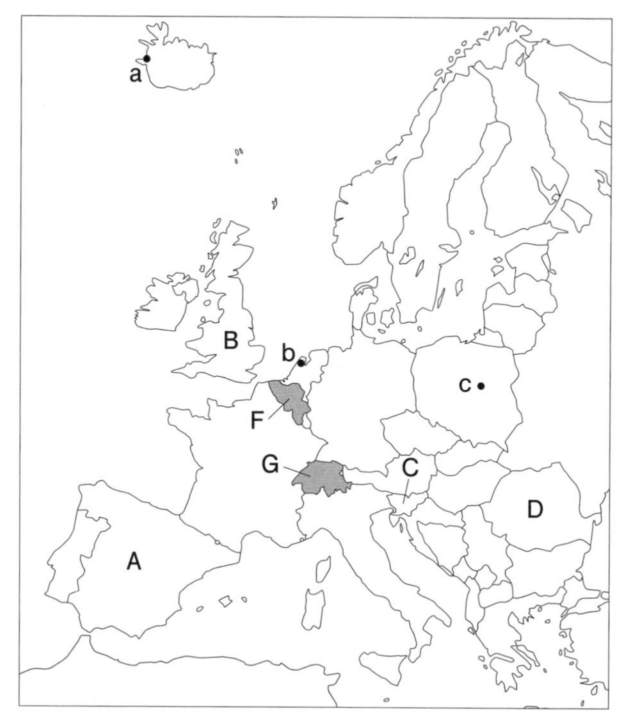

図　2

①　国土の多くに古期造山帯に属す山脈や高地が分布し，氷食によって形成された湖も多数みられる。

②　国土の多くに新期造山帯に属す山脈や高地が分布し，地形名称の由来地となったカルスト地形もみられる。

③　国土の中央部は古期造山帯，北東部や南部は新期造山帯に区分され，地形名称の由来地となったリアス海岸もみられる。

④　国土の南部や東部は古期造山帯，中央部などは新期造山帯に区分され，国際河川の河口部には大規模な三角州もみられる。

問３　次の図３中のア～ウは，図２中のａ～ｃのいずれかの地点の月平均気温と月降水量を示したものである。ア～ウとａ～ｃとの正しい組合せを，下の①～⑥のうちから一つ選べ。 22

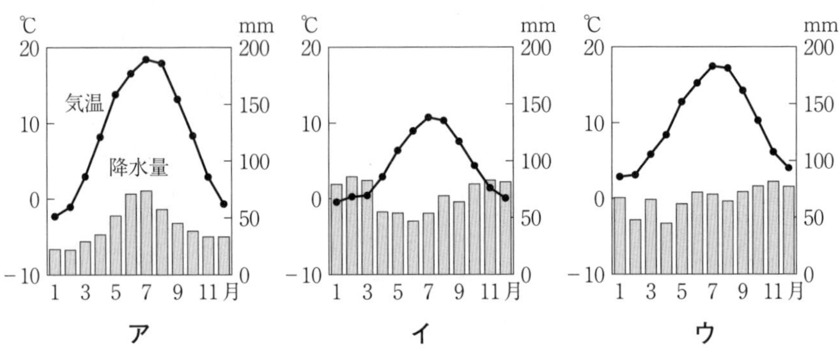

『理科年表』により作成。

図　3

	①	②	③	④	⑤	⑥
ア	a	a	b	b	c	c
イ	b	c	a	c	a	b
ウ	c	b	c	a	b	a

問4　次の図4は，ヨーロッパにおけるいくつかの農作物のおもな産地を示したものであり，①～④は，柑橘類，ジャガイモ，テンサイ，ブドウのいずれかである。テンサイにあてはまるものを，①～④のうちから一つ選べ。

23

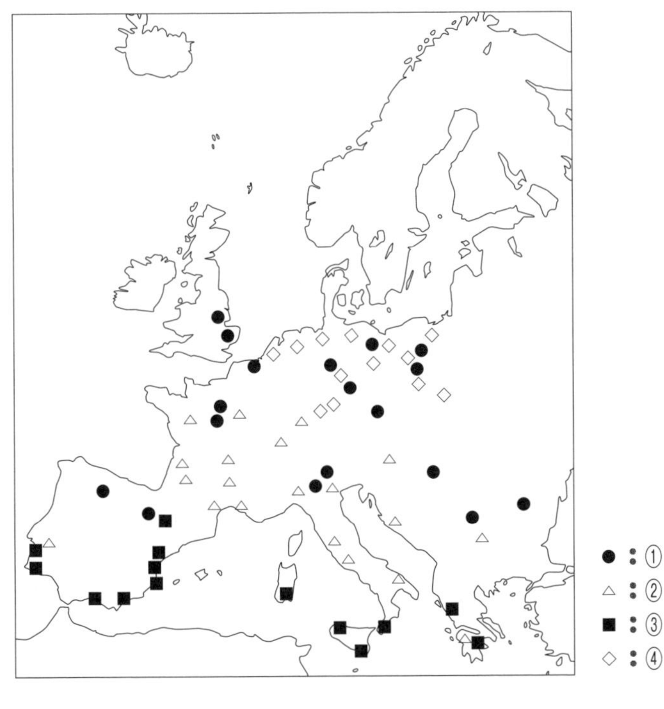

図　4

問5　次の図5中の6か国は，従来からの資本主義国の西欧諸国と，かつては社会主義体制がとられていた東欧諸国において，それぞれ人口上位3か国(西欧諸国：イギリス，ドイツ，フランス，東欧諸国：チェコ，ポーランド，ルーマニア)の自然増加率と国内総生産(GDP)に占める製造業の割合を示したものである。図5中の**カ**～**ク**と国名との正しい組合せを，下の①～⑥のうちから一つ選べ。 24

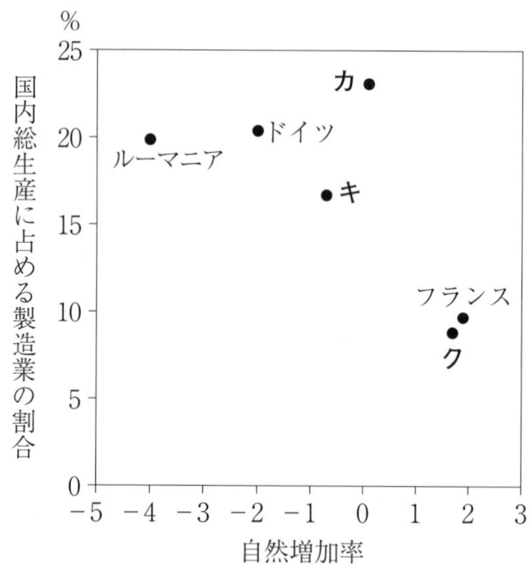

統計年次は2018年。
『世界国勢図会』『データブックオブ・ザ・ワールド』により作成。

図　5

	カ	キ	ク
①	イギリス	チェコ	ポーランド
②	イギリス	ポーランド	チェコ
③	チェコ	イギリス	ポーランド
④	チェコ	ポーランド	イギリス
⑤	ポーランド	イギリス	チェコ
⑥	ポーランド	チェコ	イギリス

問6　図2中の**F**・**G**の国では，いずれも複数の公用語が使用されている。このことについて述べた次の文章中の空欄**サ**～**ス**にあてはまる数値の正しい組合せを，下の①～⑥のうちから一つ選べ。 25

Fの国では，ゲルマン語派の言語が(　**サ**　)種類とラテン語派の言語が(　**シ**　)種類，また，**G**の国では，ゲルマン語派の言語が(　**シ**　)種類とラテン語派の言語が(　**ス**　)種類，それぞれ公用語となっており，フランス語とドイツ語は，両国ともに公用語のひとつとなっている。

	①	②	③	④	⑤	⑥
サ	1	1	2	2	3	3
シ	2	3	1	3	1	2
ス	3	2	3	1	2	1

第5問　大学生のオサミさんは駅に停車した満員電車の中から，北へ向かう反対方向のガラガラの列車をながめていたのを覚えている。気がつけば，いま，自分は北の街にいて，北海道えりも町の地域調査をすることにした。次の図1を見て，この地域調査に関する下の問い(問1～6)に答えよ。　(配点 20)

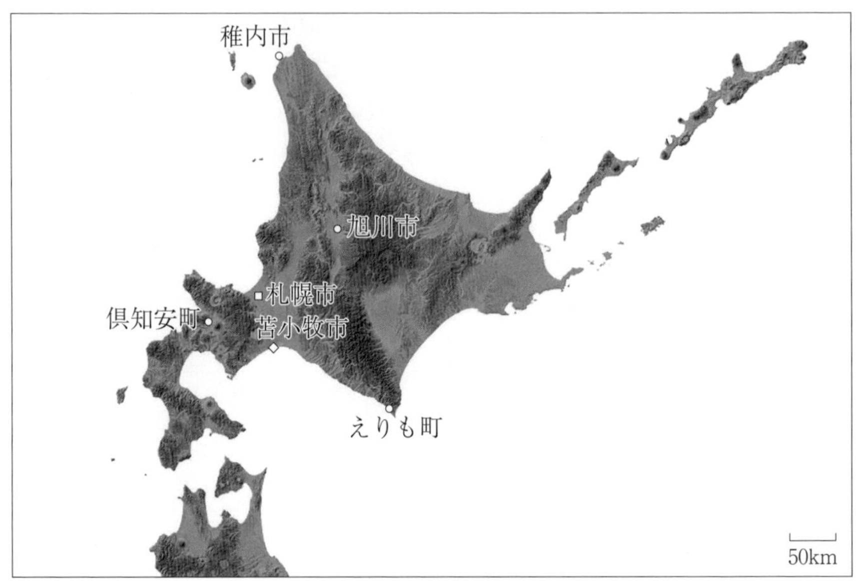

地理院地図による。

図　1

問1　北の街へやって来たオサミさんは，喫茶店で2杯目のコーヒーに角砂糖をひとつ入れ，くるくるかき回しながら，ある考えをめぐらせていた。鼻歌に父親がよく歌っていた流行歌をふと思い出し，春のえりも町へ向かうことに決めたのである。そこで，図1中の苫小牧市からえりも町に向かう交通経路を聞こうと，観光案内所を訪れた。観光案内所では，妙に声のかすれた男性職員が応対してくれた。次ページのオサミさんと職員との会話文と次ページの図2，次々ページの図3から読み取れる苫小牧市とえりも町を結ぶ公共交通機関に関して，オサミさんが考えたことがらについて述べた次々ページの文章中の下線部a～cの正誤の組合せとして適当なものを，135ページの①～⑧のうちから一つ選べ。 26

オサミ　「苫小牧市からえりも町まで公共交通機関で行きたいのですが，交通経路を教えていただけないでしょうか」

職　員　「それなら，先週から新しく走り始めた高速乗合バスで行かれるのがよいと思います。こちらが，時刻表などを記載した案内書(図2)です。どうぞお持ちください」

オサミ　「ありがとうございます」

職　員　「かつてはね，鉄道と路線バスを乗り継ぐ経路でした。ところが，先月末をもって，その鉄道の線区のほとんどが廃止されましてね。競走馬を育成する牧場や水平線まで続く太平洋を列車の車窓からながめられ，とても風情のある旅が楽しめたものです。そう，ちょうど先日，事務所を整理していましたら，10年以上前につくった当時の案内書(次ページ図3)が出てきたんです。よかったら記念にお持ち帰りください」

オサミ　「そうなんですね。訪れる機会がもっと早くにあればよかったのですが」

苫小牧市からえりも町までのアクセスガイド　　2021年4月改訂

〈公共交通機関を利用する場合〉

◆高速乗合バス「特急とまも号」(予約制)

	苫小牧駅（南口）	→ ≀≀ →	様　似	→	えりも
時刻	14:00		17:13		17:50
(運賃)			(2,600円)		(2,900円)

図　2

苫小牧市からえりも町までのアクセスガイド			2009年10月改訂
〈公共交通機関を利用する場合〉			
◆JR日高本線		◆JR北海道バス	
苫小牧 → ≀≀ → 様　似	➡ のりかえ	様　似 → ≀≀ → えりも	
時刻　8:03	11:19	時刻　11:35	12:09
（運賃）	（3,150円）	（運賃）	（880円）

図　3

オサミさんが考えたことがら

北海道では，都市圏以外の人口密度が低い地域での公共交通機関の維持は難しいようだ。一般に，自家用車が普及し高速道路網が整備されれば，利便性の高い自家用車の利用者が増え，鉄道だけでなくバスも含めて公共交通機関の利用者は減少するだろう。

地域の公共交通機関を当面維持するためには，鉄道路線を廃止しバス輸送に転換するという方策がありうる。これによって，a <u>交通サービスの維持・管理にかかる費用を少なくすることができる</u>ため事業継続が行ないやすくなり，また，利便性向上に努めれば利用者数の維持や増加も期待できるだろう。

苫小牧市とえりも町間の公共交通機関の事例では，鉄道から高速乗合バスへの転換によって，運賃を安く設定できるようになっただけでなく，b <u>時間距離も大幅に短縮することができた</u>ため，今後は利用者数の維持や増加が見込める可能性もある。しかしながら，長期的には c <u>過疎化や少子高齢化が進展する</u>地域であるため，地域住民の利用者が減少していくという懸念もあり，地域の公共交通機関の維持には，観光客を呼び込むなど，新たな方策も必要となってくるだろう。

	①	②	③	④	⑤	⑥	⑦	⑧
a	正	正	正	正	誤	誤	誤	誤
b	正	正	誤	誤	正	正	誤	誤
c	正	誤	正	誤	正	誤	正	誤

問2　北海道について興味が沸いてきたオサミさんは，えりも町へ向かうバスに揺られながら，スマートフォンで北海道各地の気候を調べてみた。次の表1は，132ページの図1中の旭川市，えりも町，倶知安町，稚内市のいずれかの地点における最暖月平均気温，最寒月平均気温，2月の最深積雪，7月の日照時間，年平均風速を示したものである。えりも町にあてはまるものを，①～④のうちから一つ選べ。［27］

表　1

	最暖月平均気温（℃）	最寒月平均気温（℃）	2月の最深積雪（cm）	7月の日照時間（時間）	年平均風速（m/s）
①	21.1	−7.5	90	161.8	3.0
②	20.7	−5.7	187	146.9	3.0
③	19.6	−4.7	75	146.8	4.5
④	17.5	−2.5	72	118.5	8.2

気象庁の資料による。

問3　えりも町に到着したオサミさんであったが，この地での春を過ごすには服装があまりにも薄着であったうえ，にわか雨に遭ったため，近くの民家の軒先にあわてて駆け込んだ。雨宿りをしていると，民家の住民であるお年寄りがやさしく屋内に迎え入れてくれた。次々ページの図4，138ページの図5を見て，次ページのオサミさんとお年寄りの会話文中の空欄**ア**と**イ**にあてはまる語句の正しい組合せを，139ページの①～④のうちから一つ選べ。［28］

お年寄り　「さあ，中へお入りなさい。気をつかわなくてもいいから，あたたまっていきなさい」

オ サ ミ　「ありがとうございます。おばあさんはここにおひとりでお暮らしなんですか」

お年寄り　「そだねー。夫はコンブの漁師をしていたけど，もう早くに亡くなったねえ」

「ところで，知っているかい。私が子どもだったころは，襟裳岬とその周辺は，“えりも砂漠”なんてよばれた荒れ地だったんだよ」

オ サ ミ　「砂漠ですか」

お年寄り　「そう，明治期に燃料用の薪炭材の伐採や牧場の開発，さらにイナゴの食害も加わって，森がなくなってしまったらしいねえ。森がなくなると(　ア　)，コンブも魚も獲れなくなってね。そこで戦後に，お国が森を回復させようと本格的に緑化事業を始めることになって，私も若いころは，この植林事業に携わっていたんだよ。いま流行りの“えすでーじーず”なんぞというワケのわからない言葉が出てくる半世紀も前から，環境保全にかかわっていたんだよ」

オ サ ミ　「まさに，環境保全の先駆者ですね。あっ，壁に貼ってあるのは，昔の地図(次ページ図4：1978年発行の2万5千分の1地形図)ですね。スマートフォンで地理院地図(次々ページ図5：2021年)を開いて現在のようすと比べてみます」

「たしかに，この40年余りの期間をみても，荒れ地が減って(　イ　)や針葉樹林などが増えてるのが読み取れます」

お年寄り　「最初のころは，植林した苗木がなかなか育たなくてね。そこでまずは草本緑化，その後に木本緑化という順で行なうことになったんだよ。なまら一生懸命働いたねえ。いまは森もだんだん増えてきて，コンブも魚も再びよく獲れるようになってきたんだよ。最近はウニの養殖も始めたみたいだね」

オ サ ミ　「あす，実際に襟裳岬へ行ってみます」

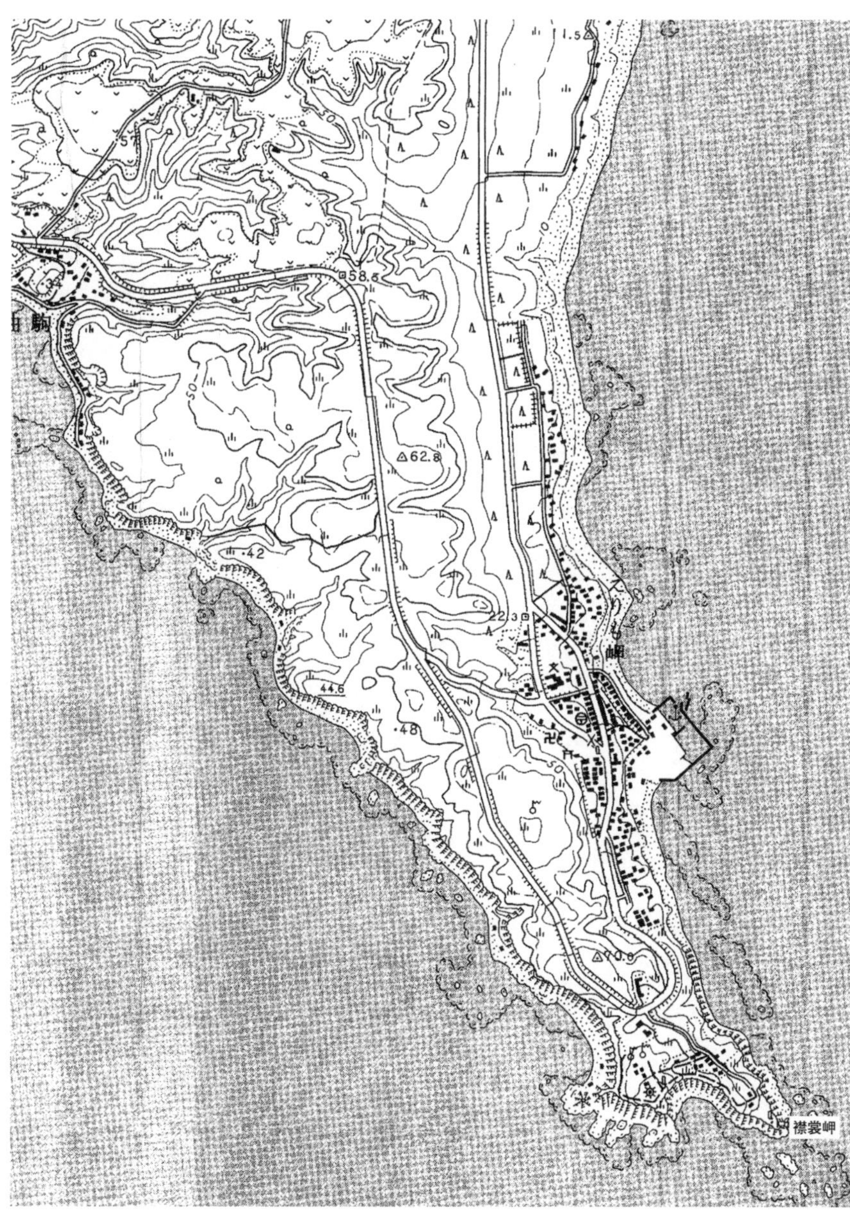

図 4

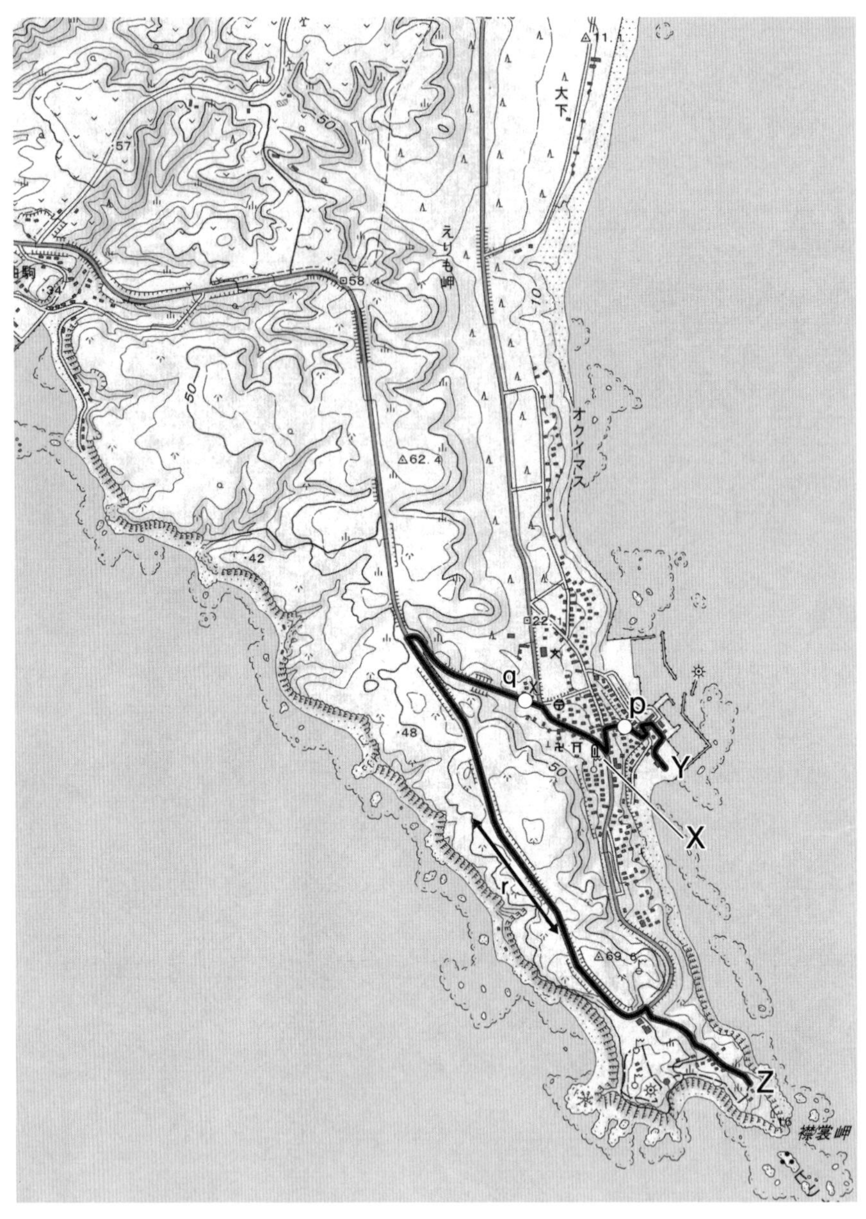

図　5

	①	②	③	④
ア	大気中の二酸化炭素濃度が上昇して	大気中の二酸化炭素濃度が上昇して	土砂が海に流出して	土砂が海に流出して
イ	笹　地	ハイマツ地	笹　地	ハイマツ地

問４　えりも町に興味をもったオサミさんは，街の図書館で過去に発行された地形図を複写し，スマートフォンで現在の地理院地図を見ながら，えりも町の市街地へ散策に出かけた。次ページの図６は，1978年に発行された２万５千分の１地形図であり，次々ページの図７は，これとほぼ同じ範囲の2021年の地理院地図である。図６・図７から読み取れるこの地域の変化について述べた文として適当なものを，次々ページの①～④のうちから二つ選べ。［29］・［30］

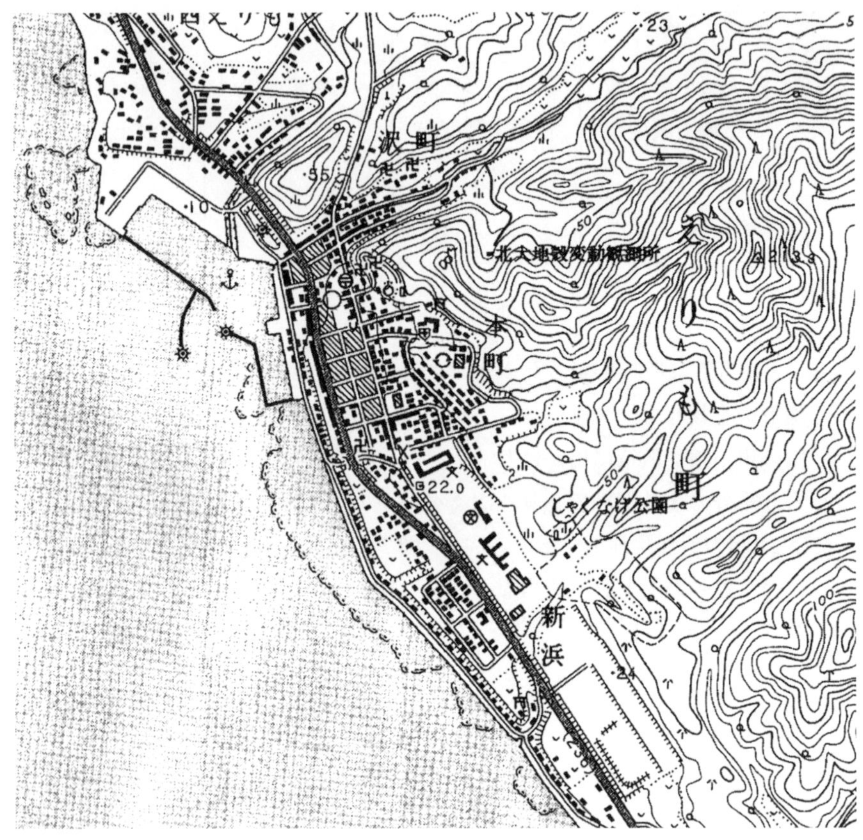

図 6

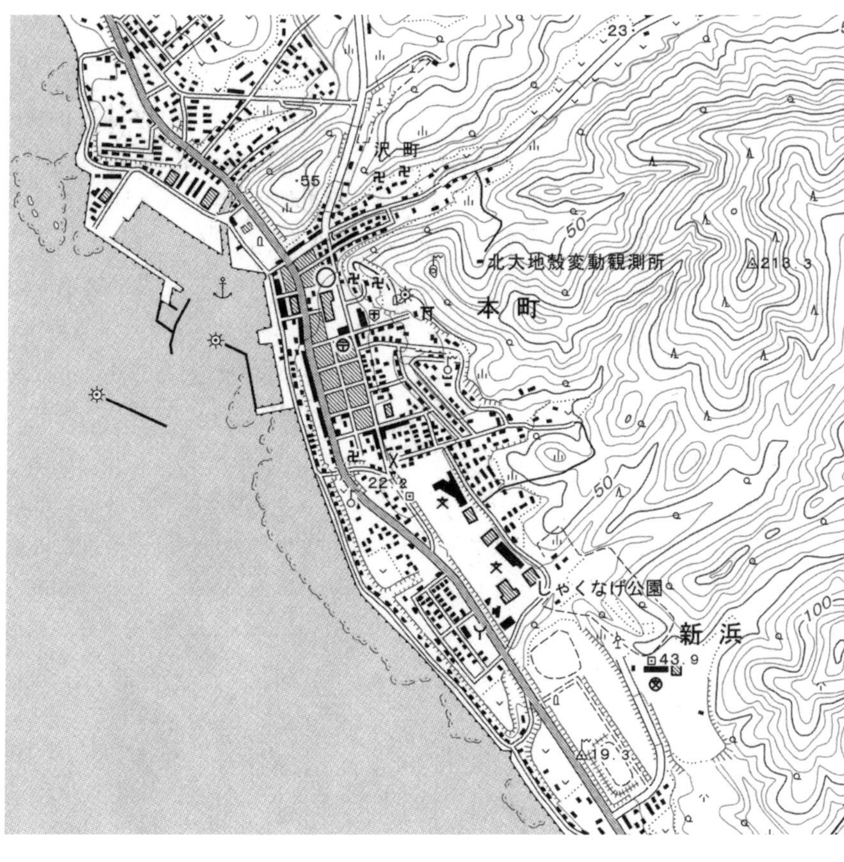

図　7

① 中心市街地では再開発が行なわれ，街路網が大きく変化した。

② 国道は，新たに別の経路に変更された。

③ 海岸部にあった岩礁群は，侵食により消滅した。

④ 港の北東部では，地形の改変が行なわれた。

⑤ 高等学校は，もとの場所よりも標高の高い別の場所に移転した。

問5　オサミさんが襟裳岬へ向かうために国道を歩いていると，1台の車が道路脇に停車し，ひとりの男性が降りてきた。オサミさんは身がまえながら話しかけたが，どうやらこのあたりでは国道を歩く人などめったに見かけないため，気になって声をかけてくれたということだった。襟裳岬へ向かう途中であることを告げると，Tと名乗るその男性は，親切にも車で送ってくれた。

襟裳岬付近までやって来たオサミさんは，138ページ図5中の**X**地点に石碑があるのを見つけた。スマートフォンで地理院地図を閲覧すると，「自然災害伝承碑」とよばれるもので，そこには過去に発生した自然災害に関する情報が記載されており，X地点の自然災害伝承碑は，1933年に発生した自然災害によるものであることがわかった。

次ページの写真1中の**カ**～**ケ**は，オサミさんがえりも町内で目にした設備を撮影したものである。次の**e**，**f**のうち**X**地点の自然災害伝承碑に記載されている自然災害にあてはまるものと，**カ**～**ケ**のうちこの自然災害と最も関連が深い設備との正しい組合せを，次ページの①～⑧のうちから一つ選べ。［31］

【**X**地点の自然災害伝承碑に記載されている自然災害】

e　火山活動にともなう自然災害

f　地震活動にともなう自然災害

カ　砂利を敷き詰めた海岸部の土地

キ　多重に並べられた木製の柵

ク　民家に設けられた二重の扉

ケ　海抜高度が記載された表示板

写真　1

	①	②	③	④	⑤	⑥	⑦	⑧
自然災害	e	e	e	e	f	f	f	f
設　備	カ	キ	ク	ケ	カ	キ	ク	ケ

問6　オサミさんは，138ページ図5中の地点Yから襟裳岬の先端付近の地点Zまで歩いた。大地，そして水平方向300°に広がる海，鉛直方向200°に展開する空，かつて鼻歌に父親がよく歌っていた「何もない春」という意味を，オサミさんはまたたくまに理解し，何もかもがリセットされたような心持ちになった。

そして，スマートフォンを手に取り地理院地図の断面図作成ツールを使って自分が歩いた経路の地形断面図をつくってみた。次の図8は，オサミさんが歩いた138ページ図5中のYとZを結ぶ太線で示された道路に沿って，数値標高データを用いて作成した地形断面図である。また，下の**サ**～**ス**の文は，図8中の**p**～**r**のいずれかの地形の成因にかかわる侵食作用についてオサミさんが考えたことがらを述べたものである。**サ**～**ス**と**p**～**r**との正しい組合せを，下の①～⑥のうちから一つ選べ。 32

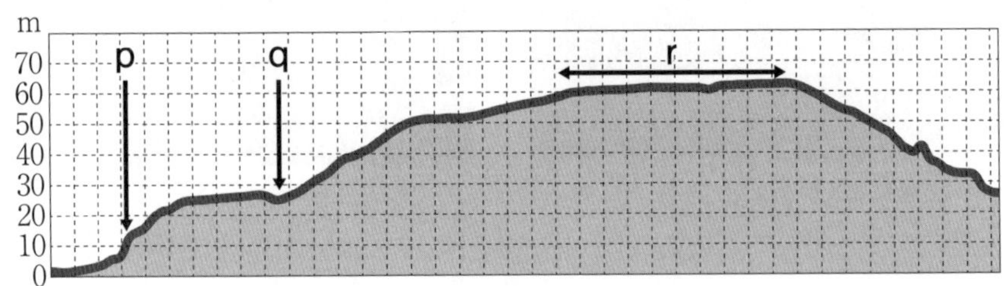

図　8

サ　おもに海中での波浪による侵食作用がかかわってつくられた地形だろう。
シ　おもに海岸での波浪による侵食作用がかかわってつくられた地形だろう。
ス　おもに陸上での流水による侵食作用がかかわってつくられた地形だろう。

	①	②	③	④	⑤	⑥
サ	p	p	q	q	r	r
シ	q	r	p	r	p	q
ス	r	q	r	p	q	p